Vorwort zur zweiten Auflage.

Den Anlaß zur Bearbeitung dieses Buches gab das Erscheinen der preußischen Polizeiverordnungen über die Regelung des Verkehrs mit Arzneimitteln außerhalb der Apotheken in den Jahren 1903—1905. Wie ich zu meiner Freude konstatieren kann, hat der Gedanke, die sämtlichen über den Betrieb der Drogen- und Gifthandlungen in Preußen bestehenden Vorschriften einschließlich dieser Polizeiverordnungen übersichtlich und systematisch zusammenzustellen, allgemeine Anerkennung gefunden und dem Werkchen eine weite Verbreitung bei Gewerbetreibenden wie Behörden gesichert. Nachdem die genannten Polizeiverordnungen im Jahre 1910 neu erlassen und im Winter 1912/13 abgeändert worden sind, und sich inzwischen eine reiche Judikatur auf diesem Gebiete angesammelt hat, war eine Neuauflage geboten. Dieselbe erscheint in völlig neubearbeiteter und wesentlich erweiterter Form. Ich habe nicht nur die Gesetzestexte überall sorgfältig revidiert, alle Neuerscheinungen und Ergänzungen nachgetragen und die Erläuterungen erheblich vermehrt, sondern auch, mehreren mir geäußerten Wünschen entsprechend, die gesamte Rechtsprechung der Obergerichte zur Kaiserlichen Verordnung über den Verkehr mit Arzneimitteln aufgenommen und drei größere Kapitel — über die Ankündigung von Arzneimitteln, über den Verkehr mit Branntwein und den Verkehr mit Nahrungsmitteln, Genußmitteln und Gebrauchsgegenständen — neu eingefügt. Damit dürfte nun der ganze für den Drogen- und Gifthandel in Betracht kommende Gesetzes- und Rechtsstoff berücksichtigt sein.

In äußerlicher Hinsicht wurde besonderes Gewicht gelegt auf übersichtliche Gruppierung des Materials sowie auf scharfe Trennung von Gesetzestext und Erläuterung durch Wahl besonderer Schriftarten, wie ich solche bereits in den „Preußischen Apothekengesetzen“ zur Durchführung gebracht habe. Ich hoffe, daß das Buch durch diese Neuerungen und Erweiterungen an Wert noch gewonnen hat und sich immer mehr sowohl für die Drogen- und Gifthändler selbst, wie für die Revisoren ihrer Geschäfte und für Behörden als zuverlässiger Berater und Führer erweisen wird.

Berlin, Juni 1913.

Urban.

Betriebsvorschriften

für

Drogen- und Gifthandlungen

in Preußen.

Zugleich Leitfaden zur Besichtigung dieser Geschäfte.

Herausgegeben und erläutert

von

Ernst Urban,

Redakteur an der Pharmazeutischen Zeitung.

Zweite, neubearbeitete und erweiterte Auflage.

Berlin.

Verlag von Julius Springer.

1913.

ISBN-13:978-3-642-94122-1 e-ISBN-13:978-3-642-94522-9
DOI: 10.1007/978-3-642-94522-9

Softcover reprint of the hardcover 2nd edition 1913

Inhalt.

Abkürzungen.

ABl.	= Amtsblatt.
Abs.	= Absatz.
AG.	= Amtsgericht.
Bk.	= Bekanntmachung.
Entsch.	= Entscheidungen des Oberverwaltungsgerichts.
Erl.	= Erlaß.
Gew.A.	= Gewerbearchiv für das Deutsche Reich.
Gew.O.	= Gewerbeordnung für das Deutsche Reich.
Golt.	= Goltdammer: Archiv für Strafrecht.
Joh.	= Johow: Jahrbuch für Entscheidungen des Kammergerichts.
KG.	= Kammergericht.
KGA.	= Kaiserliches Gesundheitsamt: Sammlung gerichtlicher Entscheidungen auf dem Gebiete der öffentlichen Gesundheitspflege.
KaisV.	= Kaiserliche Verordnung.
LG.	= Landgericht.
Med.A.	= Medizinal-Archiv für das Deutsche Reich.
Min.-Erl.	= Ministerialerlaß.
Min.-Verf.	= Ministerialverfügung.
OLG.	= Oberlandesgericht.
OVG.	= Oberverwaltungsgericht.
PV.	= Polizeiverordnung.
Ph.Ztg.	= Pharmazeutische Zeitung, Berlin.
Pr.G.S.	= Preußische Gesetzsammlung.
Reger	= Reger: Entscheidungen der Gerichte und Verwaltungsbehörden auf dem Gebiete des Verwaltungs- und Polizeistrafrechts.
RG.	= Reichsgericht.
RGBl.	= Reichsgesetzblatt.
RZBl.	= Zentralblatt für das Deutsche Reich.
S.	= Seite.
S.S.	= Siehe Seite.
StGB.	= Strafgesetzbuch für das Deutsche Reich.
V.	= Verordnung.
Verf.	= Verfügung.

I. Genehmigung und Untersagung des Gewerbebetriebes.

1. Reichsrechtliche Bestimmungen.

Die Zulassung zum Handel mit Arzneimitteln außerhalb der Apotheken ist in der Gewerbeordnung für das Deutsche Reich von keiner besonderen Genehmigung abhängig gemacht. Der Handel mit Drogen und chemischen Präparaten, welche zu Heilzwecken dienen, ist lediglich behördlich anzumelden, er kann aber unter gewissen Voraussetzungen untersagt werden. Eine Genehmigung ist dagegen erforderlich: a. auf Grund der GewO. für den Kleinhandel mit Branntwein, und b. auf Grund landesrechtlicher Anordnung für den Handel mit Giften. Beide Konzessionen können in bestimmten Fällen auch wieder entzogen werden. Die einschlägigen Bestimmungen der GewO. sind folgende:

Gewerbeordnung für das Deutsche Reich.

In der Fassung der Bk. vom 26. Juli 1900 (RGBl. S. 871).

§ 1 Abs. 1. Der Betrieb eines Gewerbes ist jedermann gestattet, soweit nicht durch dieses Gesetz Ausnahmen oder Beschränkungen vorgeschrieben oder zugelassen sind.

§ 6 Satz 2 und 3. Auf . . . den Verkauf von Arzneimitteln . . . findet das gegenwärtige Gesetz nur insoweit Anwendung, als dasselbe ausdrückliche Bestimmungen darüber enthält.

Durch Kaiserliche Verordnung wird bestimmt, welche Apothekerwaren dem freien Verkehre zu überlassen sind[1]).

§ 11. Das Geschlecht begründet in Beziehung auf die Befugnis zum selbständigen Betrieb eines Gewerbes keinen Unterschied.

§ 14 Satz 1. Wer den selbständigen Betrieb eines stehenden Gewerbes anfängt, muß der für den Ort, wo solches geschieht, nach den Landesgesetzen zuständigen Behörde gleichzeitig Anzeige davon machen[2]).

---

[1]) Das ist geschehen durch die KaisV. vom 22. Oktober 1901 und 31. März 1911 (s. S. 14 u. 23).

[2]) Die Anzeige hat bei dem Gemeindevorstand zu erfolgen (s. S. 8).

§ 15. Die Behörde bescheinigt innerhalb dreier Tage den Empfang der Anzeige.

Die *Fortsetzung des Betriebs* kann polizeilich verhindert werden, wenn ein Gewerbe, zu dessen Beginn eine besondere Genehmigung erforderlich ist, ohne diese Genehmigung begonnen wird.

§ 15a Abs. 1 und 2. Gewerbetreibende, die einen offenen Laden haben oder Gast- oder Schankwirtschaft betreiben, sind verpflichtet, ihren *Familiennamen* mit mindestens einem ausgeschriebenen *Vornamen* an der Außenseite oder am Eingange des Ladens oder der Wirtschaft in deutlich lesbarer Schrift anzubringen.

Kaufleute, die eine Handelsfirma führen, haben zugleich die *Firma* in der bezeichneten Weise an dem Laden oder der Wirtschaft anzubringen; ist aus der Firma der Familienname des Geschäftsinhabers mit dem ausgeschriebenen Vornamen zu ersehen, so genügt die Anbringung der Firma.

§ 29 Satz 1. Einer *Approbation*, welche auf Grund eines Nachweises der Befähigung erteilt wird, bedürfen *Apotheker*...

§ 33 Abs. 1, 3 und 4. Wer Gastwirtschaft, Schankwirtschaft oder *Kleinhandel mit Branntwein oder Spiritus* betreiben will, bedarf dazu der Erlaubnis[1]).

Die Landesregierungen sind befugt, außerdem zu bestimmen, daß:

a. die Erlaubnis zum Ausschänken von Branntwein oder zum Kleinhandel mit Branntwein oder Spiritus allgemein... von dem Nachweis eines vorhandenen Bedürfnisses abhängig sein solle.

Vor Erteilung der Erlaubnis ist die Ortspolizei- und die Gemeindebehörde gutachtlich zu hören.

§ 34 Abs. 3. Die Landesgesetze können vorschreiben, daß zum *Handel mit Giften*... besondere Genehmigung erforderlich ist...[2])

§ 35 Abs. 4, 6 und 7. Der *Handel mit Drogen und chemischen Präparaten*, welche zu Heilzwecken dienen, ist zu *untersagen*, wenn die Handhabung des Gewerbebetriebs Leben und Gesundheit von Menschen gefährdet...[3])

---

[1]) Über die Behörden, welche die Erlaubnis erteilen, enthält das Zuständigkeitsgesetz nähere Bestimmungen (s. S. 11). Die weitere Rechtslage über den *Kleinhandel mit Branntwein* ist in Teil IV Abschnitt 4 im Zusammenhange behandelt.

[2]) Eine solche Vorschrift ist in Preußen ergangen (s. S. 6). Da somit die Landesgesetzgebung befugt ist, Vorschriften über die Erlaubnis zum Gifthandel zu erlassen, hat sie auch zu bestimmen, was unter *Gift* zu verstehen ist (KG. 1. Oktober 1894, KGA. I S. 43). Diese Bestimmung ist durch die PV. vom 22. Februar 1906 erfolgt (s. S. 87). Diese Verordnung und das ihr beigefügte Giftverzeichnis sind auch für die Zulassung zum Gifthandel maßgebend. Den nicht konzessionierten Händlern ist somit nur das Feilhalten und der Verkauf der in dem Giftverzeichnis aufgeführten Stoffe und Zubereitungen untersagt (KG. 30. April 1908, KGA. VI S. 429).

[3]) Zur *Untersagung des Drogenhandels* zu Heilzwecken ist erforderlich, daß die Handhabung des Gewerbebetriebes Leben und Gesundheit von Menschen gefährdet; es ist jedoch nicht nötig, daß ein Schade bereits eingetreten ist; es genügt, wenn aus der Handhabung des Betriebes erhellt, daß Leben und Gesundheit

Ist die Untersagung erfolgt, so kann die Landes-Zentralbehörde oder eine andere von ihr zu bestimmende Behörde die Wiederaufnahme des Gewerbebetriebs gestatten, sofern seit der Untersagung mindestens ein Jahr verflossen ist.

Personen, welche die in diesem Paragraphen bezeichneten Gewerbe beginnen, haben bei Eröffnung ihres Gewerbebetriebs der zuständigen Behörde hiervon Anzeige zu machen[1]).

§ 40. Die in den §§ 29—33a und im § 34 erwähnten Approbationen und Genehmigungen dürfen weder auf Zeit erteilt, noch vorbehaltlich der Bestimmungen in den §§ . . . 53 und 143 widerrufen werden.

Gegen Versagung der Genehmigung zum Betriebe eines der in den §§ . . . 32—33a und 34, sowie gegen Untersagung des Betriebes der in den §§ . . . 35 . . . erwähnten Gewerbe ist der Rekurs zulässig. Wegen des Verfahrens und der Behörden gelten die Vorschriften der § 20 und 21[2]).

§ 42a Abs. 1. Gegenstände, welche von dem Ankauf oder Feilbieten im Umherziehen ausgeschlossen sind, dürfen auch innerhalb des Gemeindebezirkes des Wohnorts oder der gewerblichen Nieder-

---

von Menschen dadurch in Frage gestellt wird (OVG. 7. Februar 1900, 20. Oktober 1900, Ph.Ztg. 1900 Nr. 29 und 86). In der bloßen Tatsache des unbefugten Arznei- oder Gifthandels kann allein noch kein Grund zur Untersagung des Drogenhandels gefunden werden. Es ist aber zulässig, aus einer gesetzwidrigen Art der Aufbewahrung von Giften auf eine grobe Unvorsichtigkeit und aus dieser weiter darauf zu schließen, daß die Handhabung des Gewerbebetriebes Leben und Gesundheit gefährdet (OVG. 17. März 1900, Ph.Ztg. 1900 Nr. 39; OVG. 2. Juli 1906, Ph.Ztg. 1906 Nr. 54; OVG. 3. Dezember 1908, Ph.Ztg. 1908 Nr. 101). Auch wiederholte Anfertigung von Arzneien nach ärztlichen Rezepten berechtigt die Polizeibehörde, einem Drogisten den Handel mit Drogen, die zu Heilzwecken dienen, zu untersagen (OVG. 21. November 1910, Ph.Ztg. 1910 Nr. 96). Es darf jedoch nicht der gesamte Drogenhandel, sondern nur der Handel mit solchen Drogen und Chemikalien, die zu Heilzwecken dienen, untersagt werden. Den Begriff „Drogen" erläuterte folgendes Urteil des RG. vom 6. Juni 1912: „Zu den Drogen im Sinne des § 35 sind nicht nur pflanzliche oder tierische, arzneilichen Zwecken dienende Rohstoffe, sondern auch die daraus hergestellten pharmazeutischen Zubereitungen zu rechnen. Für den Begriff der Drogen stellt § 35 nicht das Erfordernis auf, daß die Mittel ausschließlich zu Heilzwecken dienen, sondern es genügt, wenn sie in der Hauptsache eine solche Verwendung finden." Über das Verfahren bei Untersagung des Gewerbebetriebes enthalten die AusfAnw. zur GewO. und das Zuständigkeitsgesetz die näheren Bestimmungen (s. S. 11).

[1]) Diese Anzeige ist bei der Ortspolizeibehörde zu erstatten (s. S. 8).

[2]) Diese Paragraphen lauten:

§ 20. Gegen den Bescheid ist Rekurs an die nächstvorgesetzte Behörde zulässig, welche bei Verlust desselben binnen 14 Tagen vom Tage der Eröffnung des Bescheids an gerechnet, gerechtfertigt werden muß.

Der Rekursbescheid ist den Parteien schriftlich zu eröffnen und muß mit Gründen versehen sein.

§ 21. Die näheren Bestimmungen über die Behörden und das Verfahren sowohl in der ersten als in der Rekursinstanz, bleiben den Landesgesetzen vorbehalten. . . .

lassung von Haus zu Haus oder auf öffentlichen Wegen, Straßen, Plätzen oder an anderen öffentlichen Orten nicht feilgeboten oder zum Wiederverkauf angekauft werden . . .

§ 45. Die Befugnisse zum stehenden Gewerbebetriebe können durch Stellvertreter ausgeübt werden; diese müssen jedoch den für das in Rede stehende Gewerbe insbesondere vorgeschriebenen Erfordernissen genügen.

§ 46. Nach dem Tode eines Gewerbetreibenden darf das Gewerbe für Rechnung der Witwe während des Witwenstandes, oder, wenn minderjährige Erben vorhanden sind, für deren Rechnung durch einen nach § 45 qualifizierten Stellvertreter betrieben werden, insofern die über den Betrieb einzelner Gewerbe bestehenden besonderen Vorschriften nicht ein anderes anordnen. Dasselbe gilt während der Dauer einer Kuratel oder Nachlaßregulierung.

§ 47 Abs. 1. Inwiefern für die nach den §§ 34 . . . konzessionierten . . . Personen eine Stellvertretung zulässig ist, hat in jedem einzelnen Falle die Behörde zu bestimmen, welcher die Konzessionierung . . . zusteht.

§ 53 Abs. 1 und 2. Die in dem § 29 bezeichneten Approbationen können von der Verwaltungsbehörde nur dann zurückgenommen werden, wenn die Unrichtigkeit der Nachweise dargetan wird, auf Grund deren solche erteilt worden sind, oder wenn dem Inhaber der Approbation die bürgerlichen Ehrenrechte aberkannt sind, im letzteren Falle jedoch nur für die Dauer des Ehrenverlustes.

Außer aus diesen Gründen können die in den §§ . . . 33, 34 . . . bezeichneten Genehmigungen und Bestallungen in gleicher Weise zurückgenommen werden, wenn aus Handlungen oder Unterlassungen des Inhabers der Mangel derjenigen Eigenschaften, welche bei der Erteilung der Genehmigung oder Bestallung nach der Vorschrift dieses Gesetzes vorausgesetzt werden mußten, klar erhellt[1]). Inwiefern durch die Handlungen oder Unterlassungen eine Strafe verwirkt ist, bleibt der richterlichen Entscheidung vorbehalten.

§ 54. Wegen des Verfahrens und der Behörden, welche in bezug . . . auf die Untersagung eines Gewerbebetriebes (§ 35), und die Zurücknahme einer Approbation, Genehmigung oder Bestallung (§§ . . . 53) maßgebend sind, gelten die Vorschriften der §§ 20 und 21[2]).

§ 56 Abs. 1 und 2. Beschränkungen, vermöge deren gewisse Waren von dem Feilhalten im stehenden Gewerbebetriebe ganz oder teilweise ausgeschlossen sind, gelten auch für deren Feilbieten im Umherziehen.

---

[1]) Abs. 2 des § 53 kommt namentlich bei Zurücknahme der Giftkonzession gegenüber Drogisten und anderen Gifthändlern in Anwendung. Da in Preußen die Zuverlässigkeit des Gewerbetreibenden die erste Voraussetzung für Erteilung der Giftkonzession ist, so wird die Zurücknahme derselben durch wiederholte Verstöße gegen die giftpolizeilichen Vorschriften und damit bewiesene Unzuverlässigkeit gerechtfertigt (zahlreiche Entscheidungen des OVG.). Weiteres hierüber bestimmen die AusfAnw. und das Zuständigkeitsgesetz (s. S. 10 u. 11).

[2]) S. Fußnote 2 auf S. 3.

Ausgeschlossen vom Ankauf oder Feilbieten im Umherziehen[1]) sind:

7. solche mineralische und andere Öle, welche leicht entzündlich sind, insbesondere Petroleum, sowie Spiritus;

9. Gifte und gifthaltige Waren[2]), Arznei[3]) und Geheimmittel[4]) sowie Bruchbänder.

§ 56a. Ausgeschlossen vom Gewerbebetrieb im Umherziehen sind ferner:

1. die Ausübung der Heilkunde, insoweit der Ausübende für dieselbe nicht approbiert ist;

3. das Aufsuchen von Bestellungen auf Branntwein und Spiritus bei Personen, in deren Gewerbebetriebe dieselben keine Verwendung finden.

§ 143 Abs. 1. Die Berechtigung zum Gewerbebetriebe kann, abgesehen von den in den Reichsgesetzen vorgesehenen Fällen ihrer Entziehung, weder durch richterliche, noch administrative Entscheidung entzogen werden.

§ 155 Abs. 1. Wo in diesem Gesetz auf die Landesgesetze verwiesen ist, sind unter den letzteren auch die verfassungs- oder gesetzmäßig erlassenen Verordnungen verstanden.

---

[1]) Als Feilbieten von Waren im Umherziehen hat das RG. in mehreren Entscheidungen (26. September 1899, Joh. X S. 196; 4. Juni 1894, RGA. I S. 31; 24. Januar 1910, Med.A. 1910 S. 87) übereinstimmend „das käufliche Anbieten von Waren, welche der gewerbetreibende Umherzieher mit sich führt" definiert. Das bloße Aufsuchen von Bestellungen auf Arznei- und Geheimmittel ist dagegen aus § 56, 9 der GO. nicht strafbar (RG. 6. November 1884, Golt. 42 S. 152; 4. Juni 1894, RGA. I S. 31; 25. Juni 1894, Reger XVI S. 19; 6. Juni 1901, Ph.Ztg. 1901 Nr. 48). Eine Verurteilung wegen Zuwiderhandlung kann aber nur erfolgen, wenn gewerbsmäßiges Handeln vorliegt (RG. 13. Mai 1912, Ph.Ztg. 1912 Nr. 43).

[2]) Als Gifte sind in erster Reihe die in dem der Verordnung über den Handel mit Giften (s. Teil IV Abschnitt 2) beigegebenen Verzeichnis der Gifte genannten Stoffe zu verstehen, darüber hinaus aber auch alle sonstigen Körper, die in kleiner Dosis genommen, durch ihre chemische Beschaffenheit die Gesundheit bzw. das Leben zu zerstören geeignet sind.

[3]) Unter Arzneimittel im Sinne des § 56, 9 sind alle Mittel zu verstehen, „welchen beim Handel die Eigenschaft einer Heilwirkung beigelegt wird, und zwar auch dann, wenn die Mittel nicht zu den in den Verzeichnissen A und B der Verordnung über den Verkehr mit Arzneimitteln aufgezählten gehören, und wenn sie nach ihrer Zusammensetzung für den Heilzweck vollständig wirkungslos sind". (Urteile des OVG. vom 17. Dezember 1894, RGA. I S. 55, und 6. April 1905, Ph.Ztg. 1905 Nr. 30 sowie des RG. vom 17. Juli 1902, Ph.Ztg. 1902 Nr. 59, 22. Januar und 30. März 1903, Ph.Ztg. 1903 Nr. 9 und 27, 24. Juni, 23. August und 7. November 1907, Ph.Ztg. 1907 Nr. 53, 71 und 91, 24. Januar 1910, Med.A. 1910 S. 87 und des OLG. Celle vom 29. Mai 1897, Reger XVIII S. 30.)

[4]) Als ein Geheimmittel im Sinne des § 56, 9 ist anzusehen ein zu Heil- oder kosmetischen Zwecken bei Menschen oder Tieren bestimmtes Mittel, über dessen Natur und Zusammensetzung nicht spätestens beim Feilbieten in qualitativer und quantitativer Beziehung vollständige und gemeinverständliche Angaben gemacht werden.

2. Landesrechtliche Bestimmungen über die Giftkonzession.

Ergänzt werden die allgemeinen Bestimmungen der Reichs-GewO. zunächst hinsichtlich der der Landesgesetzgebung überlassenen Konzessionierung des Gifthandels für die älteren Gebietsteile Preußens durch die Allgemeine preußische Gewerbeordnung vom 17. Januar 1845 in der Fassung der Novelle vom 22. Juni 1861.

Preußische Gewerbeordnung.

Vom 22. Juni 1861 (PrGS. S. 441).

§ 49 Abs. 1. Denjenigen welche Gifte feilhalten[1], ... ist der Beginn des Gewerbebetriebes erst dann zu gestatten, wenn sich die Behörden von ihrer Zuverlässigkeit in Beziehung auf den beabsichtigten Gewerbebetrieb überzeugt haben[2]).

Für die neu erworbenen Landesteile Hannover, Hessen-Nassau und Schleswig-Holstein, für welche die Preußische GewO. nicht völlige Gültigkeit erlangt hat[3]), ist die Konzessionspflichtigkeit des Gifthandels durch besondere Polizeiverordnungen der Oberpräsidenten eingeführt worden, welche in den hier in Frage kommenden Punkten folgendermaßen lauten:

Polizeiverordnungen über die Zulassung zum Gifthandel.

Provinz Schleswig-Holstein.

PV. vom 5. Juli 1898 und 6. Januar 1902 (ABl. S. 314 bzw. 13).

§ 1. Zum Handel mit Giften, soweit derselbe nicht in Apotheken betrieben wird oder als Großhandel anzusehen ist, ist die zuvorige Genehmigung des Kreisausschusses, in Stadtkreisen des Stadtausschusses, in den einem Landkreise angehörigen Städten von mehr als 10 000 Einwohnern des Magistrats, erforderlich.

---

[1]) Nach dieser gesetzlichen Grundlage ist nicht jeder Handel mit Giften, sondern nur das „Feilhalten" von Giften von einer polizeilichen Erlaubnis abhängig (KG. 5. April 1906, KGA. VI S. 527). Aus diesem Grunde ist auch, wie das KG. am 4. Juli 1898 (KGA. II S. 326) entschieden hat, der Großhandel mit Giften, sofern er mit einem „Feilhalten" nicht verbunden ist, nicht konzessionspflichtig. Nach einem Urteil des KG. vom 11. November 1912 (Ph.Ztg. 1912 Nr. 93) muß auch der Filialleiter einer Gifthandlung eine eigene Giftkonzession haben.

[2]) Die Erteilung der Giftkonzession darf in Preußen nur dann versagt werden, wenn es dem Gewerbetreibenden an der erforderlichen Zuverlässigkeit fehlt, nicht aber weil kein Bedürfnis vorhanden sei. Eine Prüfung der Bedürfnisfrage ist in der preußischen GewO. nicht vorgesehen (Bez.-Ausschuß Merseburg 27. Juni 1902, Ph.Ztg. 1903 Nr. 4; Bez.-Ausschuß Bromberg 28. September 1906, Ph.Ztg. 1907 Nr. 30).

[3]) Auch in den Hohenzollernschen Landen gilt die Preuß. GewO. nicht. Da es hier aber auch an einer anderweiten Bestimmung fehlt, ist die Zulassung zum Gifthandel in Hohenzollern von einer polizeilichen Genehmigung oder Erlaubnis nicht abhängig (Bez.-Ausschuß Sigmaringen).

§ 2. Als Gifte im Sinne dieser Polizeiverordnung gelten die in dem nachstehenden Verzeichnis aufgeführten Drogen, chemischen Präparate und Zubereitungen[1]).

§ 3. Die Genehmigung ist zu versagen, wenn Tatsachen vorliegen, welche die Annahme rechtfertigen, daß dem Nachsuchenden die für den beabsichtigten Handel erforderliche Zuverlässigkeit fehlt.

Provinz Hannover.

PV. vom 24. Mai 1898 und 18. März 1902 (ABl. S. 155 bzw. 98).

§ 1. Die Berechtigung zum Handel mit Giften und gifthaltigen Waren, außer in Ausübung des Apothekergewerbes, ist, soweit der Verkauf nicht ausschließlich an Wiederverkäufer stattfindet, von einer besonderen Erlaubnis des Kreis-(Stadt-)Ausschusses abhängig. Dieselbe darf nur an Personen erteilt werden, welche in Beziehung auf den beabsichtigten Gewerbebetrieb für zuverlässig zu erachten sind.

Bei Erteilung der Erlaubnis ist auszusprechen, auf welche Gifte oder auf welche Klassen von Giften sich dieselbe erstreckt.

Als Gifte und gifthaltige Waren im Sinne dieser Polizeiverordnung gelten die in Anlage I der Polizeiverordnung der Minister der geistlichen, Unterrichts- und Medizinalangelegenheiten, des Inneren und für Handel und Gewerbe über den Handel mit Giften, vom 24. August 1895[2]) aufgeführten Drogen, chemischen Präparate und Zubereitungen, und die später etwa erfolgenden Ergänzungen dieses Verzeichnisses.

§ 2. Die Genehmigung (§ 1 Abs. 2) darf nur zum Verkauf von solchen Giften und gifthaltigen Waren erteilt werden, welche nicht nach der Verordnung vom 22. Oktober 1901 (RGBl. S. 380)[3]), sowie den hierzu etwa noch ergehenden Ergänzungsbestimmungen ausschließlich in Apotheken feilgehalten werden dürfen.

Provinz Hessen-Nassau.

PV. vom 20. April 1899 und 23. Mai 1902.

§ 1. Das Feilhalten und der Verkauf der in der Anlage I der Polizeiverordnung der Herren Minister für Handel und Gewerbe, der geistlichen, Unterrichts- und Medizinalangelegenheiten und des Innern vom 24. August 1895[2]) aufgeführten und der in etwaigen Nachträgen zu jener Polizeiverordnung noch aufzuführenden Gifte ist außer den Apothekern nur denjenigen Personen gestattet, die hierzu eine besondere Genehmigung erhalten haben. Diese Vorschrift findet auf den Großhandel mit Giften keine Anwendung.

---

[1]) Das beigegebene Verzeichnis entspricht mit wenigen Ausnahmen der Anlage I der PV. über den Handel mit Giften vom 22. Februar 1906 (s. S. 87).

[2]) Jetzt PV. vom 22. Februar 1906 (s. S. 87).

[3]) S. S. 14.

§ 2. Über Anträge auf Erteilung der Genehmigung zum Feilhalten und Verkauf der im § 1 bezeichneten Gifte beschließt der Kreis-(Stadt-)Ausschuß, in den zu einem Landkreise gehörigen Städten mit mehr als 10 000 Einwohnern der Magistrat.

§ 3. Die um die Genehmigung nachsuchenden Personen müssen durch ein, nicht über vier Wochen altes Zeugnis ihrer Ortspolizeibehörde ihre Volljährigkeit, Unbescholtenheit und Zuverlässigkeit nachweisen.

---

3. Ausführungsbestimmungen.

Für die weitere Handhabung der angeführten gesetzlichen Grundlagen kommen insbesondere drei preußische Verordnungen bzw. Gesetze in Betracht: 1 Die Ausführungsanweisung zur Gewerbeordnung, allgem. Min.-Erl. vom 1. Mai 1904, 2. das Gesetz über die Zuständigkeit der Verwaltungs- und Verwaltungsgerichtsbehörden, das sog. Zuständigkeitsgesetz vem 1. August 1883 und 3. die Dienstanweisung für die Kreisärzte, Erl. des Min. der Med. Angeleg. vom 1. September 1909. Die hier niedergelegten Bestimmungen über das Verfahren bei Genehmigung und Untersagung des Gewerbetriebes lauten:

Ausführungsanweisung zur Gewerbeordnung.

Vom 1. Mai 1904.

7. Die im § 14 Abs. 1 erforderte Anzeige hat bei dem Gemeindevorstande des Orts zu erfolgen, an dem das Gewerbe betrieben werden soll. Der Anzeige bedarf es auch dann, wenn für den Betrieb des Gewerbes oder für die gewerbliche Anlage eine besondere Genehmigung erforderlich und erteilt ist. Der Gemeindevorstand bescheinigt den Empfang der Anzeige und gibt der für den Ort des Gewerbebetriebs zuständigen Ortspolizeibehörde von ihrem Inhalte Kenntnis.

Die nach . . . § 35 Abs. 6 außerdem erforderlichen besonderen Anzeigen sind bei der Ortspolizeibehörde des Wohnorts des Gewerbetreibenden zu machen.

Die Gemeinde- und die Ortspolizeibehörden haben über die ihnen erstatteten Anzeigen fortlaufende Verzeichnisse zu führen.

Im Stadtkreise Berlin ist die im § 14 Abs. 1 vorgeschriebene Anzeige der Verwaltung der direkten Steuern zu erstatten; diese bescheinigt den Empfang der Anzeige und gibt dem Polizeipräsidenten von ihrem Inhalte Kenntnis. Über die Anzeigen ist ein fortlaufendes Verzeichnis zu führen.

8. Die Polizeibehörde prüft, ob der Gewerbetreibende den gesetzlichen Anforderungen genügt.

Mangelt ihm für den begonnenen Gewerbebetrieb . . . die erforderliche Konzession, Bestallung, Erlaubnis oder Genehmigung (§§ . . . 33, 34 . . .), so ist, wenn ungeachtet einer Aufforderung der Polizeibehörde der Betrieb nicht eingestellt wird, die strafrechtliche

Bei Nachsuchung der Genehmigung zum Handel mit Giften wird in der Regel von dem Antragsteller die Einreichung eines übersichtlichen, alphabetisch und nach Abteilungen geordneten Verzeichnisses derjenigen Gifte der Anlage I Abteilung 1, 2 und 3 der Giftverordnung, welche er führen will, gefordert. Dementsprechend werden dann auch in der Genehmigungsurkunde die dem Antragsteller für den Gifthandel erlaubten Stoffe einzeln und namentlich angegeben bzw. nach Abteilungen mit namentlicher Aufführung der von der Genehmigung etwa ausgenommenen Stoffe bezeichnet.

II. Umfang des Gewerbebetriebes.

1. Gesetzgebung.

Der Umfang des außerhalb der Apotheken zugelassenen Gewerbebetriebes erleidet hinsichtlich der Arzneimittel und der Gifte eine Beschränkung. Bezüglich der ersteren werden die Grenzen des freien Verkehrs bestimmt durch die auf Grund des § 6 Abs. 2 der Gewerbeordnung (s. S. 1) ergangenen Kaiserlichen Verordnungen über den Verkehr mit Arzneimitteln. Die diesbezüglichen Verordnungen lauten:

Verordnung, betr. den Verkehr mit Arzneimitteln.

Vom 22. Oktober 1901 (RGBl. S. 380)[1].

Wir Wilhelm, von Gottes Gnaden Deutscher Kaiser, König von Preußen usw. verordnen im Namen des Reichs auf Grund der Bestimmungen im § 6 Abs. 2 der GewO. (RGBl. 1900 S. 871), was folgt:

§ 1. Die in dem angeschlossenen Verzeichnisse A aufgeführten Zubereitungen dürfen, ohne Unterschied, ob sie heilkräftige Stoffe enthalten oder nicht, als Heilmittel (Mittel zur Beseitigung oder Linderung von Krankheiten bei Menschen oder Tieren) außerhalb der Apotheken nicht feilgehalten oder verkauft werden.

Dieser Bestimmung unterliegen von den bezeichneten Zubereitungen, soweit sie als Heilmittel feilgehalten oder verkauft werden,

a. kosmetische Mittel[2]) (Mittel zur Reinigung, Pflege oder Färbung der Haut, des Haares oder der Mundhöhle), Des-

---

[1]) Ein ausführlicher Kommentar zu der Verordnung ist erschienen unter dem Titel: Die reichsgesetzlichen Bestimmungen über den Verkehr mit Arzneimitteln außerhalb der Apotheken. Von Dr. H. Böttger. Berlin 1902, Verlag von Julius Springer.

[2]) Beim Verkehr mit kosmetischen Mitteln sind auch zu berücksichtigen: 1. § 3 des Gesetzes betr. die Verwendung gesundheitsschädlicher Farben bei der Herstellung von Nahrungsmitteln, Genußmitteln und Gebrauchsgegenständen vom 5. Juli 1887, 2. § 21 des Gesetzes betr. die Beseitigung des Branntweinkontingents vom 14. Juni 1912 und 3. § 14 der Branntweinsteuer-Befreiungsordnung. Diese drei Bestimmungen sind abgedruckt in Teil IV Abschn. 5 u. 4.

infektionsmittel und Hühneraugenmittel nur dann, wenn sie Stoffe enthalten, welche in den Apotheken ohne Anweisung eines Arztes, Zahnarztes oder Tierarztes nicht abgegeben werden dürfen[1]), kosmetische Mittel außerdem auch dann, wenn sie Kreosot, Phenylsalicylat oder Resorcin enthalten;

b. künstliche Mineralwässer nur dann, wenn sie in ihrer Zusammensetzung natürlichen Mineralwässern nicht entsprechen und zugleich Antimon, Arsen, Barium, Chrom, Kupfer, freie Salpetersäure, freie Salzsäure oder freie Schwefelsäure enthalten.

Auf Verbandstoffe (Binden, Gazen, Watten u. dgl.), auf Zubereitungen zur Herstellung von Bädern, sowie auf Seifen zum äußerlichen Gebrauche findet die Bestimmung im Abs. 1 nicht Anwendung.

§ 2. Die in dem angeschlossenen Verzeichnisse B aufgeführten Stoffe dürfen außerhalb der Apotheken nicht feilgehalten oder verkauft werden.

§ 3. Der Großhandel unterliegt den vorstehenden Bestimmungen nicht. Gleiches gilt für den Verkauf der im Verzeichnisse B aufgeführten Stoffe an Apotheken oder an solche öffentliche Anstalten, welche Untersuchungs- oder Lehrzwecken dienen und nicht gleichzeitig Heilanstalten sind.

§ 5[2]). Die gegenwärtige Verordnung tritt mit dem 1. April 1902 in Kraft. Mit demselben Zeitpunkte treten die Verordnungen, betreffend den Verkehr mit Arzneimitteln, vom 27. Januar 1890, 31. Dezember 1894, 25. November 1895 und 19. August 1897 (RGBl. 1890 S. 9, 1895 S. 1 und 455, 1897 S. 707) außer Kraft.

Verzeichnis A.

1. Abkochungen und Aufgüsse (decocta et infusa);
2. Ätzstifte (styli caustici);
3. Auszüge in fester oder flüssiger Form (extracta et tincturae), ausgenommen:
   Arnikatinktur,
   Baldriantinktur, auch ätherische,
   Benediktineressenz,
   Benzoetinktur,
   Bischofessenz,
   Eichelkaffeeextrakt,
   Fichtennadelextrakt,

[1]) Das Verzeichnis der dem Apothekenhandverkauf entzogenen Stoffe ist auf S. 26 abgedruckt.

[2]) § 4 der Verordnung, welcher den Reichskanzler ermächtigte, „weitere im einzelnen bestimmt zu bezeichnende Zubereitungen, Stoffe und Gegenstände von dem Feilhalten und Verkaufen außerhalb der Apotheken auszuschließen", ist durch KaisV. vom 31. März 1911 (s. S. 23) aufgehoben worden, nachdem das KG. unter dem 6. Oktober 1910 (Ph.Ztg. 1910 Nr. 84) dessen Ungültigkeit ausgesprochen und entschieden hatte, daß die Grenzen des freien Arzneiverkehrs gemäß § 6 der GewO. nur durch Kaiserliche Verordnung nicht aber durch Bekanntmachung des Reichskanzlers festgesetzt werden können.

Fleischextrakt,
Himbeeressig,
Kaffeeextrakt,
Lakritzen (Süßholzsaft), auch mit Anis,
Malzextrakt, auch mit Eisen, Lebertran oder Kalk,
Myrrhentinktur,
Nelkentinktur,
Teeextrakt von Blättern des Teestrauches,
Vanillentinktur,
Wacholderextrakt;

4. Gemenge, trockene von Salzen, oder zerkleinerten Substanzen, oder von beiden untereinander, auch wenn die zur Vermengung bestimmten einzelnen Bestandteile gesondert verpackt sind (pulveres, salia et species mixta), sowie Verreibungen jeder Art (triturationes), ausgenommen:
Brausepulver aus Natriumbikarbonat und Weinsäure, auch mit Zucker oder ätherischen Ölen gemischt,
Eichelkakao, auch mit Malz,
Hafermehlkakao,
Riechsalz,
Salizylstreupulver,
Salze, welche aus natürlichen Mineralwässern bereitet oder den solchergestalt bereiteten Salzen nachgebildet sind,
Schneeberger Schnupftabak mit einem Gehalte von höchstens 3 Gewichtsteilen Nieswurzel in 100 Teilen des Schnupftabaks,

5. Gemischte, flüssige und Lösungen (mixturae et solutiones) einschließlich gemischte Balsame, Honigpräparate und Sirupe, ausgenommen:
Ätherweingeist (Hoffmannstropfen),
Ameisenspiritus,
Aromatischer Essig,
Bleiwasser, mit einem Gehalte von höchstens zwei Gewichtsteil. Bleiessig in 100 Teilen der Mischung,
Eukalyptuswasser,
Fenchelhonig,
Fichtennadelspiritus (Waldwollextrakt),
Franzbranntwein mit Kochsalz,
Kalkwasser, auch mit Leinöl,
Kampferspiritus,
Karmelitergeist,
Lebertran mit ätherischen Ölen,
Mischungen von Ätherweingeist, Kampferspiritus, Seifenspiritus, Salmiakgeist und Spanischpfeffertinktur, oder von einzelnen dieser fünf Flüssigkeiten untereinander zum Gebrauche für Tiere, sofern die einzelnen Bestandteile der Mischungen auf den Gefäßen, in denen die Abgabe erfolgt, angegeben werden,
Obstsäfte mit Zucker, Essig oder Fruchtsäuren eingekocht,
Pepsinwein,
Rosenhonig, auch mit Borax,
Seifenspiritus,
weißer Sirup;

6. Kapseln, gefüllte von Leim (Gelatine) oder Stärkemehl (capsulae gelatinosae et amylaceae repletae), ausgenommen solche Kapseln, welche

Brausepulver der unter Nr. 4 angegebenen Art,
Copaïvabalsam,
Lebertran,
Natriumbikarbonat,
Rizinusöl oder
Weinsäure
enthalten;

7. Latwergen (electuaria);
8. Linimente (Linimenta), ausgenommen flüchtiges Liniment;
9. Pastillen (auch Plätzchen und Zeltchen), Tabletten, Pillen und Körner (pastilli—rotulae et trochisci—, tabulettae, pilulae et granula), ausgenommen:
   aus natürlichen Mineralwässern oder aus künstlichen Mineralquellsalzen bereitete Pastillen,
   einfache Molkenpastillen,
   Pfefferminzplätzchen,
   Salmiakpastillen, auch mit Lakritzen und Geschmackzusätzen, welche nicht zu den Stoffen des Verzeichnisses B gehören,
   Tabletten aus Saccharin[1]), Natriumbikarbonat oder Brausepulver, auch mit Geschmackzusätzen, welche nicht zu den Stoffen des Verzeichnisses B gehören;
10. Pflaster und Salben (emplastra et unguenta), ausgenommen:
   Bleisalbe zum Gebrauche für Tiere,
   Borsalbe zum Gebrauche für Tiere,
   Cold-Cream, auch mit Glyzerin, Lanolin oder Vaselin,
   Pechpflaster, dessen Masse lediglich aus Pech, Wachs, Terpentin und Fett oder einzelnen dieser Stoffe besteht,
   englisches Pflaster,
   Heftpflaster,
   Hufkitt,
   Lippenpomade,
   Pappelpomade,
   Salizyltalg,
   Senfleinen,
   Senfpapier,
   Terpentinsalbe zum Gebrauche für Tiere,
   Zinksalbe zum Gebrauche für Tiere;
11. Suppositorien (suppositoria) in jeder Form (Kugeln, Stäbchen, Zäpfchen oder dgl.) sowie Wundstäbchen (cereoli).

Verzeichnis B.[2])

Bei den mit * versehenen Stoffen sind auch die Abkömmlinge der betreffenden Stoffe sowie die Salze der Stoffe und ihrer Abkömmlinge inbegriffen[3]).

*Acetanilidum.	*Antifebrin.
Acida chloracetica.	Die Chloressigsäuren.

[1]) Die Freigabe der Saccharintabletten ist durch das Süßstoffgesetz vom 7. Juli 1902 (RGBl. S. 253) aufgehoben!

[2]) Den im Verzeichnis B aufgeführten Stoffen treten die in der KaisV. vom 31. März 1911 (s. S. 23) genannten 7 Mittel hinzu.

[3]) Eine Liste der bekannteren neuen Arzneimittel, welche auf Grund dieser Bestimmung als Salze oder Abkömmlinge dem freien Verkehr entzogen sind, ist in dem auf S. 14 (Fußnote) erwähnten Kommentar zur Verordnung abgedruckt.

Acidum benzoïcum e resina sublimatum.	Aus dem Harze sublimierte Benzoësäure.
Acidum camphoricum.	Kampfersäure.
— cathartinicum.	Kathartinsäure.
— cinnamylicum.	Zimtsäure.
— chrysophanicum.	Chrysophansäure.
— hydrobromicum.	Bromwasserstoffsäure.
— hydrocyanicum.	Cyanwasserstoffsäure (Blausäure).
*— lacticum.	*Milchsäure.
*— osmicum.	*Osmiumsäure.
— sclerotinicum.	Sklerotinsäure.
*— sozojodolicum.	*Sozojodolsäure.
— succinicum.	Bernsteinsäure.
*— sulfocarbolicum.	*Sulfophenolsäure.
*— valerianicum.	*Baldriansäure.
*Aconitinum.	*Akonitin.
Actolum.	Aktol.
Adonidinum.	Adonidin.
Aether bromatus.	Aethylbromid.
— chloratus.	Aethylchlorid.
— jodatus.	Aethyljodid.
Aethyleni praeparata.	Die Aethylenpräparate.
Aethylidenum bichloratum.	Zweifachchloräthyliden.
Agaricinum.	Agaricin.
Airolum.	Airol.
Aluminium acetico tartaricum.	Essigweinsaures Aluminium.
Ammonium chloratum ferratum.	Eisensalmiak.
Amylenum hydratum.	Amylenhydrat.
Amylium nitrosum.	Amylnitrat.
Anthrarobinum.	Anthrarobin.
*Apomorphinum.	*Apomorphin.
Aqua Amygdalarum amararum.	Bittermandelwasser.
— Lauro-cerasi.	Kirschlorbeerwasser.
— Opii.	Opiumwasser.
— vulneraria spirituosa.	Weiße Arquebusade.
*Arecolinum.	*Arekolin.
Argentaminum.	Argentamin.
Argentolum.	Argentol.
Argonium.	Argonin.
Aristolum.	Aristol.
Arsenium jodatum.	Jodarsen.
*Atropinum.	*Atropin.
Betolum.	Betol.
Bismutum bromatum.	Wismutbromid.
— oxyjodatum.	Wismutoxyjodid.
— subgallicum (Dermatolum).	Basisches Wismutgallat (Dermatol).

Bismutum subsalicylicum.	Basisches Wismutsalicylat.
— tannicum.	Wismuttannat.
Blatta orientalis.	Orientalische Schabe.
Bromalum hydratum.	Bromalhydrat.
Bromoformium.	Bromoform.
*Brucinum.	*Brucin.
Bulbus Scillae siccatus.	Getrocknete Meerzwiebel.
Butylchloralum hydratum.	Butylchloralhydrat.
Camphora monobromata.	Einfach-Bromkampfer.
Cannabinonum.	Kannabinon.
Cannabinum tannicum.	Kannabintannat.
Cantharides.	Spanische Fliegen.
Cantharidinum.	Kantharidin.
Cardolum.	Kardol.
Castoreum canadense.	Kanadisches Bibergeil.
— sibiricum.	Sibirisches Bibergeil.
Cerium oxalicum.	Ceriumoxalat.
*Chinidinum.	*Chinidin.
*Chininum.	*Chinin.
Chinoïdinum.	Chinoïdin.
Chloralum formamidatum.	Chloralformamid.
— hydratum.	Chloralhydrat.
Chloroformium.	Chloroform.
Chrysarobinum.	Chrysarobin.
*Cinchonidinum.	*Cinchonidin.
Cinchoninum.	Cinchonin.
*Cocaïnum.	*Cocaïn.
*Coffeïnum.	*Koffeïn.
Colchicinum.	Kolchicin.
*Coniinum.	*Koniin.
Convallamarinum.	Konvallamarin.
Convallarinum.	Konvallarin.
Cortex Chinae.	Chinarinde.
— Condurango.	Condurangorinde.
— Granati.	Granatrinde.
— Mezereï.	Seidelbastrinde.
Cotoinum.	Kotoin.
Cubebae.	Kubeben.
Cuprum aluminatum.	Kupferalaun.
— salicylicum.	Kupfersalicylat.
Curare.	Kurare.
*Curarinum.	*Kurarin.
Delphininum.	Delphinin.
*Digitalinum.	*Digitalin.
*Digitoxinum.	*Digitoxin.
*Duboisinum.	*Duboisin.
*Emetinum.	*Emetin.
*Eucainum.	*Eukain.

Euphorbium.	Euphorbium.
Europhenum.	Europhen.
Fel tauri depuratum siccum.	Gereinigte trockne Ochsengalle.
Ferratinum.	Ferratin.
Ferrum arsenicum.	Arsensaures Eisen.
— arsenicosum.	Arsenigsaures Eisen.
— carbonicum saccharatum.	Zuckerhaltiges Ferrokarbonat.
— citricum ammoniatum.	Ferri-Ammoniumzitrat.
— jodatum saccharatum.	Zuckerhaltiges Eisenjodür.
— oxydatum dialysatum.	Dialysiertes Eisenoxyd.
— oxydatum saccharatum.	Eisenzucker.
— peptonatum.	Eisenpeptonat.
— reductum.	Reduziertes Eisen.
— sulfuricum oxydatum ammoniatum.	Ferri-Ammoniumsulfat.
— sulfuricum siccum.	Getrocknetes Ferrosulfat.
Flores Cinae.	Zitwersamen.
— Koso.	Kosoblüten.
Folia Belladonnae.	Belladonnablätter.
— Bucco.	Buccoblätter.
— Cocae.	Cocablätter.
— Digitalis.	Fingerhutblätter.
— Jaborandi.	Jaborandiblätter.
— Rhois toxicodendri.	Giftsumachblätter.
— Stramonii.	Stechapfelblätter.
Fructus Papaveris immaturi.	Unreife Mohnköpfe.
Fungus laricis.	Lärchenschwamm.
Galbanum.	Galbanum.
*Guajacolum.	*Guajakol.
Hamamelis virginica.	Hamamelis.
Haemalbuminum.	Hämalbumin.
Herba Aconiti.	Akonitkraut.
— Adonidis.	Adoniskraut.
— Cannabis indicae.	Indischer Hanf.
— Cicutae virosae.	Wasserschierling.
— Conii.	Schierling.
— Gratiolae.	Gottesgnadenkraut.
— Hyoscyami.	Bilsenkraut.
— Lobeliae.	Lobelienkraut.
*Homatropinum.	*Homatropin.
Hydrargyrum aceticum.	Quecksilberazetat.
— bijodatum.	Quecksilberjodid.
— bromatum.	Quecksilberbromür.
— chloratum.	Quecksilberchlorür (Kalomel).
— cyanatum.	Quecksilberzyanid.
— formamidatum.	Quecksilberformamid.
— jodatum.	Quecksilberjodür.
— oleïnicum.	Ölsaures Quecksilber.

Hydrargyrum oxydatum via humida paratum.	Gelbes Quecksilberoxyd.
— peptonatum.	Quecksilberpeptonat.
— praecipitatum album.	Weißer Quecksilberpräzipitat.
— salicylicum.	Quecksilbersalicylat.
— tannicum oxydulatum.	Quecksilbertannat.
*Hydrastininum.	*Hydrastinin.
*Hyoscyaminum.	*Hyoscyamin.
Itrolum.	Itrol.
Jodoformium.	Jodoform.
Jodolum.	Jodol.
Kaïrinum.	Kaïrin.
Kaïrolinum.	Kaïrolin.
Kalium jodatum.	Kaliumjodid.
Kamala.	Kamala.
Kosinum.	Kosin.
Kreosotum (e ligno paratum).	Holzkreosot.
Lactopheninum.	Laktophenin.
Lactucarium.	Giftlattichsaft.
Larginum.	Largin.
Lithium benzoïcum.	Lithiumbenzoat.
— salicylicum.	Lithiumsalizylat.
Losophanum.	Losophan.
Magnesium citricum effervescens.	Brausemagnesia.
— salicylicum.	Magnesiumsalicylat.
Manna.	Manna.
Methylenum bichloratum.	Methylenbichlorid.
Methylsulfonalum (Trionalum).	Methylsulfonal (Trional).
Muscarinum.	Muskarin.
Natrium aethylatum.	Natriumäthylat.
— benzoïcum.	Natriumbenzoat.
— jodatum.	Natriumjodid.
— pyrophosphoricum ferratum.	Natrium-Ferripyrophosphat.
— salicylicum.	Natriumsalicylat.
— santoninicum.	Santoninsaures Natrium.
— tannicum.	Natriumtannat.
*Nosophenum.	*Nosophen.
Oleum Chamomillae aethereum.	Ätherisches Kamillenöl.
— Crotonis.	Krotonöl.
— Cubebarum.	Kubebenöl.
— Matico.	Maticoöl.
— Sabinae.	Sadebaumöl.
— Santali.	Sandelöl.
— Sinapis.	Senföl.
— Valerianae.	Baldrianöl.

Opium, ejus alcaloida eorumque salia et derivata eorumque salia. (Codeïnum, Heroïnum, Morphinum, Narceïnum, Narcotinum, Peroninum, Thebaïnum, et alia.)	Opium, dessen Alkaloide, deren Salze und Abkömmlinge, sowie deren Salze. (Kodeïn, Heroïn, Morphin, Narceïn, Narkotin, Peronin, Thebaïn, und andere.)
*Orexinum.	*Orexin.
*Orthoformium.	*Orthoform.
Paracotoïnum.	Parakotoïn.
Paraldehydum.	Paraldehyd.
Pasta Guarana.	Guarana.
*Pelletierinum.	*Pelletierin.
*Phenacetinum.	*Phenazetin.
*Phenocollum.	*Phenokoll.
*Phenylum salicylicum(Salolum).	*Phenylsalicylat (Salol).
*Physostigminum (Eserinum).	*Physostigmin (Eserin).
Picrotoxinum.	Pikrotoxin.
*Pilocarpinum.	*Pilokarpin.
*Piperazinum.	*Piperazin.
Plumbum jodatum.	Bleijodid.
— tannicum.	Bleitannat.
Podophyllinum.	Podophyllin.
Praeparata organotherapeutica.	Therapeutische Organ-Präparate.
Propylaminum.	Propylamin.
Protargolum.	Protargol.
*Pyrazolonum phenyldimethylicum (Antipyrinum).	*Phenyldimethylpyrazolon (Antipyrin).
Radix Belladonnae.	Belladonnawurzel.
— Colombo.	Kolombowurzel.
— Gelsemii.	Gelsemiumwurzel.
— Ipecacuanhae.	Brechwurzel.
— Rheï.	Rhabarber.
— Sarsaparillae.	Sarsaparille.
— Senegae.	Senegawurzel.
Resina Jalapae.	Jalapenharz.
— Scammoniae.	Skammoniaharz.
Resorcinum purum.	Reines Resorzin.
Rhizoma Filicis.	Farnwurzel.
— Hydrastis.	Hydrastisrhizom.
— Veratri.	Weiße Nieswurzel.
Salia glycerophosphorica.	Glyzerinphosphorsaure Salze.
Salophenum.	Salophen.
Santoninum.	Santonin.
*Scopolaminum.	*Skopolamin.
Secale cornutum.	Mutterkorn.
Semen Calabar.	Kalabarbohne.
— Colchici.	Zeitlosensamen.

Semen Hyoscyami.	Bilsenkrautsamen.
— St. Ignatii.	Sankt-Ignatiusbohne.
— Stramonii.	Stechapfelsamen.
— Strophanthi.	Strophantussamen.
— Strychni.	Brechnuß.
Sera therapeutica, liquida et sicca, et eorum praeparata ad usum humanum.	Flüssige und trockene Heilsera sowie deren Präparate zum Gebrauche für Menschen.
*Sparteïnum.	*Sparteïn.
Stipites Dulcamarae.	Bittersüßstengel.
*Strychninum.	*Strychnin.
*Sulfonalum.	*Sulfonal.
Sulfur jodatum.	Jodschwefel.
Summitates Sabinae.	Sadebaumspitzen.
Tannalbinum.	Tannalbin.
Tannigenum.	Tannigen.
Tannoformium.	Tannoform.
Tartarus stibiatus.	Brechweinstein.
Terpinum hydratum.	Terpinhydrat.
Tetronalum.	Tetronal.
*Thallinum.	*Thallin.
*Theobromicum.	*Theobromin.
Thioformium.	Thioform.
*Tropacocaïnum.	*Tropakokaïn.
Tubera Aconiti.	Akonitknollen.
— Jalapae.	Jalapenwurzel.
Tuberculinum.	Tuberkulin.
Tuberculocidinum.	Tuberculocidin.
*Urethanum.	*Urethan.
*Urotropinum.	*Urotropin.
Vasogenum et ejus praeparata.	Vasogen und dessen Präparate.
*Veratrinum.	*Veratrin.
Xeroformium.	Xeroform.
*Yohimbinum.	*Yohimbin.
Zincum aceticum.	Zinkazetat.
— chloratum purum.	Reines Zinkchlorid.
— cyanatum.	Zinkzyanid.
— permanganicum.	Zinkpermanganat.
— salicylicum.	Zinksalicylat.
— sulfoichthyolicum.	Ichthyolsulfosaures Zink.
— sulfuricum purum.	Reines Zinksulfat.

Verordnung, betr. den Verkehr mit Arzneimitteln.

Vom 31. März 1911 (RGBl. S. 181.)

Wir, Wilhelm, von Gottes Gnaden Deutscher Kaiser, König von Preußen usw. verordnen im Namen des Reichs auf Grund der Bestimmungen im § 6 Abs. 2 der Gewerbeordnung (RGBl. 1900 S. 871) was folgt:

§ 1. Der § 4 der Verordnung, betreffend den Verkehr mit Arzneimitteln, vom 22. Oktober 1901 (RGBl. 1901 S. 380) wird aufgehoben.

§ 2. Zu den Stoffen, die nach § 2 der Verordnung vom 22. Oktober 1901 und dem zugehörigen Verzeichnis B außerhalb der Apotheken nicht feilgehalten oder verkauft werden dürfen, treten hinzu:

Acidum acetylosalicylicum (Aspirinum), Azetylsalizylsäure (Aspirin),

Eukalyptusmittel Heß' (Eukalyptol und Eukalyptusöl Heß'),

Homeriana (auch als Brusttee Homeriana oder russischer Knöterich Polygonum aviculare Homeriana)[1]),

Johannistee Brockhaus (auch als Galeopsis ochroleuca vulcania der Firma Brockhaus),

Knöterichtee, russischer, Weidemanns (auch als russischer Knöterich- oder Brusttee Weidemanns)[1]),

---

[1]) Über den Verkehr mit Knöterich erging nachstehender Min.-Erl. (die darin erwähnte, inzwischen aufgehobene Bk. des Reichskanzlers vom 1. Oktober 1903 entzog „Homeriana" und „Weidemanns russischen Knöterichtee" dem freien Verkehr, was jetzt die KaisV. vom 31. März 1911 tut).

Min.-Erl. betr. den Verkehr mit Knöterich. Vom 8. März 1905.

Die Bekanntmachung des Herrn Reichskanzlers, betreffend den Verkehr mit Arzneimitteln, vom 1. Oktober 1903, hat mehrfach die Auslegung erhalten, daß Vogelknöterich, oder wenigstens russischer Knöterich in jeder Form, vom Großhandel abgesehen, unter allen Umständen als Heilmittel nur in Apotheken feilgehalten oder verkauft werden dürfe. Diese Auslegung ist nicht zutreffend und entspricht nicht der gesetzgeberischen Absicht.

Die Bekanntmachung verfolgte den Zweck, die allgemeine Durchführung der im Bundesrate vereinbarten, durch den Runderlaß vom 8. Juli 1903 bekannt gegebenen Vorschriften über den Verkehr mit Geheimmitteln und ähnlichen Arzneimitteln dadurch sicherzustellen, daß der Vertrieb aller in den Verzeichnissen A und B zu diesen Vorschriften aufgeführten Mittel gemäß § 6 Abs. 2 der GewO. den Apothekern vorbehalten wird, soweit dies nicht bereits bisher der Fall war. Auf die unter Nr. 33, 42 und 46 des Verzeichnisses A ausgeführten Mittel bezog sich die Bekanntmachung vom 1. Oktober 1903. Wenn dort der Warenbezeichnung Homeriana in Klammern beigefügt ist, „auch Brusttee Homerania, russischer Knöterich, Polygonum aviculare", so kommt diesem erläuternden Zusatze selbständige Bedeutung nicht zu, es handelt sich vielmehr nur um einen Hinweis darauf, daß die regelmäßige unter der Bezeichnung Homerania in den Verkehr gebrachte Ware gelegentlich auch unter den beigefügten anderen Bezeichnungen vertrieben wird. Die der Hauptbezeichnung „Knöterichtee, russischer, Weidemanns" beigefügte Erläuterung dürfte Mißverständnissen nicht ausgesetzt sein.

Der Vorschrift der Bekanntmachung vom 1. Oktober 1903 unterliegen deshalb nicht Knöterich oder Knöterichtee schlechthin, sondern nur die als „Homerania" oder als „Weidemanns russischer Knöterichtee" in den Handel kommenden Waren, diese allerdings auch dann, wenn sie unter den in der Bekanntmachung aufgeführten anderen Bezeichnungen vertrieben werden.

Ein weiterer Min.-Erl. vom 13. Juni 1908 befaßt sich mit dem Mittel „Polypec (auch Naturkräutertee Weidemanns)" und bemerkt, daß „Polypec nur ein andere Bezeichnung für den russischen Knöterich desselben Weidemann ist und daher ebenso wie andere in Zukunft etwa auftauchende weitere Bezeichnungen schon durch die Bekanntmachung vom 1. Oktober 1903 / 11. April 1908 von dem Feilbieten und Verkaufen als Heilmittel außerhalb der Apotheken ausgeschlossen ist".

Stroopal (auch als Heilmittel Stroops gegen Krebs-, Magen- und Leberleiden, auch Stroops Pulver),

Urea diaethylmalonylica, Acidum diaethylbarbituricum (Veronalum), Diäthylmalonylharnstoff, Diäthylbarbitursäure (Veronal).

§ 3. Diese Verordnung tritt mit dem Tage der Verkündung in Kraft.

Zubereitungen und Stoffe, welche nicht unter die Kaiserlichen Verordnungen fallen, sind damit, sofern sie nicht zu den Giften gehören, und mit Ausnahme von Süßstoff, dem freien Verkehr überlassen. Polizeiverordnungen, welche noch weitergehende Beschränkungen oder Verbote des Feilhaltens und Verkaufens von Arzneimitteln außerhalb der Apotheken festsetzen, sind ungültig (KG. 16. Juni 1898, KGA. II S. 239 und 276; 4. Mai 1899, KGA. III, S. 378; 16. Dezember 1901, KGA. IV S. 600; 25. September 1905, PhZtg. 1905 Nr. 78).

Soweit die freigegebenen Zubereitungen und Stoffe aber zu den Giften gehören, dürfen sie außerhalb der Apotheken nur von konzessionierten Gifthändlern und nur unter den in der Giftverordnung angegebenen Bedingungen feilgehalten und verkauft werden (KG. 11. Dezember 1899, KGA. III S. 397. Näheres hierüber in Teil IV Abschnitt 2) Der Umfang des zugelassenen Gifthandels ist im übrigen nicht allgemein festgelegt, sondern richtet sich vielmehr danach, für welche Gifte im Einzelfalle die behördliche Genehmigung nachgesucht bzw. erteilt worden ist. Gifte, welche im Verzeichnis B der Verordnung vom 22. Oktober 1901 angeführt sind, bleiben natürlich stets vom Kleinhandel außerhalb der Apotheken ausgeschlossen (KG. 10. Mai 1900, KGA. III S. 379).

Das Feilhalten und der Verkauf von Süßstoff ist durch das Süßstoffgesetz vom 7. Juli 1902 (RGBl. S. 253) außerhalb der Apotheken überhaupt verboten. Ebenso darf der Zwischenhandel mit süßstoffhaltigen Nahrungs- und Genußmitteln nur durch die Apotheken erfolgen.

Da die KaisV. vom 22. Oktober 1901 in § 1 Abs. 2 unter a die Freigabe von kosmetischen, Desinfektions- und Hühneraugenmitteln, soweit sie als Heilmittel feilgehalten oder verkauft werden, davon abhängig macht, daß diese Mittel keinen dem Apothekenhandverkauf entzogenen Stoff enthalten, ist es nötig, auch diese Vorschriften anzuführen. Der diesbezügliche Min.-Erl. gründet sich auf mehrere Bundesratsbeschlüsse (insbesondere vom 13. Mai 1896, 22. März 1898 und 6. Februar 1908) und lautet, soweit er hier in Betracht kommt, wie folgt:

Min.-Erl., betr. die Abgabe starkwirkender Arzneimittel in den Apotheken.

Vom 22. Juni 1896.

§ 1. Die in dem beiliegenden Verzeichnis aufgeführten Drogen und Präparate, sowie die solche Drogen oder Präparate enthaltenden Zubereitungen dürfen nur auf schriftliche, mit Datum und Unterschrift versehene Anweisung (Rezept) eines Arztes, Zahnarztes oder Tierarztes — in letzterem Falle jedoch nur zum Gebrauch in der Tierheilkunde — als Heilmittel an das Publikum abgegeben werden.

§ 2. Die Bestimmungen im § 1 finden nicht Anwendung auf solche Zubereitungen, welche nach den auf Grund des § 6 Abs. 2 der Gewerbeordnung erlassenen Kaiserlichen Verordnungen auch außerhalb der Apotheken als Heilmittel feilgehalten und verkauft werden dürfen.

Verzeichnis.

Acetanilidum.
Acetum Digitalis.
Acidum carbolicum ausgen. zum äußeren Gebrauch.
Acid. hydrocyanicum et ejus salia
— osmicum et ejus salia.
Aconitinum, Aconitini derivata et eorum salia.
Aether bromatus.
Aethyleni praeparata ausgen. zum äußeren Gebrauch in Mischungen mit Öl oder Weingeist, welche nicht mehr als 50 Gewichtsteile des Äthylenpräparates in 100 Gewichtsteilen Mischung enthalten.
Aethylidenum bichloratum.
Agaricinum.
Amylenum hydratum.
Amylium nitrosum.
Antipyrinum.
Apomorphinum et ejus salia.
Aqua Amygdalar. amararum.
— Lauro-cerasi.
Argentum nitricum ausgen. zum äußeren Gebrauch.
Arsenium et ejus praeparata.
Atropinum et ejus salia.
Auro-Natrium chlorat.
Bromoformium.
Brucinum et ejus salia.
Butyl-chloralum hydratum.
Cannabionum.
Cannabinum tannic.
Canthariden ausgen. zum äußeren Gebrauch.
Cantharidinum.
Chloralum formamidatum.
— hydratum.
Chloroformium ausgen. zum äußeren Gebrauch in Mischungen mit Öl oder Weingeist, welche nicht mehr als 50 Gewichtsteile Chloroform in 100 Gewichtsteilen Mischung enthalten.
Cocaïnum et ejus salia.
Codeïnum et ejus salia omniaque alia alcaloïda Opii hoc loco non nominata eorumque salia.
Coffeïnum et ejus salia ausgen. in Zeltchen, welche nicht mehr als je 0,1 g Coffeïn enthalten.
Colchicinum.
Coniinum et ejus salia.
Cuprum salicylicum.
— sulfocarbolic.
— sulfuricum ausgen. zum äußeren Gebrauch.
Curare et ejus praeparata.
Daturinum.
Digitalinum, Digitalini derivata et eorum salia.
Emetinum et ejus salia.
Extr. Aconiti.
— Belladonnae ausgen. in Pflastern und Salben.
— Calabar Sem.
— Cannab. indic. ausgen. zum äußeren Gebrauch.
— Colocynthidis.
— — compositum.
— Conii ausgen. in Salben.
— Digitalis ausgen. in Salben.
— Filicis[1]).

[1]) Hinzugefügt durch Min.-Erl. vom 20. Mai 1901.

Extr. Hydrastis.
— — fluidum.
— Hyoscyami ausgen. in Salben.
— Ipecacuanhae.
— Lactucae virosae.
— Opii ausgen. in Salben.
— Pulsatillae.
— Sabinae ausgen. in Salben.
— Scillae.
— Secalis cornuti.
— — — fluidum.
— Stramonii.
— Strychni.
Folia Belladonnae ausgen. in Pflastern und Salben und als Zusatz zu erweichenden Kräutern.
— Digitalis.
— Stramonii ausgen. z. Rauchen und Räuchern.
Fruct. Colocynthidis.
— — praeparati.
— Papaveris immaturi.
Gutti.
Herba Conii ausgen. in Pflastern und Salben und als Zusatz zu erweichenden Kräutern.
— Hyoscyami ausgen. in Pflastern und Salben und als Zusatz zu erweichenden Kräutern.
Heroinum et ejus salia[1]).
Homatropinum et ejus salia.
Hydrargyri praeparata postea non nominata ausgen. als graue Quecksilbersalze mit einem Gehalt von nicht mehr als 10 Gewichtsteilen Quecksilber in 100 Gewichtsteilen Salbe, sowie Quecksilberpflaster.
Hydrarg. bichlorat.
— bijodatum.
— chloratum.
— cyanatum.
— jodatum.
— nitric. (oxydul.).
Hydrarg. oxydatum ausgen. als rote Quecksilbersalze mit einem Gehalt von nicht mehr als 5 Gewichtsteilen Quecksilberoxyd in 100 Gewichtsteilen Salbe.
— praecipitatum album ausgen. als weiße Quecksilbersalbe mit einem Gehalt von nicht mehr als 5 Gewichtsteilen Präzipitat in 100 Gewichtsteilen Salbe.
Hyoscinum (Duboisinum) et ejus salia.
Hyoscyaminum (Duboisinum) et ejus salia.
Jodum.
Kalium dichromic.
Kreosotum ausgen. zum äußeren Gebrauch in Lösungen, welche nicht mehr als 50 Gewichtsteile Kreosot in 100 Gewichtsteilen Lösung enthalten.
Lactucarium.
Liq. Kalii arsenicosi.
Migraeninum[2]).
Morphinum et ejus salia.
Natrium salicylicum.
Nicotinum et ejus salia ausgen. in Zubereitungen zum äußeren Gebrauch bei Tieren.
Nitroglycerinum.
Oleum Amygd. aether. sofern es nicht von Cyanverbindungen befreit ist.
— Crotonis.
— Sabinae.
Opium ausgen. in Pflastern u. Salben.
Paraldehydum.
Phenacetinum.
Phosphorus.
Physostigmium et ejus salia.
Picrotoxinum.
Pilocapin. et ejus salia.
Plumbum jodatum.
Pulv. Ipecac. opiat.

---

1) Hinzugefügt durch Min.-Erl. vom 24. November 1899.
2) Hinzugefügt durch Min.-Erl. vom 10. Januar 1906.

Radix Ipecacuanhae.
Resina Jalapae ausgen. in Jalapenpillen, welche nach Vorschrift des Arzneibuches für das Deutsche Reich angefertigt sind.
— Scammoniae.
Rhizoma Filicis[1]).
— Veratri ausgen. z. äußeren Gebrauch für Tiere.
Santonium ausgen. in Zeltchen, welche nicht mehr als je 0,05 g Santonin enthalten.
Scopolaminum hydrobromicum.
Secale cornutum.
Semen Colchici.
— Strychni.
Strychninum et ejus salia.
Sulfonalum.
Sulfur jodatum.
Summitates Sabinae.
Tartarus stibiatus.
Thallin. et ejus salia.
Theobrominum natriosalicylicum.
Thyreoideae praeparata[2]).
Tinct. Aconiti.
— Belladonnae.
— Cannab. indicae.
— Cantharidum.
— Colchici.
— Colocynthidis.
— Digitalis.
— — aetherea.
— Gelsemii.
— Ipecacuanhae.
— Jalapae resinae.
— Jodi ausgen. zum äußeren Gebrauch.
— Lobeliae.
— Opii crocata ausgen. in Lösungen, die in 100 Gewichtsteilen nicht mehr als 10 Gewichtsteile safranhaltige Opiumtinktur enthalten.
Tinct. Opii simplex ausgen. in Lösungen, die in 100 Gewichtsteilen nicht mehr als 10 Gewichtsteile einfache Opiumtinktur enthalten.
— Scillae.
— — kalina.
— Secalis cornuti.
— Stramonii.
— Strophanti.
— Strychni.
— — aetherea.
— Veratri ausgen. zum äußeren Gebrauch.
Trionalum.
Tubera Aconiti.
— Jalapae ausgen. in Jalapenpillen, welche nach Vorschrift des Arzneibuches für das Deutsche Reich angefertigt sind.
Urethanum.
Veratrinum et ejus salia.
Veronalum (Urea diaethylmalonylica, Acidum diaethylbarbituricum)[3]).
Vinum Colchici.
— Ipecacuanhae.
— stibiatum.
Zincum aceticum.
— chloratum.
— lacticum omniaque Zinci salia hoc loco non nominata, quae sunt in aqua solubilia.
— sulfocarbolic.
— sulfuricum ausgen. bei Verwendung d. vorgenannten und der übrigen in Wasser löslichen Zinksalze z. äußeren Gebrauch.

---

[1]) Hinzugefügt durch Min.-Erl. vom 20. Mai 1901.
[2]) Hinzugefügt durch Min.-Erl. vom 25. September 1897.
[3]) Hinzugefügt durch Min.-Erl. vom 29. Februar 1908.

2. Rechtsprechung.

Zu den Verordnungen über den Verkehr mit Arzneimitteln außerhalb der Apotheken hat sich im Laufe der Jahre eine überaus umfangreiche Rechtsprechung angesammelt, die wertvolle Anhaltspunkte zur Auslegung der Verordnungen bietet. Nachstehend sind diese Urteile nach den einzelnen Mitteln auf die sie sich beziehen, zusammengestellt, und dabei wieder diejenigen Mittel, die von der Rechtsprechung als freigegeben erklärt wurden, von den nicht freigegebenen getrennt. Die Listen umfassen alle seit 1. Januar 1900 bis 1. April 1913 bekannt gewordenen Entscheidungen des Reichsgerichts und der Oberlandesgerichte, sowie Gutachten von Medizinalbehörden, in denen über die Freiverkäuflichkeit oder Nichtfreiverkäuflichkeit einzelner Mittel entschieden worden ist. Urteile, die sich noch auf die bis zum 1. April 1902 geltende frühere Kaiserliche Verordnung beziehen, sind nur soweit berücksichtigt, als sie noch der gegenwärtigen Rechtslage entsprechen. Am Schlusse sind dann die wichtigsten seit 1900 ergangenen Urteile angefügt, die sich mit allgemeinen Begriffen der Verordnung, wie Heilmittel, Krankheit, Feilhalten, Großhandel usw. befassen und die ja für den Arzneimittelverkehr außerhalb der Apotheken ebenfalls von großer Bedeutung sind.

Die bei den Urteilen in Klammern beigefügten Zahlen bezeichnen die Nummer der Pharmaz. Zeitung, in der die betreffende Entscheidung abgedruckt war, und zwar, sofern nichts anderes angegeben, des gleichen Jahrgangs, wie das Datum des Urteils. Bei den mit einem † bezeichneten Mitteln finden sich in der anderen Liste auch gegenteilige Entscheidungen.

a. Dem freien Verkehr entzogene Arzneimittel.

Abc-Biskuits sind dem freien Verkehr entzogen. OLG. Dresden 28. Oktober 1908 (90).

† **Alpenkräutertee, Webers**, ist kein Vorbeugungs-, sondern ein Heilmittel; er ist deshalb dem freien Verkehr entzogen, auch wenn er auf Plakaten als Vorbeugungsmittel bezeichnet wird. KG. 8. März 1907 (90). — Wenn Alpenkräutertee als Blutreinigungsmittel feilgeboten wird, so geht aus dieser Anpreisung nicht hervor, daß der Tee nur für Gesunde bestimmt sei, sondern es ist vielmehr zu folgern, daß er das nicht normale Blut beseitigen und bessern solle. OLG. München November 1905 (93). — Alpenkräutertee ist als Heilmittel gegen bestehende Krankheiten dem freien Verkehr entzogen. KG. 30. Dezember 1901 (1902 Nr. 3); OLG. Breslau 5. Januar 1909 (4); — Alpenkräutertee ist nur dann dem freien Verkehr entzogen, wenn der (wenigstens eventuelle) Dolus, daß die Abgabe als Heilmittel erfolgt ist, nachgewiesen werden kann. OLG. Breslau 26. Mai 1908 (53 und 60). — Alpenkräutertee darf als Heilmittel außerhalb der Apotheken nicht feilgehalten und verkauft werden. Ein unzulässiger Verkauf als Heilmittel liegt auch dann vor, wenn der Verkäufer mit der Möglichkeit rechnen muß, daß die Käufer die Mittel zu Heilzwecken benutzen. KG. 11. Juli 1910 (59). — Alpenkräutertee, Webers, ist dem freien Verkehr entzogen. Verstopfung ist eine Krankheit, Abführmittel sind mithin Heilmittel. OLG. Breslau 7. Juni 1910 (70).

Anistropfen dürfen in Drogenhandlungen nicht feilgehalten oder verkauft werden, auch wenn sie durch Destillation hergestellt sind. OLG. Kiel 5. Februar 1910 (KGA. VI S. 462).

Apfelsäurepastillen sind als Heilmittel dem freien Verkehr entzogen. KG. 4. September 1902 (73).

Arnikapflaster ist ein dem freien Verkehr entzogenes Heilmittel, da es anderen als Heilzwecken gar nicht dienen kann. (OLG. Stettin 23. Dezember 1910 (47).

Aromatische Tinktur ist dem freien Verkehr entzogen. OLG. Frankfurt a. M. 28. Mai 1906 (KGA. V S. 494).

Arzneimittel, homöopathische, sind keineswegs schon an sich dem freien Verkehr überlassen, sondern in dieser Beziehung wie alle übrigen Arzneimittel zu beurteilen. OLG. Breslau 21. Mai 1901 (45).

Augenwol, das als Mittel zur Stärkung und Wiederbelebung der Sehkraft dienen soll, ist ein Heilmittel zur Beseitigung einer Krankheit und, da es unter Ziff. A 5 der Verordnung vom 22. Oktober 1901 fällt, dem freien Verkehr entzogen. KG. 10. März 1908.

Beckers Tee ist, auch wenn er als diätetisches Genußmittel bei Wassersucht bezeichnet wird, als ein dem freien Verkehr entzogenes Heilmittel anzusehen. KG. 8. Dezember 1902 (101).

Bleipflaster ist ein dem freien Verkehr entzogenes Heilmittel. KG. 2. Juni 1908 (50).

Bleisalbe, die gegen verschiedenartige Hauterkrankungen, wie Drüsenanschwellung, gebraucht wird, ist ein Heilmittel und nicht ein kosmetisches Mittel. Mithin ist sie auch dem freien Verkehr nicht überlassen. KG. 2. Juni 1908.

Blutauffrischungstee, diätetischer, des Thalipssia-Hauses in Leipzig ist als Heilmittel dem freien Verkehr entzogen. OLG. Dresden 10. August 1911 (66).

Blutreinigungstee. Ein als Vorbeugungsmittel bezeichneter Blutreinigungstee ist, wenn er als Mittel gegen Verstopfung verkauft wird, ein dem freien Verkehr entzogenes Heilmittel. KG. 10. März 1905 (22). — Blutreinigungstee soll, wie sein Name besagt, zur Verbesserung schlechten Blutes und zur Beseitigung der Folgeerscheinungen mangelhafter Blutbeschaffenheit dienen und darf deshalb außerhalb der Apotheken nicht verkauft werden. OLG. Köln 10. Februar 1906 (18); OLG. Köln 19. Mai 1906 (45).

Blutstiller, ein aus Alaun bestehender Ätzstift zur Stillung von Blutungen, ist dem freien Verkehr entzogen. KG. 14. Februar 1910 (15).

† **Bonbons** fallen allerdings regelmäßig nicht unter Nr. 9 des Verzeichnisses A; das schließt aber nicht aus, daß unter dem Namen „Bonbons" auch Zubereitungen feilgehalten werden können, welche als Pastillen, Plätzchen, Zeltchen oder Tabletten anzusehen sind. Es kommt in dieser Beziehung in erster Reihe auf die Form, dann aber auch auf die Herstellungsweise an. KG. 7. Oktober 1912 (1913 Nr. 9).

† **Borsalbe** ist nicht als kosmetisches Mittel im Sinne der Kaiserlichen Verordnung über den Verkehr mit Arzneimitteln anzusehen. Sie ist nur als Heilmittl aufzufassen. Gutachten der Wissenschaftlichen Deputation für das Medizinalwesen vom 23. November 1910 (1911 Nr. 8). — Borsalbe zur Verwendung für Menschen ist den Apotheken vorbehalten, sofern es sich nicht um ein kosmetisches oder Desinfektionsmittel handelt. Allgemein freigegeben ist nur Borsalbe für Tiere. Die Bestimmungen in § 1 Abs. 2a der KaisV. kommen aber auch für solche Salben in Betracht, die für Menschen bestimmt sind. KG. 7. Januar 1909 (Med.-A. 1910 S. 232) und 22. September 1910 (80). Borsalbe für Menschen ist dem freien Verkehr entzogen. OLG. Breslau 29. Mai 1906 (1907 Nr. 85).

Borwasser, welches als Heilmittel dienen soll, ist dem freien Verkehr entzogen. OLG. Dresden 22. September 1909 (KGA. VI S. 487).

† **Brandbinden, Bardelebens,** sind dem freien Verkehr entzogen. OLG. Breslau 5. Januar 1909 (4).

Brockhaus-Tee ist dem freien Verkehr entzogen, denn er ist identisch mit dem Johannis-Tee, dessen Verkauf durch die KaisV. vom 31. März 1911 den Apotheken vorbehalten ist. Ein nicht freigegebenes Präparat darf auch nicht unter anderem Namen in den Handel gebracht werden; maßgebend ist die Stoffzusammensetzung und nicht die Bezeichnung. OLG. Kiel 12. September 1912.

Brustpulver darf von Drogisten nicht verkauft werden, da es nicht nur als Vorbeugungsmittel, sondern auch als Heilmittel gebraucht wird. OLG. Hamburg Dezember 1905 (1906 Nr. 1).

† **Brusttee.** Wenn in Drogenhandlungen Brusttee, ohne festzustellen, welchem Zweck er dienen soll, verkauft wird, so liegt das unerlaubte Feilhalten eines dem freien Verkehr entzogenen Heilmittels vor. KG. 1. November 1904 (1905 Nr. 40). — Brusttee darf von Drogisten nicht verkauft werden, da er nicht nur als Vorbeugungsmittel, sondern auch als Heilmittel gebraucht wird. OLG. Hamburg Dezember 1905 (1906 Nr. 1); KG. 8. März (1907 90).

Chinawein, Scherings, ist ein dem freien Verkehr entzogenes Heilmittel. KG. 8. März 1907 (90). — Chinawein mit Eisen ist dem freien Verkehr entzogen. OLG. Frankfurt a. M. 28. Mai 1906 (KGA. V S. 494).

Chlorsaures Kali darf, da es unter das Verzeichnis der Gifte fällt, außerhalb der Apotheken nur zu einem in der Giftverordnung erlaubten Zweck abgegeben werden. Zu Heilzwecken darf die Abgabe des Mittels in Drogenhandlungen nicht erfolgen. KG. 6. Juni 1910 (50).

Condurangowein, Scherings, ist ein dem freien Verkehr entzogenes Heilmittel. KG. 8. März 1907 (90).

Crescent gehört auch als Vorbeugungsmittel zu den Heilmitteln, weil hierunter auch die Mittel zu rechnen sind, die in vorbeugender Weise Krankheiten entgegenwirken sollen. OLG. München 16. Juli 1911 (57).

Curbitin-Schokolade ist ein dem freien Verkehr entzogenes trocknes Gemenge. OLG. Köln 27. Juni 1904 (58).

Dansol als Rheumatismusmittel ist dem freien Verkehr entzogen. KG. 6. Februar 1911 (14).

Darman ist ein dem freien Verkehr entzogenes Heilmittel. KG. 12. Oktober 1911 (85).

† **Destillate.** Zubereitungen, bei denen nach erfolgter Mischung oder Lösung eine Destillation erfolgt, müssen, wenn mehr als ein Bestandteil der Mischung oder Lösung flüchtig ist, als flüssiges Gemisch oder Lösung im pharmazeutischen Sinne und im Sinne der KaisV. vom 22. Oktober 1901 angesehen werden, da durch eine Destillation an dem Charakter der Flüssigkeit als Mischung oder Lösung nichts geändert wird. Gutachten des Kaiserlichen Gesundheitamtes (1908 Nr. 92). — Destillate sind Lösungen bzw. flüssige Gemische im Sinne der Ziffer 5 des Verzeichnisses A der Kaiserlichen Verordnung. Med.-Kollegium der Provinz Schlesien 8. Februar und 22. Juli 1912 (28 und 93). — Destillate sind nicht grundsätzlich freigegeben, es muß vielmehr der Entscheidung im Einzelfall überlassen bleiben, ob das jeweilig in Rede stehende, durch Destillation gewonnene Produkt vermöge seiner sonstigen Eigenart so beschaffen ist, daß es unter eine der im Verzeichnis A aufgezählten Kategorien, insbesondere unter die in Nr. 5 genannten Gemische und Lösungen, einzureihen ist. OLG. Breslau 11. Juni 1907 (69). — Destillate sind Lösungen. Es steht nichts im Wege, die durch Destillation erzielten Verdünnungen von ätherischen Ölen als Lösungen im Sinne der Verordnung über den Verkehr mit Arzneimitteln anzusehen. OLG. Posen 9. Juni 1906 (64). — Abgesehen von den in der Kaiserlichen Verordnung aufgeführten Ausnahmen sind auch Destillate unter die Lösungen mit zu rechnen, insbesondere wenn das betreffende Mittel sowohl im Wege der Lösung als durch Destillation hergestellt werden kann. OLG. Braunschweig November 1909 (93), 7. April 1910 (KGA. VI S. 491). —

Diachylon-Wundpulver darf in Drogenhandlungen nicht verkauft werden. Kosmetische Mittel sind zwar freigegeben, dürfen aber nach dem Farbengesetz vom 5. Juli 1887 nicht Blei enthalten. KG. 17. Juni 1909 (51). — Der Vertrieb von

Diachylon-Wundpulver als kosmetisches Mittel verstößt gegen § 3 des Farbengesetzes Zu den „Stoffen" im Sinne von § 3 dieses Gesetzes gehören auch die chemischen Verbindungen der dort genannten Substanzen. Der Begriff „Stoffe" ist ferner nicht auf Farbstoffe oder färbende Stoffe beschränkt. KG. 7. Oktober 1912 (93). — Diachylon-Wundpulver enthält Bleipflaster, also eine Bleiverbindung. Mithin unterliegt der Puder als kosmetisches Mittel dem Verkehrsverbot des § 3 des Reichsfarbengesetzes vom 5. Juli 1887. OLG. Posen 22. Oktober 1910 (1911 Nr. 41).

Dynamin darf, auch wenn es als Nähr- und Kräftigungsmittel bezeichnet ist, als Heilmittel in Drogenhandlungen nicht feilgehalten und verkauft werden. OLG. Breslau 5. Juni 1903 (1905 Nr. 40).

Eisenkraftessenz dient als Heilmittel und darf deshalb in Drogenhandlungen nicht feilgehalten werden. KG. 17. Oktober 1904 (1905 Nr. 40).

Eisenmanganessenz ist ein dem freien Verkehr entzogenes Heilmittel. OLG. Naumburg 30. Juni 1907 (76); OLG. Dresden 29. Aug. 1906 (1907 Nr. 85).

Eisenpräparat. Ein zusammengesetztes Eisenpräparat, das gegen Bleichsucht dienen soll, ist ein dem freien Verkehr entzogenes Heilmittel. KG. 25. April 1910 (36).

Eisentinktur, aromatische, die gegen Blutarmut, Verdauungsstörungen usw. erfolgreich Anwendung finden soll, ist ein dem freien Verkehr entzogenes Heilmittel. KG. 6. September 1907 (74); KG. 17. Oktober 1904 (1905 Nr. 40); OLG. Naumburg 30. Juli 1907 (76).

Entfettungstabletten fallen unter Nr. 9 A der Kaiserlichen Verordnung vom 22. Oktober 1901 und dürfen nur in Apotheken feilgehalten oder verkauft werden. KG. 3. Oktober 1908 (81).

Fenchelhonig, der sich nicht als Honig, sondern als ein künstliches flüssiges Gemisch erweist, ist dem freien Verkehr nicht überlassen. KG. 11. März 1907 (23).

Ferratose ist eine dem freien Verkehr entzogene Lösung im Sinne der Ziffer 5 des Verzeichnisses A der Kaiserlichen Verordnung. KG. 2. Juni 1902 (47).

Fleco-Flechtenseife, die ohne Wasser wie eine Salbe angewendet wird, ist eine dem freien Verkehr entzogene Heilsalbe. KG. 14. Februar 1910 (15).

Flüchtige Salbe gehört zu denjenigen Zubereitungen, welche als Heilmittel nur in Apotheken feilgehalten oder verkauft werden dürfen. OLG. Breslau 27. Juni 1899 (1902 Nr. 3).

Flucolbonbons, die in Pastillenform gebracht sind, sind Pastillen im Sinne der Kaiserlichen Verordnung und demgemäß dem freien Verkehr entzogen. OLG. Posen 9. Juni 1906 (64).

Fortisin, das als Mittel gegen Manneschwäche dienen soll, ist ein Heilmittel und darf deshalb nur in Apotheken feilgehalten und verkauft werden. KG. 3. Mai 1909 (37).

Frauenwohl-Tropfen sind, auch wenn sie durch Destillation hergestellt sind, dem freien Verkehr entzogen. OLG. Braunschweig 7. April 1910 (KGA. VI S. 491).

† **Graue Salbe** ist nur dann dem freien Verkehr entzogen, wenn sie als Heilmittel, d. h. als Mittel gegen Krankheiten dienen soll. Das Behaftetsein mit Filzläusen ist aber nur dann als Krankheit anzusehen, wenn die Läuse sich in die Haut einfressen. KG. 31. März 1910 (30). — Graue Quecksilbersalbe gegen Läuse ist kein freigegebenes Kosmetikum oder Desinfektionsmittel, da sie niemand zur Vernichtung von Bakterien oder zur Reinigung oder Pflege der Haut gebraucht, sondern sie ist ein dem freien Verkehr entzogenes Heilmittel. Bei Tieren ebenso wie bei Menschen stellt sich das Behaftetsein mit Läusen als ein Krankheitszustand dar, da diese Parasiten auf dem Körper nisten, in und unter die Haut eindringen und dadurch Störungen des körperlichen Wohlbefindens hervorrufen. OLG. Rostock 29. Oktober 1909 (Med.-A. 1911 S. 79).

Graziana, ein Mittel in Pillenform gegen Fettleibigkeit, ist dem freien Verkehr entzogen. Auf die Zusammensetzung der Pillen kommt es nicht an. KG. 15. Juni 1911 (50).

Haberechts Tee ist ein dem freien Verkehr entzogenes Heilmittel. KG. 8. März 1907 (90). — Haberechttee ist dem freien Verkehr entzogen. Verstopfung ist eine Krankheit, Abführmittel sind mithin Heilmittel. OLG. Breslau, 7. Juni 1910 (70).

Hair-grower darf als Mittel zur Beseitigung von Kahlköpfigkeit und Haarausfall außerhalb der Apotheken nicht verkauft werden. KG. 21. Oktober 1909 (87).

† **Hämatogen** ist ein Heilmittel und als solches dem freien Verkehr nicht überlassen. OLG. Hamburg 11. Juli 1901 (1902 Nr. 11); OLG. Breslau 26. März 1901 (30) und 5. Januar 1909 (4); technische Kommission für pharmazeutische Angelegenheiten (1900 Nr. 87). — Hämatogen ist ein dem freien Verkehr entzogenes Heilmittel, da es anderen als Heilzwecken gar nicht dienen kann. OLG. Stettin 23. Dezember 1910 (47). — Hämatogen, welches zur Beseitigung oder Linderung von Krankheiten, wie Blutarmut, Rachitis u. dgl. dienen soll, ist ein Heilmittel, da es dazu bestimmt ist, einen anormalen Gesundheitszustand in einen normalen zurückzuführen. OLG. Frankfurt a. M. 12. August 1903 (66). — Hämatogen ist, wenn es als Heilmittel dienen soll, dem freien Verkehr entzogen. OLG. Köln 27. Dezember 1900 (1902 Nr. 11); OLG. Frankfurt a. M. 27. April und August 1904 (39 und 68); KG. 21. Mai 1901, 17. Oktober 1904 (KGA. IV S. 605) 30. August 1908. — Hämatogen ist nur dann dem freien Verkehr entzogen, wenn der (wenigstens eventuelle) Dolus, daß die Abgabe als Heilmittel erfolgt ist, nachgewiesen werden kann. OLG. Breslau 26. Mai 1908 (53). —

Hämatogenpastillen sind als Heilmittel dem freien Verkehr entzogen. KG. 4. und 29. September 1902 (75 und 81).

Hamburger Universalheilpflaster von Köpke in Hamburg ist dem freien Verkehr nicht überlassen. RG. 18. Juli 1901 (59). — Hamburger Pechpflaster ist dann als nicht freigegeben anzusehen, wenn es hauptsächlich aus Bleipflaster besteht und der Abgebende von dieser Tatsache Kenntnis haben mußte. KG. 27. Februar 1911 (20).

Hämorrhoidalliköressenz, Reichels, ist dem freien Verkehr entzogen. KG. 17. Juni 1909 (51).

† **Harzer Gebirgstee** ist ein unter Ziffer 4 des Verzeichnisses A der Kaiserlichen Verordnung fallendes Heilmittel. OLG. Hamburg 11. Juli 1901 (1902 Nr. 11); KG. 8. März 1907 (90).

† **Hienfong-Essenz** ist, auch wenn sie durch Destillation hergestellt ist, als eine dem freien Verkehr entzogene Lösung anzusehen. OLG. Celle 22. Januar 1906 (25); OLG. Breslau 11. Juni 1907 (69).

Holztee, gemischter, ist ein dem freien Verkehr entzogenes Heilmittel. KG. 8. März 1907 (90).

† **Hustentropfen, Reichels**, sind auch als Destillate dem freien Verkehr entzogen. OLG. Breslau 11. Juni 1907 (69). — Hustentropfen, Reichels, sind dem freien Verkehr in jedem Falle entzogen, da sie entweder als Lösungen oder als Auszüge im Sinne des Verzeichnisses A anzusehen sind. OLG. Frankfurt a. M. 22. April 1907 (Med.-A. 1910 S. 237).

Jacobis Heiltrank ist ein dem freien Verkehr entzogenes flüssiges Gemisch. Auch die unentgeltliche Abgabe desselben außerhalb der Apotheken ist strafbar. KG. 29. September 1902 (80).

Kakaol ist ein dem freien Verkehr entzogenes Heilmittel. KG. 30. April 1908 (38).

† **Knöterichtee** ist unter jeder Bezeichnung dem freien Verkehr entzogen, also nicht nur in den beiden Spezialformen von Homeriana und Weidemanns Knöterichtee. OLG. Düsseldorf 24. Juni 1912 (60).

† **Kola Dultz**, das gegen Nerven- und Körperschwäche dienen soll, ist dem freien Verkehr entzogen. KG. 31. Oktober 1910 (94).

Kolikessenz für Pferde und Rinder ist ein dem freien Verkehr entzogenes Heilmittel. OLG. Breslau 29. Mai 1906 (1907 Nr. 85).

Köppingspiritus, eine zum Überpinseln von Wunden bestimmte alkoholische Lösung von Harzen, ist dem freien Verkehr nicht überlassen. OLG. Dresden November 1903 (92).

† **Kosmetische Mittel** sind als Heilmittel nur dann dem freien Verkehr überlassen, wenn sie einen Heilzweck erfüllen, der mit ihrer Eigenschaft als kosmetische Mittel in Einklang zu bringen ist. Andernfalls sind sie als Heilmittel dem freien Verkehr entzogen. OLG. München 26. April 1904 (1905 Nr. 43).

Kräuterhonig, Lücks, dient als Heilmittel und darf deshalb in Drogenhandlungen nicht feilgehalten werden. KG. 17. Oktober 1904 (1905 Nr. 40).

Kräuter „O ja" ist kein Genußmittel, sondern ein dem freien Verkehr entzogenes Heilmittel. OLG. Hamburg 15. Februar 1909 (KGA. VI S. 493).

Kräuterwein Salus, der namentlich Personen mit schwachem oder krankem Magen angepriesen wird, ist als ein dem freien Verkehr entzogenes Heilmittel anzusehen. OLG. Colmar 20. Februar 1906 (KGA. V S. 529).

Kräuterwein, Ulrichs, ist ein dem freien Verkehr entzogenes Heilmittel. KG. 7. Februar 1901 (17) und 12. Juni 1902 (51).

Kreuzbeerensaft ist kein freigegebener Obstsaft, sondern dem freien Verkehr entzogen. OLG. Frankfurt a. M. 28. Mai 1906 (KGA. V S. 494).

Laxin-Konfekt ist als Heimittel dem freien Verkehr entzogen. „Haben die Mittel eine der im Verzeichnis A aufgeführten Formen, so sind sie (pharmazeutische) ‚Zubereitungen' im Sinne des § 1, ohne daß es einer besonderen Feststellung dieser Zubereitung bedarf." KG. 7. Oktober 1912 (1913 Nr. 9).

† **Lebertranemulsion** ist ein dem freien Verkehr entzogenes Heilmittel, da es anderen als Heilzwecken gar nicht dienen kann. OLG. Stettin 23. Dezember 1910 (47).

Leißners Tabletten dürfen als Heilmittel außerhalb der Apotheken nicht feilgehalten und verkauft werden. Ein unzulässiges Verkauf als Heilmittel liegt auch dann vor, wenn der Verkäufer mit der Möglichkeit rechnen muß, daß die Käufer die Mittel zu Heilzwecken benutzen. KG. 11. Juli 1910 (59).

Lupinapulver ist ein dem freien Verkehr entzogenes Heilmittel. KG. 2. November 1911 (90).

Magenregulator. Ein „Magenregulator," der als Mittel bei Krämpfen, Störungen der Magen- und Darmtätigkeit, namentlich aber als ein segensreiches Hilfsmittel für die landwirtschaftliche Viehhaltung zur Anregung der Freßlust und Förderung der Mast und als wertvolles Hausmittel gegen Freßunlust und Blähsucht der Tiere, endlich als Mittel bei Kolikanfällen von Pferden angepriesen wird, ist ein dem freien Verkehr entzogenes Heilmittel. OLG. München 19. Juni 1909 und 21. September 1909 (KGA. VI S. 476 und 477).

Magentropfen, Augsburger, die als Mittel gegen Verdauungsstörung feilgeboten werden, sind kein Likör, sondern ein dem freien Verkehr entzogenes Heilmittel, OLG. München 18. Dezember 1902 (1903, Nr. 9).

Magnesiumsuperoxyd mit Brausepulver darf als Heilmittel nur in Apotheken feilgehalten und verkauft werden. KG. 28. November 1901 (97).

Menstruationstropfen Mimosa für den freien Verkehr entzogen. OLG. München 3. Dezember 1910 (1911 Nr. 57).

Menthol Dragees sind als Pastillen im Sinne der Ziffer 9 des Verzeichnisses A der Kaiserlichen Verordnung vom 22. Oktober 1901 anzusehen und dürfen daher als Heilmittel nur in Apotheken abgegeben werden. Wissenschaftliche Deputation für das Med.-Wesen (1908 Nr. 45).

Mentholin ist, wenn es lediglich als solches verkauft wird, als ein nicht freigegebenes Heilmittel anzusehen. OLG. Breslau 24. Mai 1904; — Mentholin ist nur dann dem freien Verkehr entzogen, wenn der (wenigstens eventuelle) Dolus, daß die Abgabe als Heilmittel erfolgt ist, nachgewiesen werden kann. OLG. Breslau 26. Mai 1908 (53) — Mentholschnupfpulver darf als Heilmittel nur in Apotheken feilgehalten und verkauft werden. KG. 16. Juni 1910 (53).

Mirabel, das als Mittel gegen jede Art von Kahlköpfigkeit dienen soll, ist ein dem freien Verkehr entzogenes Heilmittel. KG. 10. Dezember 1907 (1908 Nr. 4).

Muiracithin ist dem freien Verkehr entzogen. KG. 29. Oktober 1908 (95).

† **Nährsalze**, die zur Besserung von Nervenkranken und als Blutreinigungsmittel dienen sollen, sind Heilmittel und daher dem Handel nicht freigegeben. OLG. München 8. August 1905 (KGA. V S. 503).

† **Nährsalze, Heusels**, sind dem freien Verkehr entzogene Heilmittel. OLG. Dresden 16. Februar 1910 (KGA. VI S. 482).

Omega-Abführsaft ist nur dann dem freien Verkehr entzogen, wenn er als Heilmittel dienen soll. KG. 23. Februar 1911 (20).

Omega-Schnupftabak darf als Heilmittel gegen Schnupfen außerhalb der Apotheken nicht feilgehalten oder verkauft werden. KG. 17. Februar 1910 (KGA. VI S. 442).

Opodeldok, flüssiger, ist, auch wenn er zum Einreiben und Stärken der Muskeln, besonders bei Sportsleuten, dienen soll, ein dem freien Verkehr entzogenes Heilmittel. KG. 12. Juli 1909 (57).

Pain-Expeller ist dem freien Verkehr entzogen. OLG. Dresden 29. August 1906 (1907 Nr. 85).

Pappelpomade darf als Heilmittel nur in Apotheken feilgehalten und verkauft werden. OLG. Breslau 27. Juni 1899 (1902 Nr. 3).

Polypec ist dem freien Verkehr entzogen, weil das Mittel mit dem von dem Feilhalten und Verkaufen außerhalb der Apotheken ausgeschlossenen Weidemannschen Knöterichtee identisch ist. RG. 8. Januar 1906 (1908 Nr. 6); Min.-Erl. vom 13. Juni 1908 (57).

Probat, ein durch Destillation hergestelltes Mittel gegen Periodenstörung, ist eine Mischung oder Lösung im Sinne des Verzeichnisses A Nr. 5 der Kaiserlichen Verordnung und daher dem freien Verkehr entzogen. RG. 11. Januar 1913 (6).

Reginatropfen, ein Menstruationsmittel, sind auch wenn sie durch Destillation hergestellt sind, ein dem freien Verkehr entzogenes flüssiges Gemisch. KG. 17. Mai 1909 (42).

Resinatsalbe zur Heilung von Brüchen ist nicht als freigegebenes Pechpflaster anzusehen, sondern eine dem freien Verkehr entzogene Salbe. KG. 16. November 1911 (94).

† **Rhabarberwein** darf als Mittel gegen Verstopfung in Drogenhandlungen nicht feilgehalten werden, auch wenn die Standgefäße mit der Bezeichnung „Vorbeugungsmittel" versehen sind. KG. 2. Mai 1905 (37). — Rhabarberwein darf von Drogisten nicht verkauft werden, da er nicht nur als Vorbeugungsmittel, sondern auch als Heilmittel gegen Verstopfung usw. gebraucht wird. OLG. Hamburg Dezember 1905 (1906 Nr. 1).

Rheumasan ist, da es ohne Wasser angewendet wird, nicht als Seife, sondern als eine dem freien Verkehr entzogene Salbe anzusehen. KG. 13. Januar 1910 (7).

Rheumopathtabletten sind dem freien Verkehr entzogen, da in ihnen ein organischer Stoff enthalten ist, der nicht zu den Quellsalzen gehört. KG. 12. Januar 1911 (7); KG. 16. Juni 1911 (49).

Rhinosalbe ist dem freien Verkehr entzogen. KG. 26. Oktober 1908 (89).

Russischer Spiritus ist, auch wenn er zum Einreiben und Stärken der Muskeln, besonders bei Sportsleuten, dienen soll, ein dem freien Verkehr entzogenes Heilmittel. KG. 12. Juli 1909 (57).

Sabadill-Essig ist dem freien Verkehr nicht überlassen. OLG. Frankfurt a. M. 28. Mai 1906 (KGA. V. S. 494).

Schwedische Frostseife, die nicht mit Wasser aufgetragen wird, ist als Salbe im Sinne der Ziffer 10 des Verzeichnisses A der Verordnung anzusehen. RG. 7. Januar 1909.

† **Schweizerpillen, deutsche**, sind ein dem freien Verkehr entzogenes Heilmittel. OLG. Düsseldorf 11. Juni 1910 (50).

† **Scotts Emulsion** ist ein dem freien Verkehr entzogenes Heilmittel. RG. 4. September 1912 (73); — Scotts Emulsion ist ein flüssiges Gemisch im Sinne der Ziffer 5 des Verzeichnisses A der Verordnung und gilt im Verkehr als Heilmittel. OLG. München 15 Oktober 1907. (Samml. 8, 34, Reger 28, 461.)

Seifen. Unter den dem freien Verkehr überlassenen Seifen sind nur solche, auch medizinische Seifen zu verstehen, die mit Wasser angewendet werden. Sogenannte Seifen, die nur an der Haut eingerieben werden, sind als nicht freigegebene Salben anzusehen. OLG. Hamm 13. Juni 1904 (1905 Nr. 35).

† **Senfspiritus** ist ein dem freien Verkehr entzogenes Heilmittel. RG. 30. April 1908 (38); — Senfspiritus ist entweder ein Gemisch (von Senföl mit Spiritus) und fällt als solches unter 5 des Verzeichnisses A der Kaiserlichen Verordnung oder es ist ein Destillat und stellt als solches nur einen destillierten Auszug dar, der unter 3 jenes Verzeichnisses fällt. In jedem Falle ist seine Abgabe im freien Verkehr der Regel nach verboten. OLG. Frankfurt a. M. 28. Mai 1906 (1907 Nr. 85). — Auch destillierter Senfspiritus ist dem freien Verkehr entzogen. OLG. Kiel 5. Februar 1910 (RGA. VI S. 462).

Siran ist ein flüssiges Gemisch im Sinne der Kaiserlichen Verordnung und daher dem freien Verkehr entzogen. RG. 1. Mai 1911 (39).

Solitaenia als Bandwurmmittel ist dem freien Verkehr entzogen. RG. 6. Februar 1911 (14).

Sydrosan ist ein dem freien Verkehr entzogenes Heilmittel. RG. 27. Oktober 1910 (89).

Tamarindensaft mit Zuckerzusatz gehört nicht zu den durch die Kaiserliche Verordnung dem freien Verkehr überlassenen Obstsäften. RG. 21. Oktober 1909 (86). Wissenschaftl. Deputation für das Med.-Wesen 1910 (68).

Tee, arzneilicher. Einzelbestandteile eines Tees, die vom Käufer unter Zuckerzusatz zu einer Arznei zubereitet werden sollen, dürfen außerhalb der Apotheken nicht verkauft werden. OLG. München 10. Februar 1906 (18).

Tee, diätetischer. Wenn auch der Tee durch den Aufdruck als Vorbeugungsmittel bezeichnet wird, so muß , um die Freisprechung ausreichend zu begründen, doch festgestellt sein, daß der Tee auch tatsächlich nur als Vorbeugungsmittel zu brauchen ist. OLG. Breslau 7. April 1908 (30).

Teemischungen, die als blutverbessernd und -reinigend sowie blutbildend und Störungen des Stoffwechsels beseitigend angepriesen werden, sind dem freien Verkehr entzogene Heilmittel. OLG. Dresden 22. Juni 1910 (RGA. VI S. 483).

Teutoburger Waldtee ist als Heilmittel dem freien Verkehr entzogen. OLG. Köln 20. Februar 1906 (1907 Nr. 85.)

Thalysia-Tee. Die Tees des Thalysia-Hauses in Leipzig, diätetischer, Blutauffrischungs- und Thalysia-Tee, sind als Heilmittel dem freien Verkehr entzogen. OLG. Dresden 10. August 1911 (66).

Tiroler Enzianbranntwein ist als flüssiges Gemisch bzw. als Auszug im Sinne der KaisV. vom 22. Oktober 1901 (A. 3—5) anzusehen und daher als Heilmittel dem freien Verkehr entzogen. RG. 11. März 1907 (23).

Tonikum, Hensels, ist ein dem freien Verkehr entzogenes Heilmittel. OLG. Naumburg 30. Juni 1907 (76).

Die Tonnolakur gegen Fettleibigkeit ist ein dem freien Verkehr entzogenes Heilmittel. RG. 14. September 1910 (76); RG. 3. August 1911 (67).

† **Verbandstoffe.** Ein auf Mullbinden lose aufgestreutes Pulvergemisch wird nicht durch Aufsaugung ein unselbständiger Teil des Bindenstoffes. Die Abgabe

desselben stellt sich demnach nicht als erlaubter Verkauf eines Verbandstoffes dar. OLG. Dresden 8. November 1900 (1902 Nr. 11).

Viehwaschessenz ist als Heilmittel dem freien Verkehr entzogen. OLG. Breslau 29. Mai 1906 (1907 Nr. 85).

Virisanol, das gegen Nervenschwäche der Männer dienen soll, ist ein dem freien Verkehr entzogenes Heilmittel. KG. 15. Oktober 1908 (85).

Winters Natürlicher Gesundheitshersteller. Auch die Abgabe des Mittels durch Agenten, welche nur kommissionsweise Niederlagen davon haben, verstößt gegen die Kaiserliche Verordnung vom 22. Oktober 1901 und den § 367,3 StrGB. KG. 13. Februar 1913 (17).

Wurmgebäck in Pastillenform, aus Flores Tanaceti hergestellt, ist dem freien Verkehr entzogen. OLG. Breslau 24. Juni 1902 (63).

Wyberts Tabletten fallen unter Nr. 9 des Verzeichnisses A der Kaiserlichen Verordnung. KG. 7. Januar 1909.

† **Zinksalbe** ist nicht als Kosmetikum anzusehen, sondern lediglich als Heilmittel für Menschen und Tiere. Sie darf außerhalb der Apotheken nur zum Gebrauche für Tiere feilgehalten oder verkauft werden. OLG. Köln 8. Oktober 1909 (30). Gutachten der Wissenschaftlichen Deputation für das Medizinalwesen vom 23. November 1910 (1911 Nr. 8).

b. Dem freien Verkehr überlassene Arzneimittel.

† **Alpenkräutertee** ist, wenn er nicht als Heilmittel, sondern nur als Genußmittel feilgeboten und verkauft wird, dem freien Verkehr überlassen. OLG. Kiel 29. Juli 1903 (KGA. IV S. 620); KG. 8. Februar und 8. März 1907 (23); OLG. Köln 24. Juli 1907 (85).

Arteriol ist, wenn es nicht zu Heilzwecken dienen soll, freigegeben. OLG. Düsseldorf 17. April 1909 (47).

† **Bonbons.** Für die Entscheidung der Frage, ob Bonbons als Plätzchen oder Pastillen im Sinne der Ziffer 9 des Verzeichnisses A der Kaiserlichen Verordnung anzusehen sind, ist in erster Reihe die Form derselben (nicht aber die Art der Zubereitung und Zusammensetzung) maßgebend. Längliche Bonbons sind weder Pastillen noch Plätzchen. KG. 7. Januar 1909 (Med.-A. 1910 S. 232).

† **Borsalbe** ist, wenn sie nur als kosmetisches Mittel dienen soll, auch zum Gebrauche für Menschen frei verkäuflich. KG. 16. Februar 1911 (17); OLG. Köln 24. Februar 1911 (46). — Borsalbe ist nur dann freigegeben, wenn sie tatsächlich ein kosmetisches Mittel ist, und das entscheidet sich nicht danach, ob die Salbe als kosmetisches Mittel verkauft oder in eine Hülle gebracht wird, welche sie durch den Aufdruck oder dergleichen als kosmetisches Mittel erscheinen lassen will; maßgebend ist vielmehr, ob die Salbe objektiv Eigenschaften besitzt, welche nach den Erfahrungen der Wissenschaft oder des täglichen Lebens sie als kosmetisches Mittel in dem obigen gesetzlichen Sinne erscheinen lassen. OLG. Celle 15. Januar 1906 (48). — Wenn nicht festgestellt werden kann, daß die Borsalbe als Heilmittel verkauft worden ist, ist ihr Vertrieb in Drogenhandlungen nicht strafbar. OLG. Celle 11. Juni 1906 (54) — Das Vorhandensein von Borsalbe in Drogenhandlungen reicht zur Verurteilung nicht aus. Es muß festgestellt werden, daß sie dort auch feilgehalten und zum Gebrauche für Menschen verkauft ist. KG. 19. Juli 1905 (58). —

Bortoilettecreme ist als kosmetisches Mittel dem freien Verkehr überlassen. OLG. Breslau 14. Mai 1912 (56). — Wenn Bortoilettecreme in Drogenhandlungen lediglich zu Toilettezwecken verkauft wird, liegt eine strafbare Handlung nicht vor. OLG. Frankfurt a. M. 28. August 1912.

† **Brandbinden, Bardelebens**, sind gemäß der Bestimmung in § 1 Abs. 3 der KaisV. dem freien Verkehr überlassen. OLG. Breslau 24. März 1908 (26. u. 35).

Brustpulverbiskuits sind freigegeben. Brustpulver ist allerdings ein trockenes Gemenge im Sinne des Verzeichnisses A Nr. 4. Allein die Zubereitung, in der das Brustpulver in den Brustpulverbiskuits erscheint, ist nicht mehr die eines trocknen Gemenges, sondern es ist das Pulver durch den Prozeß des Verbackens mit einem Brotteig ein nicht unterscheidbarer Teil eines neuen gleichmäßigen Präparates geworden, das unter keine der im Verzeichnis A genannten Zubereitungen fällt. OLG. Hamburg 30. Mai 1901 (1902 Nr. 11).

† **Brusttee.** Ein aus ganzen Blüten und Früchten verschiedener Pflanzen bestehendes Gemisch als Brusttee zu vertreiben, ist nicht strafbar, da nur Gemische zerkleinerter Substanzen unter die Kaiserliche Verordnung fallen. OLG. Breslau 25. Januar 1910(11).

Corysin=Bonbons sind dem freien Verkehr überlassen, da sie nicht zu den Pastillen im Sinne der Ziffer 9 des Verzeichnisses A der Verordnung vom 22. Oktober 1901 gehören. OLG. Naumburg 2. Oktober 1912 (87).

† **Destillate** gehören nicht zu den durch Verzeichnis A der Kaiserlichen Verordnung den Apotheken vorbehaltenen Zubereitungen. KG. 5. Mai 1902 (38). — Destillate aus Drogen und Spiritus sind nicht als Gemische, sondern als neue Stoffe anzusehen, und sind den Beschränkungen der Verordnung nicht unterworfen. KG. 6. Mai 1907 (71). — Destillate sind keine Lösungen, sie sind auch weder Abkochungen oder Aufgüsse, noch Auszüge in flüssiger Form. Das Destillieren ist überhaupt keine pharmazeutische Zubereitung und fällt deshalb nicht unter die Abteilung A der Kaiserlichen Verordnung. KG. 6. September 1907 (78). — Destillate sind dem freien Verkehr überlassen. Die Meinung, wonach die Destillate unter Ziffer 5 des Verzeichnisses fielen, erscheint rechtsirrtümlich. OLG. Breslau 26. Mai 1908 (53) und 30. April 1912 (60). — Destillate fallen an sich nicht unter die Anlage A der Kaiserl lichen Verordnung und sind daher als solche dem freien Verkehr nicht entzogen. Damit ist aber nicht gesagt, daß alle Destillate grundsätzlich und schlechthin von dem im § 1 der Verordnung enthaltenen Verbot auszunehmen seien. Vielmehr muß es der Entscheidung im Einzelfalle überlassen bleiben, ob das jeweilig in Rede stehende, durch Destillation gewonnene Produkt vermöge seiner sonstigen Eigenart so beschaffen ist, daß es unter die in Nr. des Verzeichnisses A genannte Kategorie der Lösungen und flüssigen Gemische einzureihen ist. OLG. Breslau 13. Juni 1911 (59). — Der Grundsatz, daß Destillate frei verkäuflich sind, wird nur dann eingeschränkt werden müssen, wenn feststeht, daß eine Destillation nur zum Schein oder in der Absicht, das Gesetz zu umgehen, vorgenommen worden ist. Bei Vereinigung mehrerer Zubereitungsformen kommt es darauf an, welche Erzeugungsform die wesentliche für das fertige Erzeugnis ist. KG. 27. November 1908; KG. 11. Mai 1909 (Med.A. 1910 S. 91 und 92). — Destillate sind durch § 1 der Kaiserliche Verordnung vom 22. Oktober 1901 mit einigen Ausnahmen den Apotheken nicht vorbehalten.- Durch Destillation muß aber eine „Zubereitung", d. h. etwas Neues entstanden sein; nur in ihrer Eigenschaft als Zubereitungen sind die Destillate freigegeben. Hat durch die Destillation eine Zubereitung, d. h. eine Veränderung im Wesen des Mittels nicht stattgefunden, ist das Mittel nach der Destillation in seinem Wesen unverändert geblieben, so kommt ein Destillat im Sinne der Kaiserl. Verordnung von 1901 nicht in Frage. KG. 7. Januar 1909 (Med.A. 1910 S. 232), 9. November 1908 (92) und 20. März 1911 (92); OLG. Hamburg 11. März 1910 (36); OLG. Naumburg 15. August 1911 (69); OLG. Kiel 5. Februar 1910 (KGA. VI S. 462). — Dem Apothekenzwang sind die reinen Destillate, d. h. diejenigen, bei denen die Destillation unentbehrlich ist, um ein verkehrsfähiges Erzeugnis zu erhalten, nicht unterworfen, wohl aber Destillate, bei denen die Destillation das Wesen oder wesentliche Eigenschaften des Erzeugnisses nicht verändert und auch nicht zum Zwecke der Zubereitung, sondern zu einem anderen Zwecke, insbesondere zum Zwecke der Umgehung der Kaiserlichen Verordnung erfolgt ist. OLG. Dresden 9. August 1911 (85). — Die reinen Destillate unterliegen dem Apothekenzwange nicht. Als reine Destillate in diesem Sinne sind aber nur solche Erzeugnisse

anzusehen, zu deren Fertigstellung die Destillation ganz unentbehrlich ist. Falls aber die Destillation lediglich zur Umgehung der Kaiserlichen Verordnung zu dienen bestimmt ist, kann das Erzeugnis nicht als reines Destillat anerkannt werden. In letzterem Falle darf das Heilmittel nur nach der zu seiner Herstellung wirklich erforderlichen Zubereitungsart beurteilt werden und unterliegt dann dem Apothekenzwang, wenn diese Zubereitungsart zu den im Verzeichnis A aufgeführten gehört. OLG. München 3. Dezember 1910 (1911 Nr. 57). — Die durch Destillation gewonnenen Erzeugnisse sind dem freien Verkehr nicht entzogen. Die letzte Zubereitungsart entscheidet den Charakter des Mittels. Voraussetzung ist nur, daß es sich um ein wirkliches Destillat handelt, bei welchem die Destillation das zur Herstellung wesentliche Verfahren bildet. Eine Lösung, ein Gemisch, ein Auszug ist nicht deshalb, weil sie (überflüssigerweise) destilliert worden, dem Verkehr freigegeben. Muß sich die Destillation notwendig anschließen, um das Erzeugnis in seiner verkehrsfähigen Gestaltung herzustellen, so entscheidet diese letzte Zubereitungsform für die Eigenschaft des Erzeugnisses als verkehrsfreies Destillat. OLG. Stuttgart 11./18. März 1912 (51).

Eisensomatose ist ein dem freien Verkehr überlassenes chemisches Präparat. Med.-Kollegium der Provinz Hannover 25. September 1900 (92).

Eukalyptus-Menthol-Bonbons sind freigegeben. Sie fallen nicht unter den Begriff der Pastillen im Sinne der Ziffer 9 des Verzeichnisses A der Kaiserlichen Verordnung, da Bonbons hinsichtlich ihrer Herstellungsart von den Pastillen durchaus verschieden sind. OLG. Hamm 12. August 1907 (96).

Fenchelwasser ist ein dem freien Verkehr überlassenes Destillat. OLG. Breslau 13. Juni 1911 (59).

Freßpulver. Schweine-Freß- und -Mastpulver ist dem freien Verkehr überlassen. OLG. Köln 24. Juli 1907 (KGA. V S. 501). — Pferde-Freßpulver ist, wenn es nicht als Heimittel, sondern nur als Anregungsmittel verkauft wird, dem freien Verkehr überlassen. OLG. Breslau 13. Juni 1911 (59).

Frostseife ist dem freien Verkehr überlassen, da alle Seifen zu äußerlichem Gebrauche und Bäderzubereitungen in der Kaiserlichen Verordnung ausdrücklich freigegeben sind. OLG. Naumburg 8. April 1911 (41).

Gesundheitstee zur Blutreinigung ist kein Heilmittel, denn unter einem solchen ist nur ein Mittel zu verstehen, das zur Abwendung einer bereits bestehenden Krankheit angewandt, nicht aber ein solches, das benutzt wird, um lediglich einer Krankheit vorzubeugen. OLG. Frankfurt a. M. November 1902 (92).

Gichtwatte ist gemäß der Bestimmung in § 1 Abs. 3 der Kaiserlichen Verordnung dem freien Verkehr überlassen. OLG. Breslau 24. März 1908 (26 u. 35). — Gichtwatte, hergestellt durch einseitiges Bestreichen von Watte mit einem Gemisch aus Benzoeharz, Sandelholz, Kanthariden und Alkohol, ist dem freien Verkehr überlassen. OLG. Hamburg 15./19. Februar 1909 (45).

† **Graue Salbe,** die als Mittel zur Vertilgung von Kopfläusen dienen soll, ist ein kosmetisches Mittel, d. h. ein Mittel zur Reinigung der Haut und des Haares, und darf deshalb in Drogenhandlungen verkauft werden. OLG. Breslau 23. Juni 1903 (59); OLG. Celle 14. September 1905 (85); KG. 6. September 1907 (80); OLG. Köln 24. Februar 1911 (46). — Graue Salbe als Ungeziefervertilgungsmittel für Tiere ist dem freien Verkehr überlassen. OLG. Dresden 16. Juni 1908 (101).

Hämaticum Glausch ist dem freien Verkehr überlassen. OLG. Köln 24. Juli 1907 (85).

† **Hämatogen** ist im wesentlichen als ein eisenreiches Nährmittel zu betrachten, das nur mittelbar Heilzwecken dient und dem eine eigenartige heilende Wirkung auf bestimmte Organe nicht zukommt. Das Hämatogen ist mithin dem freien Verkehr überlassen. Gutachten der Wissenschaftl. Deputation für das Medizinalwesen vom 11. Dezember 1912 (1913 Nr. 17). — Hämatogen ist nur dann dem freien

Verkehr entzogen, wenn es als Heilmittel feilgehalten oder verkauft wird. Als Nähr- und Kräftigungsmittel ist es freigegeben. OLG. Köln 3. Juni 1907 (51) und 3. September 1908. — Hämatogen darf als Nähr- oder Stärkungsmittel außerhalb der Apotheken verkauft werden. OLG. Köln 24. Juli 1907 (85).

† **Harzer Gebirgstee, Lauers.** Der Verkauf von Harzer Gebirgstee in Drogenhandlungen ist, selbst wenn der Kaufende fragt, ob der Tee auch gut gegen Verstopfung ist, nicht ohne weiteres strafbar, da daraus nicht hervorgeht, ob der Kaufende den Tee zu Heilzwecken erwerben wolle. RG. 10. Januar 1905 (13).

Hazeline-Cream ist, wenn er nur als kosmetisches Mittel feilgehalten oder verkauft wird, dem freien Verkehr überlassen. OLG. Breslau 29. August 1906 (77).

† **Hienfongessenz** ist entweder eine Lösung oder ein Destillat, nicht aber eine Mischung von beiden. Von entscheidender Bedeutung ist die letzte Zubereitung. RG. 28. Dezember 1911 (2). — Hienfongessenz, die lediglich durch Destillation hergestellt ist, ist freigegeben. OLG. Breslau 26. Mai 1908 (53) und 30. April 1912 (60). — Hienfongessenz Reichels ist kein Gemisch im Sinne der Kaiserlichen Verordnung, sondern ein dem freien Verkehr überlassenes Destillat. OLG. Breslau 30. April 1912 (60).

Hoffmannstropfen sind freigegeben. Polizeiverordnungen, welche den Verkauf von Hoffmannstropfen in Drogenhandlungen nur gegen ärztliches Rezept als zulässig erklären, sind ungültig. RG. 25. September 1905 (78).

Hundeseifencreme Caro, bestehend aus 75 p. c. Schmierseife, 10 p. c. Schwefel und 15 p. c. Teer, ist als eine freigegebene Seife anzusehen. OLG. Dresden 30. September 1908 (101).

† **Hustentropfen, Reichels** sind als Destillat dem freien Verkehr überlassen. RG. 11. Mai 1909 (RGA. VI S. 435). OLG. Hamburg 11. März 1910 (36).

Hustentropfen, Rex, ein spirituöses Destillat aus Thymian, Salbei, Fenchel, Pimpinell, Süßholz, Anis und Cardamomen ist nicht ohne weiteres als ein dem freien Verkehr entzogenes Gemisch anzusehen. Es kommt darauf an, ob das Destillat wesentliche Unterschiede gegenüber der Mischung und Lösung bietet. OLG. Köln 7. Oktober 1910 (86).

Insektenstifte sind dem freien Verkehr überlassen, da sie keine Ätzstifte sind. RG. 14. Februar 1910 (15).

Johannisbeersaft, schwarzer, ist als freigegebener Obstsaft anzusehen. OLG. Breslau 13. Juni 1911 (59).

Isn ist, wenn es nur als Nährmittel dienen soll, dem freien Verkehr überlassen. OLG. Düsseldorf 17. April 1909 (47).

Kampfervaseline ist ein kosmetisches Mittel und daher dem freien Verkehr überlassen. Wissenschaftliche Deputation für das Med.-Wesen 1910 (68).

Karbolsalbe. Der Umstand, daß ein Desinfektionsmittel Karbolsäure enthält, schließt seinen Verkauf außerhalb der Apotheken nicht aus. RG. 22. November 1909 (Med.A. 1910 S. 86).

Karbolwasser, welches zum äußerlichen Gebrauch dienen soll, ist auch als Heilmittel dem freien Verkehr überlassen. RG. 24. Mai 1907 (56).

Kartoffelstärke. Unter die trocknen Gemenge von Salzen oder zerkleinerten Substanzen, welche nach Verzeichnis A Ziffer 4 der Verordnung vom 22. Oktober 1901 den Apotheken vorbehalten sind, fällt (mit einem anderen Stoffe gemischte) Kartoffelstärke nicht, da sie von vornherein in Pulverform erscheint, daher nicht als zerkleinert bezeichnet werden kann. RG. 12. November 1906 (92).

† **Knöterich.** Durch die Verordnung des Reichskanzlers vom 1. Oktober 1903 (jetzt Kaiserliche Verordnung vom 31. März 1911) sind nur die beiden Spezialmarken: Homeriana und Weidemanns russischer Knöterichtee dem freien Verkehr entzogen, andere Sorten russischen Knöterichs nicht. OLG. Celle 19. September 1904. — Russischer Knöterichtee Marke Isaria ist dem freien Verkehr nicht entzogen. Die Bekanntmachung des Reichskanzlers schließt nur die beiden Marken Homeriana

und Weidemanns russischen Knöterich vom freien Verkehr aus. OLG. München 1. Juni 1907 (56).

† **Kola-Dultz-Tabletten** als prophylaktisches Mittel gegen Kopf- und Magenbeschwerden sind dem freien Verkehr überlassen. OLG. Breslau 14. Mai 1912. — Wenn die Tabletten nicht als Heilmittel, sondern als Mittel, die den Zweck haben, Krankheiten vorzubeugen oder natürliche körperliche oder geistige Ermattungszustände zu verhindern oder zu beseitigen, verabfolgt werden, kann eine Bestrafung des Drogisten nicht erfolgen. OLG. Hamm 1. Oktober 1912 (96).

† **Kosmetische Mittel** sind, auch wenn sie als Heilmittel angepriesen werden, dem freien Verkehr überlassen. OLG. Düsseldorf 4. April 1908 (32). — Ein Mittel, das zur Pflege der Haut dient und deshalb als kosmetisches anzusehen ist, wird dieser Eigenschaft nicht dadurch entkleidet, daß es auch als Mittel zur Beseitigung oder Linderung von Krankheiten, die mit der Hautpflege in Beziehungen stehen, verwendet wird. Den Charakter eines kosmetischen Mittels verliert eine Zubereitung nur dann, wenn sie als Mittel gegen Krankheiten dienen soll, die mit den Zwecken eines kosmetischen Mittels nicht im Zusammenhange stehen. OLG. München 13. April 1907 (Reger 27, 464). — Kosmetische Mittel sind Mittel, die bestimmungsgemäß zur Reinigung und Pflege der gesunden Haut und des gesunden Haares dienen; diese dürfen dann auch, abgesehen von bestimmten Fällen, als Heilmittel gegen Erkrankungen der Haut und des Haares feilgehalten werden. KG. 14. Februar 1910 (Med.A. 1910 S. 225).

† **Lebertranemulsion** ist nur dann dem freien Verkehr entzogen, wenn sie als Heilmittel dienen soll. Als Vorbeugungs- oder Kräftigungsmittel darf sie auch außerhalb der Apotheken verkauft werden OLH. Breslau 26. Mai 1908 (53 und 60). S. auch Scotts Emulsion.

Lingua-Mentholtabletten sind dem freien Verkehr überlassen, da sie nicht zu den Pastillen im Sinne der Kaiserlichen Verordnung gehören. Das charakteristische Merkmal von Pastillen sind scharfe Ränder, welche die Lingua-Mentholtabletten nicht besitzen. OLG. Düsseldorf 25. Juli 1910 (55).

Liquor Aluminii acetici ist als chemisches Präparat anzusehen und daher auch als Heilmittel dem freien Verkehr überlassen. KG. 21. April 1902 (42).

Makrobion. Das Feilhalten dieses Präparates in Drogenhandlungen nur zu Vorbeugungszwecken ist nicht strafbar. OLG. Düsseldorf 4. Juli 1908 (68).

Malzpulver mit Eisen ist als freigegebenes Malzextrakt aufzufassen. OLG. Breslau 13. Juni 1911 (59).

Menthol-Thymol-Keuchhustenbonbons sind dem freien Verkehr überlassen, da Bonbons nach ihrer Form und ihrer Zubereitungsweise nicht unter die geschützten Zubereitungen gehören. OLG. Breslau 26. Mai 1908 (60).

Migränestifte sind keine dem freien Verkehr entzogenen Ätzstifte, sondern dem freien Verkehr überlassen. OLG. Breslau 26. Mai 1908 (53).

Mineralwässer. Unter künstlich bereiteten Mineralwässern sind nicht nur die Nachbildungen bestimmter in der Natur vorkommender Mineralwässer, sondern auch andere künstlich hergestellte Lösungen mineralischer Stoffe zu verstehen, welche sich ihrer äußeren Beschaffenheit nach als Mineralwässer darstellen, d. h. eine derartige Verdünnung der darin vorhandenen festen Bestandteile aufweisen, daß sie als ein „Wasser" anzusehen sind und regelmäßig in größeren Mengen (glas- oder becherweise) genossen werden können. KG. 5. Februar 1903 (85).

Nafalan-Streupulver und Nafalan-Toilettecreme sind als kosmetische Mittel auch wenn sie als Heilmittel dienen sollen, dem freien Verkehr überlassen. OLG. Hamm 16. Juni 1908 (78).

† **Nährsalz, physiologisches,** darf zu Vorbeugungszwecken in Drogenhandlungen feilgehalten werden. OLG. Düsseldorf 4. Juli 1908 (68).

Nerven-Kraftnahrung, Hermanns, als Vorbeugungsmittel gegen Bleichsucht, ist dem freien Verkehr überlassen. OLG. Breslau 14. Mai 1912.

Pain Killer, der lediglich aus Menthol besteht, ist dem freien Verkehr überlassen, da er nicht im Verzeichnis B aufgeführt ist. Darin, daß der Käufer sich durch Auflösen dieses Stoffes eine Lösung herstellen soll, ist das verschleierte Feilhalten einer Lösung nicht zu erblicken. KG. 2. November 1911 (Med.A. 1911 S. 534).

Pferdekolikpulver, das lediglich aus gepulverter Aloe besteht, ist auch als Heilmittel dem freien Verkehr überlassen, da es weder zu den Zubereitungen des Verzeichnisses A noch zu den Stoffen des Verzeichnisses B gehört. OLG. München 15. März 1910 (KGA. VI S. 478).

† **Rhabarberwein** ist nicht schon deshalb dem freien Verkehr entzogen, weil er Rhabarber enthält. Nur für die im Verzeichnis B der Kaiserlichen Verordnung selbst genannten Stoffe gilt die Bestimmung in § 2 der Verordnung, nicht für Zubereitungen jener Stoffe. OLG. Kiel Mai 1908 (41).

† **Schweizerpillen.** Eine Disposition zur Verstopfung ist noch keine Krankheit. Für die Frage, ob die Pillen als Vorbeugungsmittel verabfolgt worden sind, kommt es besonders darauf an, ob es üblich ist, daß gewöhnliche Arbeiter solche teuren Pillen als Vorbeugungsmittel zu verwenden pflegen. KG. 19. September 1910 (77).

† **Scotts Emulsion** ist, wenn sie nur als Nähr- und Kräftigungsmittel verkauft wird, dem freien Verkehr überlassen. OLG. Köln 28. April 1906 (37). S. auch Lebertranemulsion.

† **Senfspiritus, destillierter**, welcher durch Destillierung des Gemisches von befeuchtetem Senfmehl und Spiritus hergestellt wird, ist, da lediglich die letzte Zubereitung in Betracht kommt, kein Auszug und kein flüssiges Gemisch, sondern ein freigegebenes Destillat. KG. 20. März 1911 (92).

Strychninweizen ist dem freien Verkehr nicht entzogen. Nur Strychnin, nicht dessen Zubereitungen, fällt unter das Verzeichnis B der Kaiserlichen Verordnung OLG. Breslau 26. Mai 1908 (53).

† **Verbandstoffe** sind auch dann, wenn sie mit heilkräftigen Stoffen, auch solchen des Verzeichnisses B der Verordnung, imprägniert sind, dem freien Verkehr überlassen. OLG. Breslau 26. Mai 1908 (53).

Veril, ein Mittel gegen Würmer, ist dem freien Verkehr überlassen, da es weder zu den trocknen Gemengen noch zu den Tabletten gehört. OLG. Düsseldorf 11. Juni 1910.

Warzenstifte sind dem freien Verkehr überlassen, da Warzen keine Krankheiten sind. KG. 14. Februar 1910 (15).

Watten (Zahn-, Ohren-, Augen- und Brandwundenwatten) sind dem Feilhalten und dem Verkauf nach § 1 der KaisV. freigegeben, auch wenn sie sich als eine der im Verzeichnis A aufgeführten Zubereitungen darstellen und in solchem Sinne als Heilmittel feilgehalten oder verkauft werden. Nur dann sind sie dem freien Verkehr entzogen, wenn sie mit einem der im Verzeichnis B enthaltenen Stoffe imprägniert sind. OLG. Köln 11. Juli 1902 (1903 Nr. 8).

Wundbalsam, Wasmuths, ist freigegeben, da er kein flüssiges Gemisch ist, sondern aus Perubalsam besteht. OLG. Frankfurt a. M. 2. Oktober 1903 (1904 Nr. 22).

Wurmschokolade-Tafeln gehören weder zu den Pastillen noch zu den Tabletten im Sinne der Kaiserlichen Verordnung, sind mithin dem freien Verkehr überlassen. OLG. Naumburg a. S. 10. Juli 1912 (Med.-A. 1912 S. 379).

Zahnwasser, Kothes, ist, da es ein kosmetisches Mittel ist, auch als Heilmittel gegen Zahnschmerzen dem freien Verkehr überlassen. OLG. Köln 29. August 1906 (85).

† **Zinksalbe** ist auch als Heilmittel gegen Ekzeme und wunde Stellen (Hautkrankheiten von Menschen) wegen ihrer Eigenschaft als kosmetisches Mittel dem Handel freigegeben. OLG. München 13. April 1907 (39). — Das Vorhandensein

von Zinksalbe in Drogenhandlungen reicht zur Verurteilung nicht aus. Es muß festgestellt werden, daß die Salbe dort auch feilgehalten und als Heilmittel für Menschen verkauft ist. KG. 19. Juli 1905 (58). — Wenn Zinksalbe nicht als Heilmittel, sondern zu kosmetischen Zwecken dienen soll, ist ihr Feilhalten außerhalb der Apotheken nicht strafbar. OLG. Köln 24. Februar 1911 (46).

Zink-Toiletten-Creme ist ein freigegebenes kosmetisches Mittel. OLG. Breslau 14. Mai 1912 (56). — Wenn Zinktoilettecreme in Drogenhandlungen lediglich zu Toilettezwecken verkauft wird, liegt eine strafbare Handlung nicht vor. OLG. Frankfurt a. M. 28. August 1912.

c. Allgemeine Begriffe.

Heilmittel.

Heilmittel sind, wie der Sprachgebrauch und die im Gesetz enthaltene Begriffsbestimmung ergeben, Mittel, die bewirken sollen, daß ein krankes Lebewesen wieder gesund wird. Dagegen sind Vorbeugungs- oder Verhütungsmittel solche Mittel, die bewirken sollen, daß ein gesundes Lebewesen nicht krank wird. Die Verordnung hat die jetzige Begriffsbestimmung des Heilmittels offenbar zu dem Zwecke gegeben, um Mittel zur Erhaltung und Kräftigung der Gesundheit, sowie Mittel zur Verhütung von Krankheiten von dem Apothekenprivileg auszuschließen. KG. 5. Oktober 1903 (87). — Ein verbotenes „Heilmittel" kann durch einen bloßen Aufdruck an seinem Gefäße nicht zum erlaubten „Vorbeugungsmittel" werden, sofern damit nur der gar nicht vorhandene Wille des Drogisten, sich in den Schranken der Kaiserlichen Verordnung zu halten, vorgetäuscht werden soll. KG. 1. November 1904 (1905 Nr. 40). — Es kann bei der Frage, ob ein Mittel als ein Heilmittel oder als etwas anderes feilgehalten oder verkauft wird, nicht unter allen Umständen darauf allein ankommen, wie der betreffende Stoff durch Etikett bezeichnet oder bei der Abgabe an das Publikum mündlich charakterisiert wird. Entspricht diese Bezeichnung nicht der wirklichen Absicht und Auffassung des Beteiligten, so ist sie selbstverständlich ohne Bedeutung, wo es auf die Feststellung dieser wahren Absicht und Auffassung ankommt. Denn nicht auf die gebrauchten Redewendungen, sondern auf die Sache, auf den Vertrieb bestimmter Stoffe zum Zwecke der Verwendung als Heilmittel hat die Kaiserliche Verordnung es abgesehen. OLG. Hamburg 22. Dezember 1905. — Auch wenn man annimmt, daß Vorbeugungsmittel jetzt freigegeben sind, so folgt doch aus der bloßen Bezeichnung einer unter das Verzeichnis A fallenden Zubereitung als Vorbeugungsmittel noch nicht, daß es wirklich auch nur ein solches ist. Daß es aber dem Verbot des Feilhaltens einer solchen Zubereitung als Heilmittel nicht auf die bloße Bezeichnung, sondern nur darauf ankommen kann, ob das angebotene Mittel ein Heilmittel und kein bloßes Vorbeugungsmittel ist, ergibt die einfache Erwägung, daß sonst derjenige straffrei bleiben würde, der eine unzweifelhaft als Heilmittel sich darstellende Zubereitung unter dem Namen eines Verhütungs- oder Vorbeugungsmittels zum Verkauf bringt. Eine fälschliche Bezeichnung kann nicht entschuldigen. OLG. Breslau 7. April 1908 (KGA. VI S. 448.) — Ein Feilhalten von Arzneimitteln als Heilmittel liegt in Drogenhandlungen auch dann vor, wenn der Verkäufer mit dem dolus eventualis gehandelt hat und damit rechnen mußte, daß die Abnehmer die Mittel nicht nur als Vorbeugungsmittel, sondern auch als Heilmittel verwenden würden. KG. 3. Januar und 8. März 1907 (3 und 11). — Bei Anwendung des § 1 der KaisV. ist nicht entscheidend, ob das Mittel nach Ansicht der Sachverständigen ein Heilmittel ist, sondern ob es als solches feilgehalten oder verkauft wird. Mußte der Verkäufer mit der Möglichkeit rechnen, daß die Abnehmer das Mittel als Heilmittel verwenden würden, so ist das Mittel als Heilmittel verkauft. KG. 14. Februar 1910 (Med.A. 1910 S. 225). — Als Heilmittel werden auch Mittel angepriesen oder verkauft, wenn sie dem Publikum so dargebracht werden, daß dieses in die Meinung versetzt wird, als sollten diese Mittel Heilmittel sein und als seien sie es in der Tat. Der Begriff des Verkaufes „als" Heilmittel schließt gerade im wesentlichen die Fälle ein, in denen ein Mittel, das tatsächlich ein Heilmittel nicht ist, doch — insoweit unter Irreführung der Patienten — so abgegeben wird, daß sich in dem Patienten die Meinung entwickelt, es sei das Mittel ein Heilmittel. OLG. Dresden 3. Mai 1911 (Med.A. 1912 S. 381). — Unter die Heilmittel im Sinne der Kaiserlichen Verordnung sind auch solche Mittel zu rubrizieren, die dazu dienen, einen anormalen Zustand zu beseitigen, ohne daß bereits eine Krankheit ausgebrochen ist. Med.-Koll. der Provinz Schlesien 5. Februar 1903 (68). — Ein Verkauf nicht freigegebener Zubereitungen als Heilmittel liegt vor, wenn jemand Mittel zur Behandlung bestimmter Leiden gefordert und darauf die betreffenden Präparate erhalten hat. Ob sie er in Wahrheit als Heilmittel oder aber zu anderen Zwecken, etwa zur Herbeiführung eines Strafprozesses, gekauft hat, ist unerheblich. KG. 10. Oktober 1901 (83). — Nur der Verkauf von Heilmitteln als solchen (nicht zu kosmetischen, gewerblichen Zwecken, oder zu Zwecken der Desinfektion oder Krankheitsverhütung) ist verboten. KG. 27. Mai 1907 (Gew. Arch. VII S. 20).

Linderungsmittel sind als Heilmittel im Sinne der Verordnung anzusehen. KG. 8. Juli 1907.

Vorbeugungsmittel. Mittel, die den Zweck haben, Krankheiten nur vorzubeugen, oder natürliche körperliche oder geistige Ermattungszustände zu verhindern oder zu beseitigen, sind keine Heilmittel im Sinne des § 1 der Verordnung. OLG. Breslau 14. Mai 1912. — Auch Vorbeugungsmittel gehören zu den Heilmitteln, weil hierunter auch die Mittel zu rechnen sind, die in vorbeugender Weise Krankheiten entgegenwirken sollen. OLG. München 16. Juli 1911 (57).

Krankheit.

Krankheit. Als Krankheit im Sinne der Verordnung über den Verkehr mit Arzneimitteln ist jede Abweichung von der Norm zu bezeichnen, die geeignet ist, das Wohlbefinden zu stören. KG. 31. Januar und 2. Mai 1905 (KGA. V S. 475). — Krankheit ist derjenige Zustand eines Körperorgans, welcher von der zur Erhaltung des Körpers und seiner völligen Leistungsfähigkeit erforderlichen Beschaffenheit abweicht und auf einer Störung des normalen Zustandes der Gewebszellen und ihrer Wechselwirkung zueinander beruht. KG. 31. März 1910 (Med.A. 1910 S. 230); KG. 19. September 1910 (Med.A. 1910 S. 526). — Geringe Abweichungen von der vollkommenen Gesundheit wird man nicht immer schon mit Krankheit bezeichnen können, wohl aber fallen unter den Begriff der Krankheit solche Abweichungen, die in einem anormalen Verhalten einzelner oder aller Organe des Körpers ihren Grund haben, nämlich von dem Verhalten, wie es zur Erhaltung des Organismus und seiner vollkommenen Leistungsfähigkeit erforderlich ist. OLG. Breslau 14. Mai 1912. — Krankheit ist nicht nur eine Störung der normalen Funktionen einzelner bzw. mehrerer Organe oder ein Körperschaden, sondern auch eine Störung des allgemeinen Wohlbefindens. Als ein Mangel im Allgemeinbefinden muß es aber angesehen werden, wenn der normale Appetit nicht vorhanden ist. Med.-Koll. der Prov. Schlesien 5. Februar 1903 (68).

Appetitmangel ist ein anormaler Zustand. Mittel zur Beseitigung desselben sind Heilmittel im Sinne der Kaiserlichen Verordnung. KG. 4. und 29. September 1902 (75 u. 81).

Bleichsucht und Blutarmut gehören nicht zu den Krankheiten, sondern zu den Schwächezuständen. OLG. Breslau 14. Mai 1912.

Fettleibigkeit ist je nach Lage des Einzelfalles bzw. der Zweckbestimmung eines Mittels teils als Krankheit anzusehen, teils nicht. KG. 12. Januar, 16. Februar und 6. Juli 1903 (6, 15 und 56).

Übermäßige Fettleibigkeit ist als Krankheit anzusehen. KG. 3. Oktober 1907 (81).

Flechten sind als äußere Erscheinungsformen krankhafter Störungen im Organismus, mithin als Krankheiten, anzusehen. KG. 20. Februar 1902 (17).

Haarausfall ist nicht ohne weiteres und nicht immer als Krankheit anzusehen. KG. 10. März 1902 (22).

Kahlköpfigkeit kann zwar die Folge von Erkrankungen des Haarbodens sein, ist aber selbst nur ein Schönheitsfehler und keine Krankheit. Mittel gegen Kahlköpfigkeit sind demnach keine Heilmittel. KG. 2. Oktober 1902 (81). — Kahlköpfigkeit kann eine Krankheit sein. Mittel gegen Kahlköpfigkeit sind Heilmittel, wenn sie gegen jede Art von Kahlköpfigkeit, also auch solche, welche zu den Krankheiten zu zählen ist, empfohlen und abgegeben werden. KG. 10. Dezember 1907 (1908 Nr. 4).

Menstruationsstörungen gehören zu den Leiden und Krankheiten. Mittel zur Beseitigung solcher Störungen sind Heilmittel im Sinne der Verordnung. OLG. München 16. Juli 1911 (57).

Schlechte Blutbeschaffenheit ist als Krankheit im Sinne der Kaiserlichen Verordnung anzusehen. OLG. Köln 20. Februar und 12. Mai 1906 (KGA. V S. 499 und 496).

Trunksucht ist zwar gewöhnlich als Laster, unter Umständen aber auch als Krankheit anzusehen. Mittel gegen Trunksucht können daher auch zu den verbotenen Heilmitteln gerechnet werden. KG. 17. Oktober 1901 (85).

Verdauungsstörung zieht ein körperliches Übel nach sich, kann also ebenfalls als Krankheit angesehen werden. OLG. München 18. Dezember 1902 (1903 Nr. 9).

Verstopfung kann als Krankheit angesehen werden, da sie unter Umständen geeignet sein kann, das allgemeine Wohlbefinden eines Menschen in recht erheblicher Weise zu stören. KG. 10. März 1905 und 8. Februar 1907 (23); OLG. Dresden 28. Oktober 1908 (90). — Verstopfung ist eine Krankheit, Abführmittel sind mithin Heilmittel. OLG. Breslau 7. Juni 1910 (70). — Zu den Krankheiten sind auch Stuhlverstopfungen, jedenfalls, sofern sie einigermaßen erheblich sind, zu rechnen. KG. 14. Februar 1910 (Med.A. 1910 S. 225). — Eine bloße Disposition zur Verstopfung ist noch keine Krankheit. KG. 19. September 1910 (77).

Warzen sind in der Regel keine Krankheit im Sinne der Verordnung. Mittel gegen Warzen, wie Warzenstifte, sind daher dem freien Verkehr nicht entzogen, sondern freigegebene Kosmetika. KG. 14. Februar 1910 (15)

Feilhalten.

Feilhalten ist ein für das Publikum erkennbares Bereithalten und Zugänglichmachen einer Ware zum Verkauf an einem hierzu bestimmten Orte. Auch Aufbewahrung in der Schublade eines im Verkaufsraum befindlichen Schrankes oder in einem mit dem Verkaufsraum in unmittelbarer Verbindung stehenden Nebenraum ist Feilhalten. KG. 25. Juli 1901. — Von einem Feilhalten kann nur dann gesprochen werden, wenn dem Publikum irgendwie bekannt oder erkennbar war, daß in dem betreffenden Geschäft Gifte und Arzneimittel zum Verkauf bereitgehalten wurden. KG. 6. September 1906 (73). — Als Feilhalten kann nur das nach außen hin sich kundgebende Bereithalten und Zugänglichmachen zum Verkauf angesehen werden. Ein bloßes Vorrätighalten ist kein Feilhalten. KG. 23. Oktober 1905. — Das Vorrätighalten eines nicht freigegebenen Mittels durch einen Drogisten ist nur dann ein strafbares Feilhalten, wenn seine Verkaufsabsicht für das Publikum in irgendeiner Weise äußerlich erkennbar gemacht ist. OLG. Braunschweig Oktober 1909 (84). — Das bloße Vorrätighalten eines Heilmittels in einem Drogengeschäft ist noch kein Feilhalten des Mittels. Zum Feilhalten gehört, daß das Mittel in äußerlich erkennbarer Weise zum Verkauf zugänglich gemacht ist. KG. 22. November 1909 (Med.A. 1910 S. 86). — Vorrätighalten von Arzneimitteln in einem auf dem Hausflur stehenden Schrank ist kein Feilhalten im Sinne der Kaiserlichen Verordnung. OLG. Düsseldorf 25. August 1911 (72).

Feilhalten als Heilmittel. Zur Feststellung, daß ein Händler eine Zubereitung als Heilmittel feilgehalten hat, reicht der dolus eventualis aus. KG. 17. Februar 1910 (20).

Großhandel.

Großhandel. Als regelmäßige Merkmale des Großhandels gelten insbesondere, daß Gegenstand der einzelnen Geschäfte eine verhältnismäßig große Warenmenge ist, ferner daß die Ware zum Zweck der Weiterveräußerung oder zum handwerks- oder fabrikmäßigen Verbrauch abgesetzt wird und zwar gewöhnlich zu einem mit Rücksicht auf die Größe der abgenommenen Menge ermäßigten Preise. Der Absatz an Konsumenten ist, wenigstens der Regel nach, Kleinhandel und kann sich nur ausnahmsweise als Großhandel darstellen. OLG. München 2. September 1903 (83). — Großhandel im Sinne der Verordnung über den Verkehr mit Arzneimitteln setzt einen Handel zwischen Verkäufer und Zwischenhändler mit größeren Quantitäten voraus. Der Begriff „größere Quantitäten" ist nach den Umständen des Einzelfalles, dem Absatz des Verkäufers, den Preisen usw. zu beurteilen. KG. 14. März 1901 (24). — Ein wesentliches Merkmal des Großhandels, und zwar auch des Großhandels mit Arzneien, ist darin zu erblicken, daß an Zwischenhändler und nicht unmittelbar an Konsumenten zur Befriedigung ihres Gebrauchsbedürfnisses verkauft wird. Insoweit ein Großhändler seine Waren in kleineren dem Bedürfnisse des Käufers angepaßten Mengen unmittelbar zur Gebrauchsverwendung verkauft, betreibt er neben seinem Großhandelsgeschäfte den Kleinhandel und untersteht den für den Kleinhandel maßgebenden Vorschriften. OLG. München 19. Juni 1909 (KGA. VI S. 476). — Großhandel bedeutet im Gegensatz zu Kleinhandel den Handel, d. h. den Einkauf von Waren in Erwerbsabsicht im großen. Ein Großhandel mit Arzneien wird allerdings hiernach im allgemeinen und in der Regel vorliegen bei einem Handel zwischen Verkäufer und Zwischenhändler, nicht zwischen Verkäufer und Konsumenten mit größeren, d. h. mit solchen Warenmengen, welche von den Konsumenten zur Befriedigung eines augenblicklichen Bedürfnisses nicht gekauft zu werden pflegen. Allein der Absatz an Konsumenten kann sich nach der Besonderheit des Falles auch als Großhandel darstellen, aber dies trifft nicht ohne weiteres bloß deshalb zu, weil der kaufende Konsument mit einer sein augenblickliches Bedürfnis überschreitenden Quantität auch einen künftigen Bedarf seines Haushalts deckt. OLG. Stuttgart 11. August 1910 (1911, Nr. 25). — Die Abgabe von Arzneizubereitungen in größeren Quanten an Wiederverkäufer ist Großhandel. OLG. Kiel 2. Mai 1908 (41). — Ein Verkauf direkt an Konsumenten ist kein Großhandel. KG. 12. Juni 1902 (51). — Von Großhandel kann nicht schon dann die Rede sein, wenn ein Drogenhändler gelegentlich einmal 6—12 Flaschen verkauft; es kommt für den Begriff Großhandel auf den ganzen Betrieb eines Geschäftes an, vor allem auch darauf, ob die Waren zu Preisen verkauft werden, wie solche im Großhandel gezahlt werden. KG. 26. Februar 1906 (18). — Der Verkauf von drei Flaschen eines Kräuterweines direkt an Konsumenten ist nicht als Großhandel anzusehen. KG. 2. Dezember 1901 (100). — Wenn eine Großdrogenhandlung mit einem Drogisten in regelmäßiger Geschäftsverbindung steht, so ist auch die gelegentliche Abgabe einer

Flasche Digalen an ihn als Großhandel anzusehen. OLG. Frankfurt a. M. 17. April 1913 (43). — Wer ein Arzneimittel flaschenweise an Zahnkünstler abgibt, die es bei den einzelnen Zahnleidenden anwenden, treibt nicht Großhandel, weil die Zahnkünstler als Verbraucher, nicht als Wiederverkäufer anzusehen sind. KG. 13. Juni 1907. — Die Freigabe des Großhandels bezieht sich auch auf die Zubereitungen des Verzeichnisses A. OVG. 3. März 1900 (1902, Nr. 3).

Verzeichnis A.

Zubereitungen. Es kommt nicht darauf an, ob die im Verzeichnis A genannten Zubereitungen auf mechanisch kaltem Wege oder durch chemischen Prozeß hergestellt sind, ebensowenig ob die verwendeten Stoffe in der ursprünglichen Verfassung geblieben sind oder ob mit ihnen eine chemische Veränderung vorgenommen ist. Denn der § 1 der Verordnung spricht allgemein von „Zubereitungen" und macht keine Unterscheidung in bezug auf die Art und Weise der Herstellung und die Art des Gebrauchs. OLG. Breslau 24. Juni 1902 (63). — Unter den „Zubereitungen" des Verzeichnisses A können nicht chemische Präparate verstanden werden, da die chemischen Präparate nicht Gegenstand des § 1 und des Verzeichnisses A, sondern des § 2 und des Verzeichnisses B sind. „Zubereitungen" im Sinne des § 1 sind vielmehr lediglich die auf physikalischem (mechanischem, pharmazeutischem) Wege hergestellten Mittel. KG. 21. April 1902 (42). — Die allgemeine Fassung des § 1 („Zubereitungen") gibt keinerlei Anhalt dafür, daß durch das Verbot des § 1 nur solche Zubereitungen getroffen werden sollten, die auf eine bestimmte Weise, durch ein bestimmtes Verfahren (auf chemischem Wege, im Gegensatz zum physikalischen) hervorgebracht sind; auch ist kein innerer Grund ersichtlich, weshalb eine Zubereitung, wenn sie auf chemischem Wege gewonnen ist, als Heilmittel soll feilgehalten werden dürfen, nicht aber wenn ihre Gewinnung auf physikalischem Wege stattgefunden hat; entscheidend ist vielmehr lediglich, ob sie auf einer spezifisch pharmazeutischen oder einer ihr ähnlichen Tätigkeit beruht. Voraussetzung für die Anwendung des § 1 ist aber stets, daß die Zubereitung im Verzeichnisse A aufgeführt ist. OLG. Frankfurt a. M. 22. April 1907 (Med.A. 1910 S. 237).

Arzneibuch. Die Kaiserliche Verordnung nimmt weder ausdrücklich noch stillschweigend auf das Arzneibuch Bezug. Eine Heranziehung der Bestimmungen desselben zur Auslegung der Verordnung erscheint daher unzulässig. OLG. Posen 14. August 1899 (1902 Nr. 3). — Auch in den Polizeiverordnungen über den Betrieb der Drogenhandlungen ist eine Bezugnahme auf das Arzneibuch nicht zulässig, da dieses nicht in der für Polizeivorschriften erforderlichen Art publiziert, mithin für Drogisten nicht gültig ist. KG. 3. Juli 1911 (56); KG. 4. Juli 1912 (57).

Trockene Gemenge. Der Begriff trockenes Gemenge wird dadurch nicht ausgeschlossen, daß die einzelnen trocken gelieferten Bestandteile erst im Wasser aufgelöst werden müssen. Entscheidend ist, daß der Verkäufer die einzelnen trockenen Bestandteile des angeblichen Heilmittels mit der Bestimmung ihrer Vermengung abgegeben hat. OLG. München 10. Februar 1906 (KGA. V S. 505). — Der Begriff „Gemenge" im Sinne der Ziffer 4 des Verzeichnisses A der Kaiserlichen Verordnung hat zur Voraussetzung, daß mehrere Substanzen gemengt sind. Eine Substanz in zerkleinertem Zustande bildet kein Gemenge. OLG. München 1. Juni 1907 (KGA. V S. 507). — Unter die trockenen Gemenge von Salzen oder zerkleinerten Substanzen, welche nach Verzeichnis A Ziffer 4 der Verordnung vom 22. Oktober 1901 den Apotheken vorbehalten sind, fällt Kartoffelstärke nicht, da sie von vornherein in Pulverform erscheint, daher nicht als zerkleinert bezeichnet werden kann. KG. 12. November 1906 (92).

Zerkleinern im Sinne von Ziffer 4 des Verzeichnisses A der Kaiserlichen Verordnung ist nicht die Abtrennung des arzneilich wirksamen Teils (Blätter,

Blüten, Früchte) von den arzneilich nicht wirksamen Teilen (Stamm, Stiel), sondern die Zerlegung der Arzneidrogen in kleinere Bestandteile. KG. 14. Februar 1910 (Med.A. 1910 S. 225).

Flüssige Gemische. Unter Gemischen im Sinne der Ziffer 5 sind nur solche Zubereitungen zu verstehen, die sich im pharmazeutisch-technischen Sinne als Gemische darstellen, nicht aber Rohprodukte, die noch gewisse Verunreinigungen beigemischt enthalten. OLG. Frankfurt a. M. 2. Oktober 1903 (1904 Nr. 22). — Flüssiges Gemisch ist eine Flüssigkeit, die durch Vereinigung mehrerer flüssiger Mittel entstanden ist. Lösung ist eine Flüssigkeit, die durch Auflösung eines festen Körpers in einer Flüssigkeit erzeugt wird. KG. 27. Mai 1907.

Lösung ist ein physikalisches Verfahren, bei welchem durch Zuhilfenahme einer Flüssigkeit feste oder gasförmige Körper in flüssigen Zustand gesetzt werden. Lösungen sind die auf diese Weise hergestellten Mittel. KG. 21. April 1902 (42). — Eine Lösung im Sinne des Verzeichnisses A Nr. 5 der Kaiserlichen Verordnung liegt nur dann vor, wenn durch Zusatz eines flüssigen Bestandteils ein luftförmiger, fester oder minder flüssiger in flüssigen Zustand übergeführt wird. Der Vorgang bei der Destillation, bei welchem alle Bestandteile zunächst in Dampfform gebracht und dann durch die Abkühlung gleichzeitig wieder flüssig gemacht werden, ist daher keine „Lösung" im Sinne der Nr. 5. KG. 7. Januar 1909 (Med.A. 1910 S. 232). — Das Wesen einer Lösung im Sinne der Kaiserlichen Verordnung besteht darin, daß ein in nicht flüssigem Zustand befindlicher Körper durch ein zur Flüssigmachung geeignetes Mittel verflüssigt wird. Die Destillation ist begrifflich davon etwas wesentlich Verschiedenes. OLG. Breslau 13. Juni 1911 (59).

Pflaster und Salben. Unter Pflaster wird entweder eine harte, knetbare Masse verstanden, die meistens in Tafeln oder Stangen oder sonst in Stücke verschiedenster Form gebracht, auf Stoff oder auf ein Gewebe gestrichen wird und dann auf der Haut klebt, oder das aus dem bestrichenen Gewebe bestehende gebrauchsfertige Pflaster, während unter Salbe eine weiche, fett oder ölartige Masse zum Einreiben oder Aufstreichen verstanden wird. KG. 16. November 1911 (94).

Verzeichnis B.

Stoffe des Verzeichnisses B. Die im Verzeichnis B der Verordnung über den Verkehr mit Arzneimitteln aufgeführten Waren dürfen nach § 2 der Verordnung überhaupt nur in Apotheken feilgehalten oder verkauft werden, gleichviel ob Feilhalten und Verkauf zu Heil- oder zu anderen Zwecken, z. B. zum Zwecke der Ungeziefervertilgung geschieht. KG. 10. Mai 1900 (40).

Zubereitungen der Stoffe des Verzeichnisses B. Die im Verzeichnis B der Kaiserlichen Verordnung aufgeführten Stoffe sind nur dann, ohne Rücksicht darauf, ob sie als Heilmittel verkauft werden, dem freien Verkehr entzogen, wenn sie unvermischt abgegeben werden. OLG. Köln 24. Juli 1907. — Zubereitungen, welche Stoffe des Verzeichnisses B der Kaiserlichen Verordnung über den Verkehr mit Arzneimitteln enthalten, sind deshalb nicht ohne weiteres dem freien Verkehr entzogen. Nur die Stoffe selbst sind für den Kleinhandel außerhalb der Apotheken verboten. KG. 16. Dezember 1901 (102); KG. 13. Juni und 6. September 1907 (76).

III. Ankündigung des Gewerbebetriebes.

1. Titel und Firmenschilder.

Unter den Bezeichnungen, die sich auf den Firmenschildern von Drogenhandlungen finden, haben die nachstehenden Anlaß zu Beanstandungen und gerichtlichen Entscheidungen gegeben: Apotheker, Apothekerwaren, Apothekerwarenhandlung, Arzneimittel, Arzneimittelhandlung, Tierheilmittel, Medizinal-Drogenhandlung, und ähnliche. Die Rechtslage in dieser Hinsicht ist folgende:

Der Apothekertitel an sich genießt keinen Schutz. Die Bestimmung im § 360, 8 des StrGB., wonach das unbefugte Annehmen von Titeln unter Strafe gestellt ist (s. Teil VI), bezieht sich nach der Rechtsprechung nur auf die durch höhere Verleihung zu erwerbenden oder mit amtlicher Stellung verbundenen Titel, wogegen sie auf die Bezeichnung einer wissenschaftlichen oder gewerblichen Tätigkeit, auch wenn zu deren Ausübung eine amtliche Qualifikation, Approbation oder Konzession erforderlich ist, nicht anwendbar ist. Die unberechtigte Bezeichnung als Arzt oder die Beilegung eines arztähnlichen Titels ist in § 147, 3 der GewO. mit Strafe bedroht, die unbefugte Führung des Apothekertitels ist dagegen weder aus dem StrGB. noch aus der GewO. strafbar. Wohl aber steht, wie durch eine umfangreiche Judikatur des OVG. anerkannt ist, der Polizeibehörde gemäß Teil II, Titel 17 § 10 des Allgemeinen Landrechts, wonach die Erhaltung der öffentlichen Ordnung zu den Aufgaben der Polizeibehörde gehört, das Recht zu, gewisse Bezeichnungen in Firmenschildern von Drogen- und ähnlichen Handlungen dann zu untersagen und die Untersagung mit den der Polizei zu Gebote stehenden Zwangsmitteln durchzusetzen, wenn durch die Art und Weise, wie die Bezeichnung im Einzelfalle angebracht ist, und die sonstigen näheren Umstände des konkreten Falles, überhaupt oder doch wenigstens bei dem mit den einschlägigen Verhältnissen weniger vertrauten Teile des Publikums der Irrtum hervorgerufen werden kann, das so bezeichnete Geschäft sei eine Apotheke. Es handelt sich dabei hauptsächlich um die oben genannten Bezeichnungen. Die Untersagung ist jedoch nicht schon wegen dieser Bezeichnungen an sich, sondern nur dann zulässig, wenn die angeführte Möglichkeit einer Irrtumserregung vorliegt. Insbesondere ist das Recht der im Besitze der Approbation als Apotheker befindlichen Inhaber von Drogenhandlungen zur Führung des Apothekertitels vom OVG. anerkannt.

a. Hinsichtlich der Führung des Apothekertitels durch Drogisten, die als Apotheker approbiert sind, kommt die Rechtsauffassung des OVG. in nachstehendem Urteil vom 17. Juli 1900 (KGA. III S. 246) klar zum Ausdruck:

„Die Bezeichnung als Apotheker, deren sich der Kläger bedient, ist an sich noch nicht unzulässig, da außer Zweifel ist, daß der Kläger die Approbation als Apotheker erlangt hat. Sie ist vielmehr nur zu beanstanden, wenn sie in einer Weise gebraucht wird, durch welche überhaupt oder doch wenigstens bei dem mit den einschlagenden Verhältnissen und den betreffenden gesetzlichen Bestimmungen weniger vertrauten Teile des Publikums der Irrtum veranlaßt werden kann, das vom Kläger betriebene Geschäft sei eine Apotheke. Dies ist noch nicht bei jedem Gebrauche der Bezeichnung in geschäftlichen Ankündigungen der Fall, sondern es kommt stets auf die konkrete Art des Gebrauchs an."

In gleicher Richtung bewegen sich die folgenden, sämtlich auf den Apothekertitel bezüglichen Entscheidungen des OVG.: 14. Dezember 1878 (Entsch. IV S. 342), 9. Februar 1881 (Min.Bl. d. inn. Verw. S. 80), 19. Dezember 1883 (Pr. Verwaltungsbl. V S. 129), 25. Februar 1888, 5. Mai 1892 (Entsch. III S. 442), 12. März 1898 (Entsch. 33 S. 350), 10. Juni 1901 (Ph.Ztg. 1901 Nr. 49), 7. Juli 1904 (Ph.Ztg. 1904 Nr. 56), 8. Juni 1905 (Ph.Ztg. 1905 Nr. 47), 21. September 1905 (Ph.Ztg. 1905 Nr. 77).

b. Die Führung des Apothekertitels durch Drogisten, die nicht im Besitze der Approbation als Apotheker sind, zu geschäftlichen Zwecken (!) verstößt gegen das Gesetz gegen den unlauteren Wettbewerb und kann auf Grund dieses Gesetzes in jedem Falle untersagt werden (RG. 12. November 1912, Ph.Ztg. 1912 Nr. 92).

c. Ähnliche Grundsätze wie über den Apothekertitel hat das OVG. in anderen Entscheidungen hinsichtlich folgender Firmenbezeichnungen aufgestellt: „Handel mit Apotherkerwaren (Urteil des OVG. vom 25. Juni 1881), „Apothekerwaren en gros" (19. April 1882), „Apothekerwarenhandlung" und „Handlung medizinischer Drogen" (19. Dezember 1883, Pr. Verwaltungsbl. V S. 129), „Apothekerwaren" und „Tierarzneimittel" (5. Mai 1892), „Arzneimittel" (18. März 1899, KGA. II S. 307). Doch ist die Praxis in dieser Hinsicht neuerdings wesentlich milder geworden, und so werden die unter c genannten Bezeichnungen jetzt wohl allgemein ohne Beanstandung zugelassen. Die Bezeichnung „Medizinaldrogerie" auf dem Firmenschild einer Drogenhandlung ist nach der neueren Rechtsprechung des OVG. nicht geeignet, einen Irrtum zu erregen und daher nicht zu beanstanden (OVG. 7. Juli 1904, 8. Juni 1905 und April 1910, Ph.Ztg. 1904 Nr. 56, 1905 Nr. 47 und 1910 Nr. 33).

d. Die Befugnis der Polizei zur Untersagung der Führung des Apothekertitels sowie anderer Bezeichnungen beschränkt sich aber auf Firmenschilder. Gegen den Gebrauch dieses Titels oder sonstiger Firmenbezeichnungen bei gewerblichen Ankündigungen, in Zeitungen sowie auf Geschäftsanzeigen, Umhüllungen, Etiketten, Geschäftspapieren u. dgl. kann die Polizei nicht einschreiten, da ein solches Vorgehen nach der konstanten Rechtsprechung des OVG. gegen Artikel 27 der preußischen Verfassungsurkunde und gegen § 1 des Reichspreßgesetzes verstößt. Ein präventives Einschreiten gegen gewerbliche Ankündigungen in Preßerzeugnissen, Druckschriften usw., ist nach dem Preßgesetz unzulässig (OVG. 22. Februar 1899, KGA. III S. 245, 7. Juli 1904, Ph.Ztg. 1904 Nr. 56 und 8. Juni 1905, Ph.Ztg. 1905 Nr. 47).

Von allgemeiner Wichtigkeit für die Firmenschilder und sonstigen geschäftlichen Ankündigungen der Drogisten ist das folgende Reichsgesetz:

Gesetz zum Schutze des Genfer Neutralitätszeichens.

Vom 22. März 1902 (RGBl. S. 125).

§ 1. Das in der Genfer Konvention zum Neutralitätszeichen erklärte Rote Kreuz auf weißem Grunde, sowie die Worte „Rotes Kreuz" dürfen, unbeschadet der Verwendung für Zwecke des militärischen Sanitätsdienstes, zu geschäftlichen Zwecken, sowie zur Bezeichnung von Vereinen oder Gesellschaften oder zur Kennzeichnung ihrer Tätigkeit nur auf Grund einer Erlaubnis gebraucht werden.

Die Erlaubnis wird von den Landeszentralbehörden nach den vom Bundesrat festzustellenden Grundsätzen für das Gebiet des Reichs erteilt[1]). Die Erlaubnis darf Vereinen oder Gesellschaften, welche sich im Deutschen Reiche der Krankenpflege widmen und für den Kriegsfall zur Unterstützung des militärischen Sanitätsdienstes zugelassen sind, nicht versagt werden.

§ 2. Wer den Vorschriften dieses Gesetzes zuwider das Rote Kreuz gebraucht, wird mit Geldstrafe bis zu 150 Mark oder mit Haft bestraft.

§ 3. Die Anwendung der Vorschriften dieses Gesetzes wird durch Abweichungen nicht ausgeschlossen, mit denen das im § 1 erwähnte Zeichen wiedergegeben wird, sofern ungeachtet dieser Abweichungen die Gefahr einer Verwechselung vorliegt[2]).

---

[1]) Die Erlaubnis wird nach den unter dem 7. Mai 1903 (RGBl. S. 215) ergangenen Ausführungsbestimmungen des Reichskanzlers nur den zur Krankenpflege im Kriege zugelassenen Vereinen, Gesellschaften usw. erteilt. Für Gewerbetreibende ist also die Führung des Roten Kreuzes zu geschäftlichen Zwecken irgendwelcher Art, Firmenbezeichnungen, Preislisten, Geschäftspapieren, Umhüllungen oder Etiketten von Waren u. dgl., ausgeschlossen.

[2]) Als verwechslungsfähig mit dem Genfer Kreuz im Sinne von § 3 des Gesetzes sind von der Rechtsprechung bisher folgende Zeichen angesehen worden: Ein dem Genfer Kreuz ähnliches Kreuz auf goldfarbigem Grunde (PA. Abt. IIf. Warenzeichen 21. März 1904, Ph.Ztg. 1904 Nr. 80). Ein dunkelrosa schraffiertes Kreuz mit den Umrissen des Genfer Kreuzes auf hellrosa Grunde (PA. Beschw.-Abt. I 6. Februar 1904, Ph.Ztg. 1904 Nr. 39). Ein rotes Kreuz mit goldenem Stern in der Mitte und goldenen Verzierungen an den Kreuzbalken (OLG. Breslau 10. Mai 1904, Ph.Ztg. 1904 Nr. 39).

Dagegen wurde die Gefahr einer Verwechslung bei folgenden Zeichen verneint: Ein rotes Kreuz, in dessen Fläche ein weißes Johanniterkreuz ausgespart ist (PA. Beschw.-Abt. I 4. Juli 1904, Ph.Ztg. 1905 Nr. 40). Ein weißes Kreuz in rotem Felde in den Formen des Genfer Kreuzes (LG. Darmstadt August 1906, Ph.Ztg. 1906 Nr. 67). Das sog. Lazaruskreuz (LG. Frankfurt a. M. Oktober 1907, Ph.Ztg. 1907 Nr. 86).

§ 4. Dieses Gesetz tritt am 1. Juli 1903 in Kraft.

§ 7. Warenzeichen, welche das rote Kreuz enthalten, sind von der Verkündung des Gesetzes ab von der Eintragung in die Zeichenrolle ausgeschlossen, sofern nicht die Anmeldung vor dem 1. Juli 1901 erfolgt ist [1]).

2. Ankündigung von Arzneimitteln.

Über die öffentliche Ankündigung bestimmter Artikel ist in der Reichsgesetzgebung nur eine Bestimmung enthalten: der § 184,3 StrGB., welcher lautet:

Strafgesetzbuch für das Deutsche Reich.

Vom 15. Mai 1871 (RGBl. 1876 S. 40).

§ 184. Mit Gefängnis bis zu einem Jahre und mit Geldstrafe bis zu eintausend Mark oder mit einer dieser Strafen wird bestraft, wer

3. Gegenstände, die zu unzüchtigem Gebrauche bestimmt sind, an Orten, welche dem Publikum zugänglich sind, ausstellt oder solche Gegenstände dem Publikum ankündigt oder anpreist [2]).

Neben der Gefängnisstrafe kann auf Verlust der bürgerlichen Ehrenrechte sowie auf Zulässigkeit von Polizeiaufsicht erkannt werden.

Im übrigen wird das Recht der öffentlichen Ankündigung und Anpreisung von Arznei- und Heilmitteln in Preußen durch eine außerordentlich große Zahl der verschiedensten Polizeiverordnungen der Oberpräsidenten und Regierungspräsidenten geregelt [3]). Bei einer Zusammen-

[1]) Die §§ 5 und 6 des Gesetzes, welche die Weiterbenutzung des Genfer Neutralitätszeichens genehmigten bei Waren, die bei Verkündung des Gesetzes schon mit dem roten Kreuze bezeichnet waren, sowie bis 1. Juli 1906 bei gewissen Warenzeichen, Firmen und Vereinen, haben jetzt keine Bedeutung mehr. Auch die vor dem 1. Juli 1901 angemeldeten Warenzeichen mit dem roten Kreuz haben nach § 6 des Gesetzes am 1. Juli 1906 ihre Rechtskraft verloren.

[2]) Unter dieses Verbot fallen nach der Rechtsprechung auch Vorbeugungsmittel gegen Geschlechtskrankheiten (RG. 19. Juni 1903, Ph.Ztg. 1903 Nr. 93, RG. 10. März 1905, KGA. V S. 555), sowie antikonzeptionelle Mittel und Apparate (RG. 14. Juni 1906, KGA. V S. 563, RG. 25. Februar 1909, Ph.Ztg. 1909 Nr. 18, RG. 21. Dezember 1909, KGA. VI S. 510 und zahlreiche weitere Urteile). Auch die Versendung einer Broschüre, in der antikonzeptionelle Mittel empfohlen werden, lediglich an Ärzte, Apotheker, Drogisten und Händler mit chirurgischen Instrumenten, wird vom RG. als eine nach § 184, 3 strafbare Ankündigung gegenüber dem Publikum angesehen (RG. 13. Januar 1910, Ph.Ztg. 1910 Nr. 6, RG. 11. Dezember 1908, KGA. VI S. 506).

[3]) Dieselben sind zusammengestellt und unter Benutzung der umfangreichen Rechtsprechung erläutert bei: E. Urban, „Die gesetzlichen Bestimmungen über die Ankündigung von Geheimmitteln, Arzneimitteln und Heilmethoden im Deutschen Reiche einschließlich der Vorschriften über den Verkehr mit Geheimmitteln". Mit Nachtrag, enthaltend die bis März 1908 ergangenen Bestimmungen und Entscheidungen. Berlin 1904 und 1908. Verlag von Julius Springer.

fassung derselben nach ihrem materiellen Inhalt ergibt sich folgendes.

Es ist verboten:

1. Die Ankündigung[1]) der 153 in den beiden vom Bundesrat vereinbarten Listen[2]) angeführten Geheimmittel und ähnlichen Arzneimittel: in ganz Preußen mit Ausnahme von Hessen-Nassau;
2. die Ankündigung von Geheimmitteln[3]), welche dazu bestimmt sind, zur Verhütung oder Heilung tierischer Krankheiten zu dienen: in den Provinzen Ostpreußen, Westpreußen, Brandenburg-Berlin, Pommern, Schlesien, Sachsen, Westfalen und Rheinprovinz;
3. die Ankündigung von Geheimmitteln[3]), welche dazu bestimmt sind, zur Verhülung und Heilung von Pflanzenkrankheiten zu dienen, in: ganz Preußen mit Ausnahme von Pommern und Hohenzollern;
4. die Ankündigung von Geheimmitteln[3]) allgemein: in Hessen-Nassau;
5. die Ankündigung der dem freien Verkehr entzogenen Arzneimittel: in den Provinzen Westpreußen, Brandenburg-Berlin, Hessen-Nassau und den Regierungsbezirken Stettin, Oppeln, Merseburg, Erfurt, Minden, Düsseldorf, Koblenz und Sigmaringen; doch findet dieses Verbot im Regierungsbezirk Frankfurt a. O. auf Inhaber von Apotheken, im Regierungsbezirk Merseburg auf Inhaber von Apotheken und den Großhandel und im Regierungsbezirk Sigmaringen auf die

---

[1]) Alle Verordnungen beziehen sich nur auf die „öffentliche" Ankündigung. Unter diesen Begriff fällt aber nach der Rechtsprechung nicht nur die Inserierung in Tageszeitungen oder andern jedermann zugänglichen Blättern, sondern auch die Verabfolgung von Prospekten, Benutzung von bedruckten Einwickelpapieren usw. in Geschäftslokalen.

[2]) S. S. 54.

[3]) Den Begriff „Geheimmittel" im Sinne der unter Nr. 2, 3 und 4 genannten Ankündigungsverbote erläuterte im Anschluß an die überaus zahlreichen Gerichtsurteile hierüber ein Min.-Erl. vom 20. Januar 1898 folgendermaßen:

Min.-Erl. betr. den Begriff Geheimmittel. Vom 20. Januar 1898.

Es kann von dem Grundsatz ausgegangen werden, daß ein Heilmittel seiner Eigenschaft als Geheimmittel höchstens dadurch entkleidet wird, daß seine Bestandteile und Gewichtsmengen sofort bei der Ankündigung in gemeinverständlicher und für jedermann erkennbarer Weise vollständig und sachentsprechend zur öffentlichen Kenntnis gebracht werden. Angaben, aus denen nur ein Sachverständiger ein Urteil über das Mittel sich bilden kann, sind als ausreichend nicht zu erachten, insbesondere nicht die Bezeichnung der Bestandteile des Mittels in lateinischer Sprache. Hiermit steht im wesentlichen auch im Einklange die Rechtsprechung, nach welcher ein Geheimmittel jedenfalls dann vorliegt, wenn die Bestandteile und das Mengenverhältnis der Zubereitung „nicht ausreichend", „nicht deutlich für das Publikum", „nicht für jedermann zweifellos" bei der Ankündigung erkennbar gemacht sind. . . . Daß auch die Bereitungsweise eines Mittels aus der Veröffentlichung ersichtlich zu sein hat, wenn dasselbe nicht als Geheimmittel gelten soll, wird nicht gefordert zu werden brauchen, da mit dem Erlaß des in Frage stehenden Ankündigungsverbots nur beabsichtigt gewesen ist, bei den zur öffentlichen Ankündigung zugelassenen Arzneimitteln dem Publikum die Möglichkeit zu bieten, ein eigenes Urteil über Heilkraft und Geldwert der einzelnen Mittel sich zu bilden, nicht aber auch die Möglichkeit, solche Mittel nach dem veröffentlichten Rezepte sich selbst anzufertigen.

zum Feilhalten und Verkauf der betreffenden Heilmittel berechtigten Gewerbebetriebe keine Anwendung;

6. die Ankündigung von Reklamemitteln[1]) in den Regierungsbezirken Frankfurt a. O., Stettin, Merseburg, Kassel, Koblenz und Sigmaringen;
7. die Ankündigung von Gegenständen, Vorrichtungen, Methoden oder Mitteln, welche zur Verhütung, Linderung oder Heilung von Menschen- oder Tierkrankheiten bestimmt sind, wenn
   a. den Gegenständen, Vorrichtungen, Methoden oder Mitteln besondere, über ihren wahren Wert hinausgehende Wirkungen beigelegt werden oder das Publikum durch die Art ihrer Anpreisung irregeführt oder belästigt wird, oder wenn
   b. die Gegenstände, Vorrichtungen, Methoden oder Mittel ihrer Beschaffenheit nach geeignet sind, Gesundheitsbeschädigungen hervorzurufen: in ganz Preußen mit Ausnahme des Regierungsbezirks Stettin. Doch ist in den Provinzen Schlesien und Sachsen, den Regierungsbezirken Königsberg, Marienwerder, Frankfurt, Köslin, Stralsund, Bromberg, Hannover, Minden, Arnsberg, Kassel, Köln, Koblenz und Sigmaringen dieses Verbot nach seinem Wortlaut oder nach der Überschrift der Verordnung auf solche Ankündigungen beschränkt, die von nichtapprobierten Heilpersonen ausgehen.

Die unter Nr. 1 erwähnten beiden Geheimmittellisten sind dem durch Bundesratsbeschluß vom 23. Mai 1903 und 27. Juni 1907 vereinbarten „Entwurf von Vorschriften über den Verkehr mit Geheimmitteln und ähnlichen Arzneimitteln[2])" als Anlagen A und B beigegeben und von den preußischen Polizeiverordnungen der Oberpräsidenten unverändert übernommen. Sie lauten:

Die Geheimmittellisten.

Bundesratsbeschlüsse vom 23. Mai 1903 und 27. Juni 1907.

Anlage A.

1. Adlerfluid.
2. Amarol (auch als Ingestol).
3. Amasira Lochers (auch als Pflanzenpulvermischung gegen Dysmenorrhöe).
4. American coughing cure Lutzes.
5. Antiarthrin und Antiarthrinpräparate (auch als Sells Antiarthrin).

[1]) Reklamemittel sind Mittel, denen besondere Wirkungen fälschlich beigelegt werden, um über ihren Wert zu täuschen.

[2]) Da sämtliche Mittel beider Listen dem freien Verkehr außerhalb der Apotheken entzogen sind, haben die übrigen Vorschriften des Entwurfs betr. Verpackung und Abgabe der Mittel, zumal sie nicht in allen Polizeiverordnungen gleichmäßig enthalten sind, für Drogisten keine Bedeutung. Eine Ausnahme machen nur die beiden folgenden Bestimmungen, die überall erlassen sind und auch für das Ankündigungsverbot der Mittel gelten:

1. Die Anwendung der Vorschriften auf diese Mittel wird dadurch nicht ausgeschlossen, daß deren Bezeichnung bei im wesentlichen gleicher Zusammensetzung geändert wird.

2. Der öffentlichen Ankündigung oder Anpreisung der Mittel steht es gleich, wenn in öffentlichen Druckschriften auf sonstige Mitteilungen verwiesen wird, welche eine Anpreisung der Mittel enthalten.

6. Anticelta-Tabletten (auch als Anticelta-Tablets oder Fettreduzierungs-Tabletten der Anticelta-Association).
7. Antidiabeticum Bauers.
8. Antiépileptique Uten.
9. Antigichtwein Duflots (auch als Antigichtwein Oswald Niers oder Vin Duflot).
10. Antihydropsin Bödikers (auch als Wassersuchtselixier oder Hydrops-Essenz Bödikers).
11. Antimellin (auch als Essentia Antimellini composita).
12. Antineurasthin (auch als Nervennahrung Hartmanns)
13. Antipositin Wagners (auch als Mittel des Dr. Wagner & Marlier gegen Korpulenz).
14. Antirheumaticum Saids (auch als Antirheumaticum nach Dr. Said oder Antirheumaticum Lücks).
15. Antitussin.
16. Asthmamittel Hairs (auch als Asthma cure Hairs).
17. Asthmapulver Schiffmanns (auch als Asthmador).
18. Asthmapulver Zematone, auch in Form der Asthmazigaretten Zematone (auch als antiasthmatische Pulver und Zigaretten des Apothekers Escouflaire).
19. Augenwasser Whites (auch als Dr. Whites Augenwasser von Ehrhardt).
20. Ausschlagsalbe Schützes (auch als Universalheilsalbe oder Universalheil- und Ausschlagsalbe Schützes).
21. Balsam Bilfingers.
22. Balsam Lamperts (auch als Gichtbalsam Lamperts oder Lampert-Stepf-Balsam).
23. Balsam Pagliano (auch als Tripperbalsam Pagliano).
24. Balsam Sprangers (auch als Sprangerscher).
25. Balsam Thierrys (auch als allein echter Balsam Thierrys, englischer Wunderbalsam od. englischer Balsam Thierrys).
26. Beinschäden Indian Bohnerts.
27. Blutreinigungspulver Hohls.
28. Blutreinigungspulver Schützes.
29. Blutreinigungstee Wilhelms (auch als antiarthritischer und antirheumatischer Blutreinigungstee Wilhelms).
30. Bräune - Einreibung Lamperts (auch als Universal-Bräune - Einreibung und Diphtheritistinktur).
31. Bruchbalsam Tanzers.
32. Bruchsalbe des pharmazeutischen Bureaus Valkenberg (Valkenburg) in Holland (auch als Pastor Schmits Bruchsalbe).
33. Corpulin (auch als Corpulin-Entfettungspralinees oder Pralinés de Carlsbad).
34. Djoeat Bauers.
35. Elixir Godineau.
36. Embrocation Ellimans (auch als Universalembrocation oder Ellimans Universaleinreibemittel für Menschen), ausgenommen Embrocation usw. for horses.
37. Entfettungstee Grundmanns
38. Epilepsieheilmittel Quantes. (auch als Spezifikum oder Gesundheitsmittel Quantes).
39. Epilepsiepulver Cassarinis (auch als Polveri antiepilettiche Cassarinis).
40. Epilepsiepulver der Schwanenapotheke Frankfurt a.M. (auch als antiepileptische Pulver oder Pulver Weils gegen Epilepsie).

41. Eukalyptusmittel Heß' (Eukalyptol und Eukalyptusöl Heß)[1]).
42. Ferrolin Lochers.
43. Ferromanganin.
44. Fulgural (auch als Blutreinigungsmittel Steiners und Schulzes).
45. Gebirgstee, Harzer, Lauers.
46. Gehöröl Schmidts (auch als verbessertes oder neu verbessertes Gehöröl Schmidts).
47. Gesundheitskräuterhonig Lücks.
48. Glandulen.
49. Gloria tonic Smiths.
50. Glycosolvol Linders (auch als Antidiabeticum Linders)
51. Haematon Haitzemas.
52. Heilsalbe Sprangers (auch als Sprangersche, oder Zug- und Heilsalbe Sprangers oder Sprangersche).
53. Heiltränke Jakobis (auch als Heiltrankessenz, insbesondere Königstrank Jakobis).
54. Homeriana (auch als Brusttee Homeriana oder russischer Knöterich Polygonum aviculare Homeriana)[1]).
55. Hustentropfen Lausers.
56. Injection Brou (auch als Brousche Einspritzung).
57. Injection au matico (auch als Einspritzung mit Matiko)
58. Johannistee Brockhaus' (auch als Galeopsis ochroleuca vulcania der Firma Brockhaus[1]).
59. Kalosin Lochers.
60. Kava Lahrs (auch als Kavakapseln Lahrs, Santalol Lahrs mit Kavaharz oder Kavaharz Lahrs mit Santalol).
61. Knöterichtee, russischer, Weidemanns (auch als russischer Knöterich- oder Brusttee Weidemanns)[1]).
62. Kongopillen Richters (auch als Magenpillen Richters).
63. Kräutergeist Schneiders (auch als wohlriechender Kräutergeist oder Luisafluid Schneiders).
64. Kräuterpillen Burckharts.
65. Kräutertee Lücks.
66. Kräuterwein Ullrichs (auch als Hubert Ullrichscher Kräuterwein).
67. Kronessenz, Altonaer (auch als Kronessenz oder Menadiesche oder Altonaische Wunder-Kronessenz).
68. Kropf-Kur Haigs (auch als Goitre-cure oder Kropfmedizin Haigs).
69. Kurmittel Meyers gegen Zuckerkrankheit.
70. Lebensessenz Fernests (auch als Fernestsche Lebensessenz).
71. Loxapillen Richters.
72. Magenpillen Tachts.
73. Magentropfen Bradys (auch als Mariazeller Magentropfen Bradys).
74. Magentropfen Sprangers (auch als Sprangersche).

[1]) Von den Mitteln der Liste A sind fünf, nämlich Brockhaus' Johannistee, Heß' Eukalyptusmittel, Homeriana, Stroopal und Weidemanns russischer Knöterich, die als einfache Drogen nicht unter die KaisV. vom 22. Oktober 1901 fallen, durch KaisV. vom 31. März 1911 (s. S. 23) dem freien Verkehr entzogen worden. Über Knöterich erging ein Min.-Erl. vom 8. März 1905, der auch für die Beurteilung der Geheimmittellisten als maßgebend gelten muß (s. S. 24).

75. Magolan (auch als Antidiabetikum Braemers).
76. Mother Seigels pills (auch als Mutter Seigels Abführungspillen oder operating pills).
77. Mother Seigels syrup (auch als Mutter Seigels curative syrup for dyspepsia, Extract of American roots oder Mutter Seigels heilender Sirup).
78. Nektar Engels (auch als Hubert Ullrichsches Kräuterpräparat Nektar).
79. Nervenfluid Dressels.
80. Nervenkraftelixier Liebers.
81. Nervenstärker Pastor Königs (auch als Pastor Königs Nerve Tonic).
82. Nervol Rays.
83. Orffin (Baumann Orffsches Kräuternährpulver).
84. Pain-Expeller[1]).
85. Pektoral Bocks (auch als Hustenstiller Bocks).
86. Pillen Beechams (auch als Patent pills Beechams).
87. Pillen, indische (auch als Antidysentericum).
88. Pillen Rays (auch als Darm- und Leberpillen Rays).
89. Pilules du Docteur Laville (auch als Pillen Lavilles).
90. Polypec (auch als Naturkräutertee Weidemanns)[2]).
91. Reduktionspillen, Marienbader, Schindler-Barnaysche (auch als Marienbader Reduktionspillen für Fettleibige).
92. Regenerator Liebauts (auch als Regenerator nach Liebaut).
93. Saccharosalvol.
94. Safe remedies Warners (Safe cure, Safe diabetic, Safe nervine, Safe pills).
95. Sanjana-Präparate (auch als Sanjana-Spezifika).
96. Santal Grützners.
97. Sarsaparillian Ayers (auch als Ayers zusammengesetzter und gemischter Sarsaparillextrakt).
98. Sarsaparillian Richters (auch als Extractum Sarsaparillae compositum Richter).
99. Sauerstoffpräparate der Sauerstoffheilanstalt Vitafer.
100. Schlagwasser Weißmanns.
101. Schweizerpillen Brandts.
102. Sirup Pagliano (auch als Sirup Pagliano Blutreinigungsmittel, Blutreinigungs- und Bluterfrischungssirup Pagliano des Prof. Girolamo Pagliano oder Sirup Pagliano von Prof. Ernesto Pagliano).
103. Spermatol (auch als Stärkungselixir Gordons).
104. Spezialtee Lücks (auch als Spezialkräutertees Lücks).
105. Sterntee Weidhaas' (auch als Sterntee des Kurinstituts „Spiro Spero").
106. Stomakal Richters (auch als Tinctura stomachica Richter).

[1]) Da bei Pain-Expeller ein bestimmter Fabrikant nicht angegeben ist, entschied das KG. unter dem 28. September 1905 (Ph.Ztg. 1905 Nr. 79), daß unter dem in den Geheimmittellisten aufgeführten Präparat Pain-Expeller jede Art von Pain-Expeller ohne Rücksicht auf den Fabrikanten zu verstehen ist. Ähnlich KG. 25. April 1910 (Ph.Ztg. 1910 Nr. 36) betr. Reichels Doppel-Pain-Expeller.

[2]) Über den Verkehr mit Polypec vgl. auch den Min.-Erl. vom 13. Juni 1908 (s. S. 24).

107. Stroopal (auch als Heilmittel Stroops gegen Krebs-, Magen- und Leberleiden oder Stroops Pulver)[1].
108. Tabletten Hoffmanns.
109. Tarolin-Kapseln.
110. Trunksuchtsmittel des Alkolin-Instituts.
111. Trunksuchtsmittel Burghardts (auch als Diskohol).
112. Trunksuchtsmittel August Ernst (auch als Trunksuchtspulver, echtes, deutsches).
113. Trunksuchtsmittel Theodor Heintzs.
114. Trunksuchtsmittel Konetzkys (auch als Kephalginpulver oder Trunksuchtsmittel der Privatanstalt Villa Christina).
115. Trunksuchtsmittel der Gesellschaft Sanitas.
116. Trunksuchtsmittel Josef Schneiders (auch als Antebeten).
117. Trunksuchtsmittel Wessels.
118. Tuberkeltod (auch als Eiweiß-Kräuterkognak-Emulsion Stickes).
119. Universal-Magenpulver Barellas.
120. Vin Mariani (auch als Marianiwein).
121. Vulneralcreme (auch als Wundcreme Vulneral).
122. Wundensalbe, konzessionierte, Dicks (auch als Zittauer Pflaster).
123. Zambakapseln Lahrs.

Anlage B.

1. Antineoon Lochers.
2. Asthmamittel Tuckers (auch als Asthma-Heilmethode [Specific] Tuckers).
3. Augenheilbalsam, vegetabilischer, Reichels (auch als Ophthalmin Reichels).
4. Bandwurmmittel Friedrich Horns.
5. Bandwurmmittel Theodor Horns.
6. Bandwurmmittel Konetzkys (auch als Konetzkys Helminthenextrakt).
7. Bandwurmmittel Schneiders (auch als Granatkapseln Schneiders).
8. Bandwurmmittel Violanis.
9. Bromidia Battle & Comp.
10. Cathartic pills Ayers (auch als Reinigungspillen oder abführende Pillen Ayers).
11. Cozapulver (auch als E'Coza oder Trunksuchtsmittel des Coza-Instituts oder Institut d'E-Coza)[2].
12. Diphtheritismittel Noortwycks (auch als Noortwycks antiseptisches Mittel gegen Diphtherie).
13. Gesundheitshersteller, natürlicher, Winters (auch als Nature health restorer Winters)[3].

[1]) Vgl. hierzu Fußnote 1 auf S. 56.

[2]) Wegen seiner den Cozapulver ganz ähnlichen Zusammensetzung fällt auch das Mittel Poudre Zenento unter die Geheimmittelverordnung (KG. 23. Juli 1910, KGA VI S. 542).

[3]) Über Winters Natürlicher Gesundheitshersteller erging nachstehender Erlaß:

Min.-Erl. betr. das Geheimmittel „Natürlicher Gesundheitshersteller oder „Nalther Tabletten“. Vom 1. November 1911.

Nach einem Berichte des Kaiserlichen Generalkonsulats in New York vertreibt die Firma The M. A. Winter Co. in Washington ihr Geheimmittel „Natür-

14. Gicht- und Rheumatismuslikör, amerikanischer, Latons (auch als Remedy Latons).
15. Gout and rheumatic pills Blairs.
16. Heilmittel des Grafen Mattei (auch als Graf Cesare Matteische elektrohomöopathische Heilmittel).
17. Heilmittel Kidds (auch als Heilmittel der Davis Medical Co.).
18. Kolkodin Heuschkels (auch als Mittel Heuschkels gegen Pferdekolik).
19. Krebspulver Frischmuths (auch als Mittel Frischmuths gegen Krebsleiden).
20. Liqueur du Docteur Laville (auch als Likör des Dr. Laville).
21. Lymphol Rices (auch als Bruchheilmittel Rices).
22. Noordyl (auch als Noordyltropfen Noo twycks).
23. Oculin Carl Reichels (auch als Augensalbe Oculin).
24. Pillen Morisons.
25. Pillen Redlingers (auch als Redlingersche Pillen).
26. Pink-Pillen Williams (auch als Pilules Pink pour personnes pàles du Dr. Williams).
27. Reinigungskuren Konetzkys (auch als Reinigungskuren der Kuranstalt Neuallschwill [Schweiz]).
28. Remedy Alberts (auch als Rheumatismus- und Gichtheilanstalt Alberts).
29. Sternmittel, Genfer, Sauters (auch als elektrohomöopathische Sternmittel von Sauter in Genf oder Neue elektrohomöopathische Sternmittel usw.).
30. Vixol (auch als Asthmamittel des Vixol Syndicate).

---

licher Gesundheitshersteller“ auch unter der Bezeichnung „Nalther Tabletten“. Ich weise ergebenst darauf hin, daß der Vertrieb des Präparats auch unter der neuen Bezeichnung den Bestimmungen der Kaiserlichen Verordnung, betreffend den Verkehr mit Arzneimitteln, vom 22. Oktober 1901 sowie den Vorschriften über den Verkehr mit Geheimmitteln und ähnlichen Arzneimitteln unterliegt, da nach den Angaben der Firma auf Anpreisungen die Zusammensetzung der Tabletten keine Änderung erfahren hat.

IV. Ausübung des Gewerbebetriebes.

1. Verkehr mit Arzneimitteln.

Vorschriften über die Regelung des Verkehrs mit Arzneimitteln außerhalb der Apotheken, d. h. über Einrichtung und Betrieb der Drogenhandlungen, sind in Preußen in fast allen Bezirken auf Grund von § 137 des Gesetzes über die allgemeine Landesverwaltung vom 30. Juli 1883 (Pr. GS. S. 195) durch Polizeiverordnungen der Regierungspräsidenten erlassen worden. Grundlegend für die gegenwärtig geltenden diesbezüglichen Verordnungen sind die nachstehenden, an die Regierungspräsidenten gerichteten Erlasse des Ministers der Medizinal-Angelegenheiten betr. Grundzüge über die Regelung des Verkehrs mit Arzneimitteln außerhalb der Apotheken und die Beaufsichtigung desselben, vom 22. Dezember 1902 und 13. Januar 1910, sowie der Erlaß des Ministers des Innern, auf dessen Ressort am 1. April 1911 die Medizinalangelegenheiten übergegangen sind, vom 17. Oktober 1912.

Min.-Erl. vom 22. Dezember 1902.

Um die in den einzelnen Landesteilen bestehenden Bestimmungen über Einrichtung und Betrieb der Drogen-, Material-, Farben- und ähnlicher Handlungen einheitlich zu gestalten, habe ich den Erlaß über die Besichtigung solcher Handlungen vom 1. Februar 1894 nach Anhörung von Vertretern des Apotheker- und des Drogistenstandes einer Umarbeitung unterworfen . . .

Im Einverständnis mit den Herren Ministern des Innern und für Handel und Gewerbe lasse ich Ew. Hochwohlgeboren die beifolgenden Grundzüge über die Regelung des Verkehrs mit Arzneimitteln außerhalb der Apotheken mit dem ergebensten Ersuchen zugehen, auf Grund derselben in dem dortseitigen Bezirke, soweit es noch nicht geschehen sein sollte, eine entsprechende Polizeiverordnung zu erlassen bzw. bestehende Verordnungen entsprechend abzuändern (vgl. § 367 Nr. 5 des RStGB.).

Für die Ausführung der Aufsicht über die genannten Verkaufsstellen füge ich folgende Anweisung hinzu[1]):

[1]) Die hier folgende Revisionsanweisung ist im Teil V Abschnitt 1 abgedruckt.

Min.-Erl. vom 13. Januar 1910.

Die durch Erlaß vom 22. Dezember 1902 mitgeteilten Grundzüge über die Regelung des Verkehrs mit Arzneimitteln außerhalb der Apotheken habe ich im Einverständnisse mit den Herren Ministern des Inneren und für Handel und Gewerbe auf Grund des Ergebnisses der auf meinen Erlaß vom 25. Januar 1909 erstatteten Berichte und unter Berücksichtigung der einschlägigen Rechtsprechung einer Abänderung und Ergänzung in einigen Punkten unterzogen. Ich ersuche ergebenst, die dortige, auf der bisherigen Fassung der Grundzüge beruhende Polizeiverordnung der neuen Fassung, die als Anlage beiliegt, gemäß umzugestalten und mir die neu erlassene Polizeiverordnung in zwei Abschriften einzureichen.

Zugleich ändere ich die dem Erlasse vom 22. Dezember 1902 beigegebene Anweisung für die Beaufsichtigung der Drogen- usw. Handlungen in folgender Weise ab[1]):

Min.-Erl. vom 17. Oktober 1912.

Durch Erlaß vom 12. Juli 1910[2]) hatte der Herr Minister der geistlichen, Unterrichts- und Medizinalangelegenheiten die Bezirksbehörden um Äußerung ersucht, ob und inwieweit den Einsprüchen nachgegeben werden könne, die aus Drogistenkreisen gegen die „Grundzüge vom 13. Januar 1910, betreffend Regelung des Verkehrs mit Arzneimitteln außerhalb der Apotheken“, erhoben worden waren.

Sämtliche darauf erstatteten Berichte lauten übereinstimmend dahin, daß jene Grundzüge im Interesse einwandfreier Arzneiversorgung der Bevölkerung unentbehrlich seien, und daß eine wesentliche Änderung im Sinne der Wünsche der Drogisten die ordnungsmäßige Beaufsichtigung der Drogengeschäfte und die Bekämpfung des verbotenen Arzneimittelhandels unmöglich machen würde.

Als berechtigt kann der Einwand anerkannt werden, daß die bisherige Fassung des § 3, betreffend festhaftende Bezeichnungen, in manchen Geschäften zu Schwierigkeiten führen könnte. Um diesem Einwand zu begegnen, und um zugleich den infolge einiger Gerichtsurteile entstandenen Bedenken gegen die im § 8 der Grundzüge erfolgte Erwähnung des Deutschen Arzneibuches Rechnung zu tragen, will ich den Grundzügen in folgenden Punkten eine etwas veränderte Fassung geben:

a. im § 3 Abs. 2 der Grundzüge ist hinter den Worten „zu versehen“ der Satz einzufügen: „Als festhaftende Bezeichnungen genügen für Ballons und ähnliche Gefäße auch sicher mit dem Aufnahmebehältnis verbundene Anhängeschilder.“

b. der § 8 der Grundzüge erhält folgende Fassung: „Die vorhan-

---

[1]) Die jetzt folgenden Änderungen der Revisionsanweisung sind beim Abdruck dieser (Teil V Abschnitt 1) berücksichtigt.

[2]) S. S. 64.

denen Arzneimittel müssen echt, zum bestimmungsmäßigen Gebrauch geeignet, nicht verdorben und nicht verunreinigt sein.“

Von einer weiteren Änderung der Grundsätze muß abgesehen werden . . .[1])

Euere Hochgeboren (Hochwohlgeboren) ersuche ich ergebenst, die auf Grund der Grundzüge seinerzeit erlassene Polizeiverordnung hinsichtlich der §§ 3 und 8 entsprechend abzuändern und das noch sonst Erforderliche anzuordnen.

Grundzüge über die Regelung des Verkehrs mit Arzneimitteln außerhalb der Apotheken.[2])

1. Wer den Verkauf von Arzneimitteln außerhalb der Apotheken betreiben will, hat in Zukunft zugleich mit der durch § 35 Abs. 1 der RGewO. vorgeschriebenen Anzeige einen Lageplan und eine genaue Angabe der Betriebsräume einschließlich des Geschäftszimmers zu den Akten der Ortspolizeibehörde einzureichen.

Auch die Aufstellung von sog. Drogenschränken ist genau anzugeben.

Andere als die bezeichneten Räume dürfen weder als Betriebs- noch als Vorrats- oder Arbeitsräume benutzt werden. In den Räumen dürfen, abgesehen von Warenproben, nur Waren vorhanden sein, die feilgehalten werden.

2. Sämtliche Betriebsräume müssen geräumig, während der Benützung genügend erhellt sein und ebenso wie die Behälter für Arzneimittel stets ordentlich und sauber gehalten werden.

3. Die Vorräte von Arzneimitteln müssen sich in dichten festen Behältern befinden, die mit festen, gut schließenden Deckeln oder Stöpseln versehen sind, oder, soweit sie Schiebladen darstellen, von festen Füllungen umgeben sind oder dichtschließende Deckel besitzen.

Die Behälter sind mit fest an ihnen haftenden lateinischen und deutschen Bezeichnungen, in gleicher Schriftgröße, die dem Inhalt entsprechen, in haltbarer schwarzer Schrift auf weißem Grunde zu versehen. Als festhaftende Bezeichnungen genügen für Ballons und ähnliche Gefäße auch sicher mit dem Aufnahmebehältnis verbundene Anhängeschilder. Bezeichnungen in anderen Sprachen sind unzulässig. Zur Herstellung der Bezeichnungen kann, sofern

---

[1]) Die jetzt folgenden Sätze beziehen sich auf die Besichtigung der Drogenhandlungen. Sie sind in Teil V Abschnitt 1 wiedergegeben.

[2]) Die Grundzüge sind hier in der Fassung wiedergegeben, die sie durch die beiden Min.-Erl. vom 13. Januar 1910 und 17. Oktober 1912 erhalten haben. Gesetzliche Kraft besitzen die Grundzüge an sich nicht. Ihr Inhalt ist aber, zum Teil mit gewissen Abweichungen, in allen preußischen Regierungsbezirken mit Ausnahme von Sigmaringen durch entsprechende Polizeiverordnungen als Gesetzesnorm eingeführt. Letztere sind auf S. 69 bis 86 abgedruckt. Erläuterung der einzelnen Bestimmungen s. S. 63 ff.

es die bisher bestehenden Polizeiverordnungen schon gestatteten, bereits vorhandenen Handlungen eine Übergangszeit bis zum 31. Dezember 1912 gewährt werden; neue Einrichtungen sind dagegen den Bezeichnungsvorschriften sogleich unterworfen.

Arzneimittel, die lediglich für den Gebrauch in der Tierbehandlung als Heilmittel dem freien Verkehr überlassen sind, müssen auf den Vorratsbehältern und Abgabegefäßen oder -Umhüllungen über oder unter der sonstigen Aufschrift mit dem deutlich lesbaren Vermerk „Tierheilmittel“ versehen sein.

4. Die Behälter sind im Verkaufsraume wie in den Vorratsräumen nach dem lateinischen Alphabet in Gruppen, die der Art der Behälter entsprechen, übersichtlich einreihig und von anderen Waren getrennt zu ordnen.

5. Arzneimittel, die gleichzeitig als Nahrungs- oder Genußmittel dienen oder technische Verwendung finden, brauchen, wenn dieser Verwendungszweck überwiegt, nicht wie Arzneimittel bezeichnet und diesen nicht eingereiht zu werden.

6. Verschiedene Arzneimittel in einem Behälter aufzubewahren, ist verboten. Dagegen darf dasselbe Arzneimittel in ganzer, zerkleinerter oder gepulverter Ware in gesonderten Fächern desselben Behälters aufbewahrt werden, und zwar auch in abgeteilten Mengen, falls die Ware in besondere Umhüllungen oder in bezeichnete Papierbeutel eingeschlossen ist.

7. Auf den Umhüllungen oder Gefäßen, in denen die Abgabe von Arzneimitteln erfolgt, ist spätestens bei der Abgabe der deutsche Name des darin abgegebenen Arzneimittels deutlich zu verzeichnen. Werden Arzneimittel in abgefaßter Form vorrätig gehalten, so müssen sie übersichtlich geordnet, ohne daß jedoch einreihige Aufstellung erforderlich ist, und vor Staub geschützt aufbewahrt werden und auf jedem einzelnen Gefäß oder jeder sonstigen Packung die deutliche deutsche Aufschrift des Inhalts tragen.

8. Die vorhandenen Arzneimittel müssen echt, zum bestimmungsmäßigen Gebrauch geeignet, nicht verdorben und nicht verunreinigt sein.

9. Den Besichtigungsbevollmächtigten steht das Recht der Probeentnahme von Waren zu.

10. Auf Geschäfte, die ausschließlich Großhandel betreiben, finden die vorstehenden Vorschriften keine Anwendung.

11. Unberührt bleiben die Vorschriften der Landespolizeiverordnung vom 22. Februar 1896, betreffend den Handel mit Giften (Med. Min. Bl. S. 115).

Erläuterung der Grundzüge.

Zu Ziffer 1.

Die erforderliche Anzeige ist bei der Ortspolizeibehörde des Wohnorts zu erstatten (s. S. 8).

Die Polizeiverordnungen, welche den Drogisten vorschreiben, bei der Geschäftseröffnung einen Lageplan einzureichen, gelten nur für Drogenhandlungen, welche erst nach Inkrafttreten jener Verordnungen eröffnet worden sind (KG. 30. Juni 1904, Ph.Ztg. 1904 Nr. 54). Der Lageplan braucht nicht kunstgerecht hergestellt zu sein, eine einfache aber klare und übersichtliche Handskizze dürfte genügen.

Die Aufbewahrung von Arzneimitteln in einem Schlafzimmer, das der Polizeibehörde nicht als Aufbewahrungsraum für Arzneimittel angemeldet ist, verstößt gegen § 1 Abs. 3 der Betriebsvorschriften (KG. 15. Oktober 1908, Ph.Ztg. 1908 Nr. 88).

Die Arzneiniederlagen von Krankenkassen fallen nicht unter die Polizeiverordnungen über die Regelung des Verkehrs mit Arzneimitteln außerhalb der Apotheken, unterliegen also auch nicht den in letzteren gegebenen Bestimmungen über die Aufbewahrung und Signierung der Arzneimittel. Diese Polizeiverordnungen gelten nur für Gewerbetreibende, nicht aber für Krankenkassen usw. (KG. 23. Dezember 1907, Ph.Ztg. 1908 Nr. 4).

Die Bestimmung des letzten Satzes, daß in den Räumen nur Waren vorhanden sein dürfen, die feilgehalten werden, erscheint hinsichtlich ihrer Rechtsgültigkeit nicht bedenkenfrei. Die dagegen erhobenen Bedenken sucht nachstehende Min.-Vf. vom 28. April 1910 zu widerlegen:

Mein Erlaß vom 13. Januar d. J. bzw. die demselben beigefügten Grundzüge über die Regelung des Verkehrs mit Arzneimitteln außerhalb der Apotheken stehen nicht im Widerspruche mit der Kaiserlichen Verordnung, betreffend den Verkehr mit Arzneimitteln, vom 22. Oktober 1901. Auch enthalten sie kein Verbot der Fabrikation von Waren, zu denen Stoffe gebraucht werden, deren Feilhalten außerhalb der Apotheken verboten ist. Nur dürfen derartige Stoffe künftig nicht vorrätig gehalten, sondern müssen alsbald bei Bezug zu den fraglichen freigegebenen Waren verarbeitet werden. Übrigens handelt es sich bei den in Betracht kommenden Stoffen überhaupt nur um einige wenige.

Ferner befaßte sich folgender an die Regierungspräsidenten gerichteter Min.-Erl. vom 12. Juli 1910 mit dieser Bestimmung:

Die durch meinen Erlaß vom 13. Januar d. J. bekannt gegebenen abgeänderten „Grundzüge über die Regelung des Verkehrs mit Arzneimitteln außerhalb der Apotheken" enthalten unter Nr. 1 Abs. 3 Satz 2 die Vorschrift, daß in den Räumen der Drogenhandlungen, abgesehen von Warenproben, nur Waren vorhanden sein dürfen, die feilgehalten werden. Der Zweck dieser Bestimmung ist der, die oft vorgebrachte und schwer zu widerlegende Ausrede der Drogenhändler unmöglich zu machen, daß vorrätig gefundene, nicht dem freien Verkehr überlassene Waren nur zum eigenen Gebrauch oder zur Herstellung von kosmetischen Mitteln, technischen Artikeln oder dgl. bestimmt seien, nicht aber feilgehalten oder verkauft würden.

Gegen diese neue Vorschrift ist von seiten der Drogisten sowohl in ihrer Fachpresse, wie auch in mündlichen und schriftlichen Vorstellungen, lebhafter Einspruch erhoben worden. Soweit sich die Einwendungen darauf erstrecken, daß die Vorschrift, die den Drogisten durch die Kaiserliche Verordnung, betreffend den Verkehr mit Arzneimitteln, vom 22. Oktober 1901 gegebenen Betriebsrechte einschränke, sind sie unzutreffend, da eine solche Einschränkung tatsächlich nicht stattfindet, vielmehr die Bestimmungen der Kaiserlichen Verordnung vollinhaltlich bestehen bleiben. Von geringer Bedeutung ist auch die Klage, daß die neue Vorschrift das Halten von Reagenzien zur Untersuchung von Waren in den Drogenhandlungen erschwere. Abgesehen davon, daß die Untersuchung von Waren mit Hilfe chemischer Reagenzien in den Drogenhandlungen eine Ausnahme bilden dürfte, kommen Arzneimittel des Verzeichnisses B der Kaiserlichen Verordnung — und nur für diese ist das Feilhalten und der Verkauf außer für den Großhandel usw. allgemein untersagt — als

Reagenzien so gut wie gar nicht in Betracht. Dagegen liegt eine gewisse Erschwerung des Betriebes der Drogenhandlungen allerdings insofern vor, als künftig Mittel des Verzeichnisses B, die zur Herstellung erlaubter Mittel dienen — wie z. B. Resorzin, Chinin zu Haarwässern, Acidum lacticum zu Hühneraugenmitteln, Salol für Mundwässer, Chloroform und Kalium jodatum zu technischen Zwecken —, als solche nicht mehr vorrätig gehalten werden dürfen, weil sie sonst als feilgehalten anzusehen sind, vielmehr für die Herstellung der erlaubten Präparate von Fall zu Fall beschafft und sofort verbraucht werden müssen.

Es wäre mir erwünscht, zu erfahren, ob nach den dort hinsichtlich des Drogenhandels vorliegenden Erfahrungen die gekennzeichneten Erschwerungen im Drogengeschäftsbetrieb als so bedeutend anzusehen sind, daß sie einen Verzicht auf die neue Vorschrift und den unleugbar sehr großen Gewinn, den diese für die Beseitigung nicht freigegebener, fraglos sehr oft vorschriftswidrig abgegebener Mittel aus den Drogenhandlungen zur Folge haben wird, etwa als notwendig oder auch nur als angezeigt erscheinen lassen.

Die auf diese Verfügung erstatteten Berichte haben, wie der Min.-Erl. vom 17. Oktober 1912 (s. S. 61) besagt, sich übereinstimmend gegen eine Änderung der Grundzüge in diesem Punkte ausgesprochen, und zwar aus Zweckmäßigkeitsgründen. Doch scheint aus rechtlichen Gründen die Bestimmung kaum haltbar. Da die KaisV. über den Verkehr mit Arzneimitteln die Drogisten ermächtigt, bei der Herstellung freigegebener Zubereitungen auch Stoffe zu verwenden, die sie als solche in unverarbeitetem Zustande nicht feilhalten und verkaufen dürfen, und da die Herstellung derartiger Zubereitungen nicht auf Vorrat zu geschehen braucht, sondern auch jederzeit im Bedarfsfall erfolgen darf, so kann die Landesgesetzgebung den Drogisten die mit einem Feilhalten nicht verbundene Aufbewahrung solcher Stoffe, die sie zu erlaubten Zwecken benutzen wollen, in ihren Vorratsräumen nicht unmöglich machen. Das tut aber die Bestimmung des letzten Absatzes der Ziffer 1. Das Feilhalten zum Zwecke des Großhandels berührt oder hindert die Bestimmung nicht, da dieses reichsgesetzlich freigegeben ist.

Zu Ziffer 2.

Die Polizeiverordnungen, welche vorschreiben, daß die Geschäftsräume in Drogenhandlungen sauber gehalten werden, sind rechtsgültig. Zuwiderhandlungen dagegen können jederzeit bestraft werden. Instruktionelle Anweisungen des Ministers, welche bei erstmaligen Übertretungen nur eine Verwarnung der Betreffenden empfehlen, sind für den Richter nicht bindend (KG. 14. August 1908, Ph.Ztg. 1908 Nr. 69).

Wegen Unsauberkeit und Unordnung in den Geschäftsräumen kann ein Drogist rechtsgültig auf Grund des § 2 der Betriebsverordnungen verurteilt werden (KG. 5. Dezember 1912, Ph.Ztg. 1912 Nr. 101).

Zu Ziffer 3.

Unter „Behältern" im Sinne der Ziffer 3 können nur solche Gefäße (Standgefäße) und Kasten verstanden werden, die dauernd in den Verkaufsräumen verbleiben und zur gewöhnlichen Aufbewahrung der Arzneimittel dienen, und aus denen dem Publikum auf Verlangen die Arzneimittel verabfolgt werden (LG. Naumburg a. S. 6. Februar 1907, Ph.Ztg. 1907 Nr. 32).

Zur Erläuterung der Bestimmung über die Doppelsignierung bemerkte der Regierungspräsident in Breslau in einer Verfügung vom 7. Mai 1903,

daß erstens auf den Behältnissen der nicht zu den Giften zählenden Arzneimittel die lateinische Bezeichnung obligatorisch ist und, da gemäß § 4 der Polizeiverordnung die Behältnisse nach dem Alphabet der lateinischen Bezeichnungen aufzustellen sind, auch an erster Stelle angebracht sein muß; daß zweitens dem Sinne der Bestimmung des § 3 der Polizeiverordnung entsprechend es nicht zulässig ist, die deutsche Bezeichnung auf der Rückseite des Behältnisses anzubringen.

Der Minister der Med. Angeleg. hat sich in einem Bescheide vom 3. Februar 1904 mit dieser Auffassung des Regierungs-Präsidenten einverstanden erklärt.

Über die Art, wie die durch die Einführung der Doppelbezeichnung vielfach erforderliche Umsignierung der Standgefäße ausgeführt werden kann, äußerte sich der Regierungspräsident in Danzig in einer Verfügung vom Jahre 1905 folgendermaßen:

Zur Herstellung der deutschen Bezeichnungen neben den lateinischen bedarf es nicht des Einbrennens der Schrift, sondern es ist vollkommen ausreichend, wenn zur Hinzufügung der deutschen Bezeichnungen auf den jetzt vorhandenen Standgefäßen eine anderweit haltbare Beschilderung gewählt wird.

Die gleiche Ansicht sprach auch ein Bescheid des Regierungspräsidenten in Koblenz vom Januar 1907 aus. Eine Änderung der Bestimmungen der „Grundzüge" über die Doppelsignierung hat der Minister der Med. Angeleg. unter dem 6. Juni 1904 abgelehnt.

Ferner ergingen hierüber folgende Urteile:

Die preußischen Polizeiverordnungen, welche die doppelte Signierung für die Arzneimittel-Standgefäße in Drogenhandlungen vorschreiben, sind rechtsgültig und stehen mit der GewO. nicht in Widerspruch (KG. 15. Juni 1908, Ph.Ztg. 1908 Nr. 50).

Übermangansaures Kali und doppeltkohlensaures Natron gehören jedenfalls zu den Arzneimitteln. Deren Standgefäße müssen also nach den geltenden Bestimmungen mit doppelter Aufschrift in deutscher und lateinischer Sprache versehen sein (KG. 11. Mai 1908, Ph.Ztg. 1908 Nr. 40).

Auch Ballons mit Säuren und destilliertem Wasser, die im Keller einer Drogenhandlung lagern, müssen ausreichend signiert sein (KG. 6. September 1907, Ph.Ztg. 1907 Nr. 74).

Auch in Drogenschränken müssen die Aufbewahrungsgefäße der Arzneimittel in der vorgeschriebenen Art signiert sein (LG. Liegnitz März 1908, Ph.Ztg. 1908 Nr. 26).

Wie die Übergangsfristen für die Herstellung der Doppelsignierung im einzelnen Falle bemessen sind, beurteilt sich lediglich nach der in dem betreffenden Regierungsbezirk erlassenen Polizeiverordnung. Die meisten jetzt geltenden Verordnungen haben, wie aus der folgenden Zusammenstellung ersichtlich, eine Übergangsfrist nicht festgesetzt.

Die lediglich für den Gebrauch in der Tierheilkunde freigegebenen Arzneimittel sind laut KaisV. vom 22. Oktober 1901, Verzeichnis A. Nr. 5 und 10, folgende: 1. Mischungen von Ätherweingeist, Kampferspiritus, Seifenspiritus, Salmiakgeist und Spanischpfeffertinktur oder von einzelnen dieser fünf Flüssigkeiten untereinander, 2. Bleisalbe, 3. Borsalbe, 4. Terpentinsalbe, 5. Zinksalbe.

Auch bei abgefaßten Tierheilmitteln muß die Bezeichnung Tierheilmittel an denjenigen Gefäßen angebracht sein, in denen die betreffenden Mittel zur Abgabe an das Publikum gebrauchsfertig bereit gehalten werden (KG. 30. Mai 1907 und 3. Oktober 1907, Ph.Ztg. 1907 Nr. 45 und 82).

Wenn Borsalbe in Drogenhandlungen nicht als Tierheilmittel, sondern nur als Kosmetikum feilgehalten und verkauft wird, so brauchen die Standgefäße die Bezeichnung „Tierheilmittel" nicht tragen. Jene Forderung gilt nur für solche Borsalbe, die als Tierheilmittel dienen soll (KG. 7. Januar 1909).

Zu Ziffer 4.

Die Bestimmung über die alphabetische, gruppenweise und einreihige Aufstellung bezieht sich nur auf Standgefäße bzw. Vorratsbehälter, nicht auf abgefaßte Arzneimittel. Für diese sind in Ziffer 7 Sonderbestimmungen getroffen (s. die dort angeführten Urteile).

Zu Ziffer 5.

Die Polizeiverordnungen über den Betrieb in Drogenhandlungen beziehen sich nur auf Arzneimittel, nicht aber auf Stoffe, welche lediglich zu technischen Zwecken bestimmt sind (KG. 19. August 1912, Ph.Ztg. 1912 Nr. 70).

Zu Ziffer 6.

Die Aufbewahrung verschiedenartiger Drogen in einem nur durch Holzwände in einzelne Fächer getrennten Kasten mit gemeinsamen Deckel widerspricht den geltenden Vorschriften. Denn der in einiger Entfernung darüber liegende, gemeinschaftliche Deckel schließt die einzelnen Fächer nicht dicht ab und ist auch nicht auf dem einzelnen Behälter fest (KG. 20. März 1905, Ph. Ztg. 1905 Nr. 24).

Zu Ziffer 7.

Die Anbringung von Phantasienamen neben der vorschriftsmäßigen deutschen Inhaltsangabe auf abgefaßten Handverkaufsartikeln in Drogenhandlungen ist durch die geltenden Polizeiverordnungen nicht verboten (KG. 8. Mai 1911, Ph.Ztg. 1911 Nr. 40).

Auf den Packungen und Gefäßen abgefaßter Arzneimittel in Drogenhandlungen muß die Beschaffenheit und Natur der Mittel offenbart werden. Nicht zu beanstanden sind daneben Phantasienamen, welche die Gebrauchsweise der Mittel, die Namen der Erfinder, Verbreiter, den Herstellungsort, die Wirkung angeben; auch reine Phantasienamen sind daneben zulässig. Unbedingt ist eine deutliche deutsche Aufschrift nötig. Phantasienamen können auch in dem Falle nicht beanstandet werden, wenn sie allgemein im Publikum bekannt sind (KG. 2. November 1911, Med.-A. 1911, S. 534).

Die Bezeichnungen Maxyd und Gehöröl geben nicht den Inhalt des Mittels deutlich an, sind daher nach den Betriebsordnungen als unzulässige Bezeichnungen für Drogengeschäfte anzusehen (KG. 22. Februar 1912, Ph.Ztg. 1912 Nr. 23).

Abgefaßte Arzneimittel brauchen in Drogenhandlungen nach den für diese geltenden Betriebsvorschriften nicht nach dem Alphabet der lateinischen Bezeichnungen geordnet und nicht in bezeichneten Schiebladen oder sonstigen Behältern aufbewahrt werden (KG. 11. März 1912, Med.-A. 1912 S. 230). Auch doppelte Signierung, wie bei den Standgefäßen (Ziffer 3) wird bei abgefaßten Arzneimitteln nicht gefordert (KG. 28. Juni 1909, Ph.Ztg. 1909 Nr. 55, KG. 22. Juni 1908, Ph.Ztg. 1908 Nr. 55).

Zu Ziffer 8.

Mit der Verwendung von vergälltem (denaturiertem) Branntwein, sowie Methylalkohol und methylalkoholhaltigen Präparaten zur Herstellung von Heilmitteln befassen sich folgende drei Erlasse:

Min.-Erl. vom 20. Juni 1905.

In den Preislisten mehrerer Großdrogenhandlungen findet sich in neuerer Zeit bei zahlreichen weingeisthaltigen Arzneimitteln der Zusatz „hergestellt aus Spiritus mit Holzgeist denaturiert“. Obgleich die Verwendung solcher Fabrikate für Heilzwecke unzulässig ist, so besteht doch die Möglichkeit, daß dieselben in einzelnen Fällen in Apotheken Eingang finden.

Euer usw. wollen die im dortigen Bezirk mit der amtlichen Besichtigung der Apotheken betraute Kommission anweisen, die in Frage kommenden Arzneimittel bei den regelmäßigen Besichtigungen der Apotheken der Prüfung auf einen Gehalt an dem als Denaturierungsmittel verwandten azetonhaltigen Holzgeist zu unterwerfen . . .

Durch Azeton oder Holzgeist verunreinigte und damit für Heilzwecke nicht geeignete Arzneimittel, welche in Apotheken oder Apothekerwarenhandlungen vorgefunden werden, sind aus dem Verkehr zu ziehen und die betreffenden Geschäftsvorstände unter Androhung weiterer Maßnahmen auf das Strafbare des Verkaufs derartig verfälschter Heilmittel hinzuweisen.

Min.-Erl. vom 13. Februar 1906.

In den durch Runderlaß vom 22. Dezember 1902 mitgeteilten Grundzügen über die Regelung des Verkehrs mit Arzneimitteln außerhalb der Apotheken ist unter Nr. 8 bestimmt, daß die vorhandenen Arzneimittel echt und zum Gebrauche für Menschen und Tiere geeignet, sowie weder verdorben noch verunreinigt sein dürfen. Ferner ist in dem Erlasse vom 20. Juni 1905 hingewiesen, daß es strafbar ist, Heilmittel, welche durch Verwendung von mit Holzgeist denaturiertem Spiritus hergestellt sind, in den Verkehr zu bringen.

Eine bezügliche Anfrage gibt mir jetzt Veranlassung, nach Anhören der Wissenschaftlichen Deputation für das Medizinalwesen noch besonders darauf hinzuweisen, daß mit denaturiertem Branntwein hergestellte Heilmittel, auch wenn sie nur zu äußerlichem Gebrauche bestimmt sind, als echt und zum Gebrauch geeignet, nicht anzusehen sind. Sie dürfen daher außerhalb der Apotheken ebensowenig wie innerhalb derselben abgegeben werden.

Min.-Erl. vom 12. Mai 1911.

Im Anschluß an den Erlaß vom 13. Februar 1906 weise ich darauf hin, daß auch mit Methylalkohol und methylalkoholhaltigen Präparaten (Spritol, Spiritogen usw.) hergestellte Heilmittel, selbst wenn sie nur zum äußerlichen Gebrauche bestimmt sind, als echt im Sinne der Ziffer 8 der „Grundzüge über die Regelung des Verkehrs mit Arzneimitteln außerhalb der Apotheken“ und zum Gebrauche geeignet nicht anzusehen sind. Sie dürfen daher außerhalb der Apotheken ebensowenig wie in diesen selbst abgegeben werden.

In dieser Hinsicht enthält jetzt das Gesetz betr. die Beseitigung des Branntweinkontingents vom 14. Juni 1912 (s. Teil IV Abschnitt 5) ein ausdrückliches Verbot mit strenger Strafandrohung. Schon vorher hatte aber das KG. entschieden, daß mit Holzgeist-Spiritus bereitete Heilmittel nicht als „echt und zum Gebrauche geeignet“ im Sinne der Polizeiverordnungen über die Regelung des Verkehrs mit Arzneimitteln außerhalb der Apotheken angesehen werden können. (KG. 16. September 1907, 2. Januar 1908, 3. Juni 1909, Ph.Ztg. 1907 Nr. 78, 1908 Nr. 5, 1909 Nr. 47).

Des weiteren ergingen zu Ziffer 8 folgende Urteile:

Für die Echtheit eines Arzneimittels ist nicht das Arzneibuch maßgebend, für die Echtheit ist entscheidend, was im redlichen Geschäftsverkehr außerhalb der Apotheken und von der pharmakologischen Wissenschaft als echt erachtet wird (KG. 4. Juli 1912, Ph.Ztg. 1912, Nr. 57).

Wird ein Arzneimittel unter einem in den medizinalpolizeilichen Vorschriften enthaltenen oder in der Wissenschaft oder im Handel bekannten Namen feilgehalten, so muß es dementsprechend zubereitet und zusammengesetzt sein, wenn auch diesem Namen eine Phantasiebezeichnung hinzugefügt ist. Ob ein Mittel „echt“ ist und ob es mit Recht unter einem bekannten Namen feilgehalten wird, ist nach den Anschauungen des Verkehrs zu beurteilen. (KG. 27. November 1911, Med.-A. 1912 S. 227).

Zu den Arzneimitteln im Sinne der Betriebsvorschriften für Drogenhandlungen gehören auch Mittel, welche zur Vorbeugung und Verhütung von Krankheiten, zur Desinfektion usw. dienen. Eine dem Originalpräparat nicht entsprechende Romershausens Augenessenz ist als unecht anzusehen (KG. 12. Juli 1909, Ph. Ztg. 1909 Nr. 57).

Die Verabfolgung eines in der Hauptsache aus Mohnöl bestehenden sog. Mandelöles in einer Drogenhandlung verstößt gegen die Forderung der Echtheit der in Drogenhandlungen vorhandenen Arzneimittel (KG. 29. September 1910, Ph.Ztg. 1910 Nr. 81).

Die Polizeiverordnungen, welche vorschreiben, daß die Arzneimittel in Drogenhandlungen echt sein sollen, sind rechtsgültig. Wenn sich in einem Gefäß etwas anderes befindet, als auf der Signatur angegeben ist (Kienöl und Alaunlösung statt Terpentinöl und essigsaurer Tonerde), so handelt es sich um unechte Arzneimittel (KG. 23. Januar 1913, Ph.Ztg. 1913 Nr. 11).

Zu Ziffer 9.

Für die entnommenen Proben ist, wie das auch das Nahrungsmittelgesetz in § 2 für die Nahrungsmittelkontrolle und das Weingesetz in § 22 für die Weinrevisionen bestimmt (s. Teil IV Abschnitt 5), Entschädigung in Höhe des üblichen Kaufpreises zu leisten. In den früheren Grundzügen vom 22. Dezember 1902 war die Probeentnahme „ohne Entschädigung" zugelassen. Die Worte „ohne Entschädigung" sind aber gestrichen worden.

Zu Ziffer 10.

In der Bestimmung in Ziffer 10 bemerkt der schon auf S. 64 erwähnte Min.-Erl. vom 12. Juli 1910 folgendes:

Ferner richten sich die Vorstellungen der Drogenhändler gegen die Bestimmung unter Nr. 10 der Grundzüge, daß diese auf Geschäfte, die „ausschließlich Großhandel" betreiben, keine Anwendung finden. Die Drogenhändler wünschen die Streichung des Wortes „ausschließlich". Da viele Drogengeschäfte neben einem umfangreichen Kleinhandel mit Drogen im allgemeinen angeblich auch Großhandel mit einzelnen Fabrikaten, besonders kosmetischen Mitteln, treiben, dürfte die Erfüllung dieses Wunsches bedenklich sein.

Zu Ziffer 11.

Die Bezeichnung der Gefäße für die zu den Giften zählenden Arzneimittel richtet sich ausschließlich nach den Bestimmungen in § 4 der PV. über den Handel mit Giften vom 22. Februar 1906 (s. S. 87).

Die nach dem Muster der „Grundzüge" in den einzelnen Regierungsbezirken erlassenen Polizeiverordnungen, welche die eigentlichen Rechtsnormen bilden, lauten folgendermaßen:

Polizeiverordnungen, betr. die Regelung des Verkehrs mit Arzneimitteln außerhalb der Apotheken.

Regierungsbezirk Königsberg.

PV. vom 7. April 1910 und 29. Dezember 1912
(ABl. 1910 S. 139 und 1913 S. 10).

(§§ 1—11 mit Ausnahme von § 3 Abs. 2 wie die Grundzüge.)

§ 3 Abs. 2. Die Behälter sind mit fest an ihnen haftenden lateinischen und deutschen Bezeichnungen in gleicher Schriftgröße, die dem Inhalt entsprechen, in haltbarer schwarzer Schrift auf weißem Grunde zu versehen, und zwar in bestehenden Handlungen bis zum 31. Dezember 1912, in neu eingerichteten sofort. Als festhaftende Bezeichnungen genügen für Ballons und ähnliche Gefäße auch sicher mit dem Aufnahmebehältnis verbundene Anhängeschilder. Bezeichnungen in anderen Sprachen sind unzulässig.

§ 12. Übertretungen dieser Polizeiverordnung werden, soweit nicht sonstige weitergehende Strafbestimmungen Platz greifen, mit Geldstrafe bis zu 60 Mark oder im Unvermögensfalle mit entsprechender Haft geahndet.

§ 13. Diese Polizeiverordnung tritt mit dem Tage ihrer Verkündigung in Kraft unter gleichzeitiger Aufhebung der bisher über diesen Gegenstand bestehenden Polizeiverordnung vom 5. Februar 1903 (ABl. Stück 9 S. 58 Nr. 134).

Regierungsbezirk Gumbinnen.

PV. vom 5. April 1910, 1. April 1911 und 30. November 1912 (ABl. 1910 S. 186, 1911 S. 131 und 1912 S. 420).

(§§ 1—11 wie die Grundzüge, nur § 3, Abs. 2, Satz 4, betreffend Übergangszeit fehlt.)

§ 11a. Zuwiderhandlungen gegen die vorstehenden Bestimmungen werden, soweit nicht nach den bestehenden Gesetzen eine höhere Strafe vorgesehen ist, mit Geldstrafe bis zu 60 Mark oder im Unvermögensfalle mit entsprechender Haft bestraft[1]).

§ 12. Vorstehende Polizeiverordnung tritt am 1. Mai d. J. in Kraft. Mit demselben Tage wird die Polizeiverordnung vom 5. Mai 1903 (ABl. 1903 S. 167) außer Kraft gesetzt.

Regierungsbezirk Allenstein.

PV. vom 17. Mai 1910 und 5. Dezember 1912 (ABl. 1910 S. 188 und 1912 S. 321).

(§§ 1—11 wie die Grundzüge, nur § 3 Abs. 2 Satz 4, betreffend Übergangszeit fehlt.)

§ 12. Zuwiderhandlungen gegen die vorstehenden Bestimmungen werden, soweit nicht nach den bestehenden Gesetzen (§ 367,5 des Reichsstrafgesetzbuchs) eine höhere Strafe verwirkt ist, mit Geldstrafe bis zu 60 Mark, an deren Stelle im Unvermögensfalle entsprechende Haft tritt, bestraft.

§ 13. Diese Polizeiverordnung tritt 3 Monate nach ihrer Verkündigung in Kraft. Mit dem gleichen Zeitpunkte werden die Polizeiverordnungen der Regierungspräsidenten in Gumbinnen vom 5. Mai 1903 (ABl. S. 167) und in Königsberg vom 5. Februar 1903 (ABl. S. 58) für den hiesigen Regierungsbezirk aufgehoben.

---

[1]) Die Strafbestimmung ist in materiell gleicher Form auch in § 3 der PV. vom 30. November 1912 enthalten.

Regierungsbezirk Danzig.

PV. vom 9. April 1910 und 11. Dezember 1912
(ABl. 1910 S. 166 und 1912 S. 425 und 440).

(§§ 1—11 wie die Grundzüge, nur § 3 Abs. 2 Satz 4, betreffend Übergangszeit fehlt.)

§ 12. Zuwiderhandlungen gegen diese Verordnung werden mit Geldstrafe bis zu 60 Mark, im Unvermögensfalle mit entsprechender Haft bestraft.

§ 13. Diese Polizeiverordnung tritt mit dem Tage der Veröffentlichung in Kraft; die Polizeiverordnung vom 22. Mai 1903 (ABl. S. 254) tritt mit diesem Tage außer Kraft.

Regierungsbezirk Marienwerder.

PV. vom 25. Januar 1913 (ABl. 1913 S. 43).

(§§ 1—11 wie die Grundzüge, nur § 3 Abs. 2 Satz 4, betreffend Übergangszeit fehlt.)

§ 12. Zuwiderhandlungen gegen die vorstehenden Vorschriften werden, sofern nicht in den bestehenden Gesetzen eine höhere Strafe vorgesehen ist, mit Geldstrafe bis zu 60 Mark, anderen Stelle im Unvermögensfalle eine entsprechende Haftstrafe tritt, bestraft.

§ 13. Diese Polizeiverordnung tritt mit dem Tage der Veröffentlichung in Kraft. Die Polizeiverordnung vom 24. März 1910 (ABl. für 1910 S. 166ff.) wird aufgehoben.

Landespolizeibezirk Berlin.[1])

PV. vom 3. Januar 1913 (ABl. 1913 S. 10).

(§§ 1—11 wie die Grundzüge, nur § 3 Abs. 2 Satz 4, betreffend Übergangszeit fehlt.)

§ 12. Zuwiderhandlungen gegen diese Polizeiverordnung werden mit Geldstrafe bis zu 60 Mark oder mit entsprechender Haft bestraft, soweit in den bestehenden Gesetzen nicht eine höhere Strafe vorgesehen ist.

§ 13. Diese Polizeiverordnung tritt mit dem Tage der Verkündung in Kraft. Zu gleicher Zeit wird die Polizeiverordnung vom 30. April 1904 (ABl. Potsdam S. 192) außer Kraft gesetzt.

Regierungsbezirk Potsdam.[2])

PV. vom 21. Februar 1910 und 14. November 1912
(ABl. 1910 S. 95 und 1912 S. 735).

(§§ 1—11 wie die Grundzüge, nur § 3 Abs. 2 Satz 4, betreffend Übergangszeit fehlt).

---

[1]) D. h. die Stadtkreise bzw. Gemeindebezirke Berlin, Charlottenburg, Schöneberg, Neukölln, Wilmersdorf, Lichtenberg und Stralau (Ges. vom 13. Juni 1900, 27. März 1907, 7. März 1908 und 23. Juni 1909).

[2]) Mit Ausnahme des Landespolizeibezirks Berlin.

§ 12. Diese Verordnung tritt mit dem Tage der Bekanntmachung im Amtsblatt in Kraft. Die Verordnung vom 13. Februar 1903 (ABl. S. 177/179) wird gleichzeitig aufgehoben.

§ 13. Zuwiderhandlungen gegen diese Verordnung werden, soweit nicht nach den bestehenden Gesetzen eine höhere Strafe verwirkt ist, mit Geldstrafe bis zu 60 Mark, an deren Stelle im Unvermögensfalle eine entsprechende Haftstrafe tritt, bestraft.

Regierungsbezirk Frankfurt a. O.

PV. vom 2. März 1910 und 23. November 1912
(ABl. 1910 S. 54und 1912 S. 404).

(§§ 1—11 wie die Grundzüge.)

§ 12. Zuwiderhandlungen gegen diese Verordnung werden, soweit nicht nach den bestehenden gesetzlichen Bestimmungen eine höhere Strafe verwirkt ist, mit einer Geldstrafe bis zu 60 Mark, im Falle des Unvermögens mit entsprechender Haft bestraft.

§ 13. Diese Polizeiverordnung tritt an Stelle der Polizeiverordnung betreffend den Verkehr mit Arzneimitteln außerhalb der Apotheken vom 2. März 1903 (ABl. Stück 10 S. 63 u. ff.) mit dem Tage der Verkündigung in Kraft.

Regierungsbezirk Stettin.

PV. vom 14. Juni 1910 und 11. Dezember 1912
(ABl. 1910 S. 270 und 1912 S. 1).

Auf Grund der §§ 6, 12 und 15 des Gesetzes über die Polizeiverwaltung vom 11. März 1850, sowie des § 137 des Gesetzes über die allgemeine Landesverwaltung vom 30. Juli 1883 wird mit Zustimmung des Bezirksausschusses unter Aufhebung der Polizeiverordnung vom 4. Mai 1903 für den Umfang des Regierungsbezirks Stettin folgendes verordnet:

(§§ 1—8 mit Ausnahme von § 3 Abs. 2 Satz 4 wie die Grundzüge.)

§ 3 Abs. 2 Satz 4. Zur Herstellung der Bezeichnungen wird bereits vorhandenen Handlungen eine Übergangszeit bis zum 31. Dezember 1912 gewährt, neue Einrichtungen sind dagegen den Bezeichnungsvorschriften sogleich unterworfen.

§ 9. Den Besichtigungsbevollmächtigten steht das Recht der Probeentnahme von Waren zu, die unentgeltlich erfolgt.

§ 10. Auf Geschäfte, die ausschließlich Großhandel betreiben, finden die vorstehenden Vorschriften keine Anwendung.

Unberührt bleiben die Vorschriften der Landespolizeiverordnung vom 22. Februar 1906, betr. den Handel mit Giften (Med. MinBl. S. 115).

§ 11. Zuwiderhandlungen gegen die vorstehenden Bestimmungen werden in Gemäßheit des § 367 Nr. 5 RStGB. mit Geldstrafe bis zu 150 Mark oder mit verhältnismäßiger Haft bestraft.

Regierungsbezirk Köslin.

PV. vom 17. März 1910 und 21. Dezember 1912
(ABl. 1910 S. 68 und 1912 S. 370).

(§§ 1—11 wie die Grundzüge, nur § 3 Abs. 2 Satz 4, betreffend Übergangszeit fehlt.)

§ 12. Zuwiderhandlungen gegen die Bestimmungen dieser Polizeiverordnung werden, sofern nicht nach den bestehenden gesetzlichen Bestimmungen eine höhere Strafe verwirkt ist, mit Geldstrafe bis zu 60 Mark, im Unvermögensfalle mit verhältnismäßiger Haft bestraft.

§ 13. Diese Polizeiverordnung tritt sogleich in Kraft und tritt an Stelle der Polizeiverordnung vom 9. Juni 1903 (ABl. Stück 25 S. 147).

Regierungsbezirk Stralsund.

PV. vom 24. März 1910 und 22. November 1912
(ABl. 1910 S. 78 und 1912 S. 267).

Unter Aufhebung der Polizeiverordnung vom 10. Juli 1903, betreffend die Regelung des Verkehrs mit Arzneimitteln außerhalb der Apotheken (Extrabeilage zu Stück 29 des ABl. von 1903) wird auf Grund der §§ 137 und 139 des Gesetzes über die allgemeine Landesverwaltung vom 30. Juli 1883 und der §§ 6, 12 und 15 des Gesetzes über die Polizeiverwaltung vom 11. März 1850 für den Regierungsbezirk Stralsund mit Zustimmung des Bezirksausschusses folgendes verordnet:

(§§ 1—11 mit Ausnahme von § 3 Abs. 2 Satz 4 wie die Grundzüge, jedoch fehlen in § 1 Abs. 1 die Worte „in Zukunft".)

§ 3 Abs. 2 Satz 4. Zur Herstellung der Bezeichnungen wird den bereits bestehenden Handlungen mit Arzneimitteln eine Übergangszeit bis zum 31. Dezember 1912 gewährt; neue Einrichtungen sind dagegen den Bezeichnungsvorschriften sogleich unterworfen.

§ 12. Zuwiderhandlungen gegen diese Polizeiverordnung werden mit Geldstrafe bis zu 60 Mark oder Haft geahndet, insoweit nicht die strengeren Bestimmungen des Strafgesetzbuches in Frage kommen.

§ 13. Diese Polizeiverordnung tritt mit dem Tage ihrer Veröffentlichung in Kraft.

Regierungsbezirk Posen.

PV. vom 22. Dezember 1912 (ABl. 1912 S. 679).

(§§ 1—11 wie die Grundzüge, nur § 3 Abs. 2 Satz 4, betreffend Übergangszeit fehlt.)

§ 12. Zuwiderhandlungen gegen diese Verordnung werden mit einer Geldstrafe bis zum Betrage von 60 Mark, im Nichtbeitreibungsfalle mit entsprechender Haft geahndet.

§ 13. Mit dem Inkrafttreten dieser Polizeiverordnung treten die Vorschriften der Polizeiverordnung vom 5. April 1910 (ABl. 1910 S. 206ff.) außer Kraft.

Regierungsbezirk Bromberg.

PV. vom 1. April 1910 und 14. Januar 1913
(ABl. 1910 S. 117 und 1913 S. 46).

(§§ 1—11 wie die Grundzüge.)

§ 12. Zuwiderhandlungen gegen die vorstehenden Verordnungen werden gemäß § 367 Nr. 5 des RStGB. mit Geldstrafe bis zu 150 Mark oder mit Haft und, soweit der § 367 Nr. 5 a. a. O. nicht Platz greift, mit Geldstrafe bis zum Betrage von 60 Mark bestraft.

§ 13. Vorstehende Polizeiverordnung tritt mit dem Tage ihrer Veröffentlichung in Kraft. Mit dem gleichen Tage wird die Polizeiverordnung vom 25. März 1903 (ABl. S. 127) aufgehoben.

Regierungsbezirk Breslau.

PV. vom 26. März 1910 und 18. November 1912
(ABl. 1910 S. 138 und 1912 S. 453).

Auf Grund der §§ 137 und 139 des Gesetzes über die allgemeine Landesverwaltung vom 30. Juli 1883 und der §§ 6, 12 und 15 des Gesetzes über die Polizeiverwaltung vom 11. März 1850 wird mit Zustimmung des Bezirksausschusses unter Aufhebung der Polizeiverordnung vom 5. März 1903 für den Regierungsbezirk Breslau folgendes verordnet:

(§§ 1—11 wie die Grundzüge, nur § 3 Abs. 2 Satz 4, betreffend Übergangszeit fehlt.)

§ 12. Zuwiderhandlungen gegen die vorstehenden Vorschriften werden, soweit in den bestehenden Gesetzen nicht eine höhere Strafe vorgesehen ist, mit Geldstrafe bis zu 60 Mark oder mit entsprechender Haft bestraft.

Regierungsbezirk Liegnitz.

PV. vom 22. Februar 1910 und 30. Dezember 1912
(ABl. 1910 S. 62 und 1913 S. 3).

(§§ 1—9 wie die Grundzüge, nur § 3 Abs. 2 Satz 4, betreffend Übergangszeit fehlt.)

§ 10. Zuwiderhandlungen gegen die vorstehenden Bestimmungen werden, soweit nicht nach den bestehenden Gesetzen eine höhere Strafe eintritt, mit Geldstrafe bis zu 60 Mark, im Unvermögensfalle mit entsprechender Haft bestraft.

§ 11. Auf Geschäfte, die ausschließlich Großhandel betreiben, finden die vorstehenden Vorschriften keine Anwendung.

§ 12. Unberührt bleiben die Vorschriften der Landespolizeiverordnung vom 22. Februar 1906, betreffend den Handel mit Giften (MedMinBl. S. 115).

§ 13. Die Polizeiverordnung, betreffend den Verkehr mit Arzneimitteln außerhalb der Apotheken vom 14. April 1903, veröffentlicht im Amtsblatt Nr. 16 der Königlichen Regierung zu Liegnitz für 1903, wird aufgehoben.

Regierungsbezirk Oppeln.

PV. vom 20. März 1910 und 17. Dezember 1912
(ABl. 1910 S. 120 und 1912 S. 514).

Auf Grund des § 137 des Gesetzes über die allgemeine Landesverwaltung vom 30. Juli 1883 und gemäß §§ 6, 12 und 15 des Gesetzes vom 11. März 1850 über die Polizeiverwaltung wird unter gleichzeitiger Aufhebung der Polizeiverordnung vom 17. März 1903 mit Zustimmung des Bezirksausschusses für den Umfang des Regierungsbezirkes, was folgt, verordnet:

(§§ 1—11 wie die Grundzüge, nur § 3 Abs. 2 Satz 4, betreffend Übergangszeit fehlt).

§ 12. Zuwiderhandlungen gegen die vorstehenden Vorschriften werden, soweit in den bestehenden Gesetzen nicht eine höhere Strafe vorgeschrieben ist, mit Geldstrafe bis zu 60 Mark oder mit entsprechender Haft bestraft.

§ 13. Diese Polizeiverordnung tritt am 1. April 1910 in Kraft.

Regierungsbezirk Magdeburg.

PV. vom 25. November 1912 (ABl. 1912 S. 471).

(§§ 1—11 wie die Grundzüge, nur § 3 Abs. 2 Satz 4, betreffend Übergangszeit fehlt).

§ 12. Zuwiderhandlungen gegen die vorstehenden Vorschriften werden, soweit in den bestehenden Gesetzen nicht eine höhere Strafe vorgesehen ist, mit Geldstrafe bis zu 60 Mark oder mit entsprechender Haft bestraft.

§ 13. Die Polizeiverordnung tritt mit dem Tage ihrer Verkündigung in Kraft. Die Polizeiverordnung vom 14. März 1910 wird aufgehoben.

Regierungsbezirk Merseburg.

PV. vom 26. April 1910 und 22. März 1913
(ABl. 1910 S. 146 und 1913 S. 129).

(§§ 1—11 mit Ausnahme von § 3 Abs. 2 Satz 4 wie die Grundzüge.)

§ 3 Abs. 2 Satz 4. Zur Herstellung der Bezeichnungen wird bereits vorhandenen Handlungen eine Übergangszeit bis zum 31. Dezember 1912 gewährt, neue Einrichtungen sind dagegen den Bezeichnungsvorschriften sogleich unterworfen.

§ 12. Zuwiderhandlungen gegen die Bestimmungen dieser Polizeivervordnung werden, sofern nicht nach den bestehenden gesetzlichen Bestimmungen eine höhere Strafe verwirkt ist, mit Geldstrafe bis zu 60 Mark, im Unvermögensfalle mit verhältnismäßiger Haft bestraft.

§ 13. Diese Polizeiverordnung tritt mit dem Tage der Veröffentlichung in Kraft. Mit dem gleichen Tage tritt die Polizeiverordnung vom 16. August 1905, betreffend den Verkehr mit Arzneimitteln außerhalb der Apotheken außer Kraft.

Regierungsbezirk Erfurt.

PV. vom 18. Mai 1910 und 28. Oktober 1912
(ABl. 1910 S. 134 und 1912 S. 332).

(§§ 1—10 mit Ausnahme von § 3 Abs. 2 Satz 4 wie die Grundzüge, jedoch fehlen in § 1 Satz 1 die Worte „in Zukunft".)

§ 3 Abs. 2 Satz 4. Zur Herstellung der Bezeichnungen wird bereits vorhandenen Handlungen eine Übergangszeit bis zum 31. Dezember 1912 gewährt; neue Einrichtungen sind dagegen den Bezeichnungsvorschriften sogleich unterworfen.

§ 11. Zuwiderhandlungen gegen diese Polizeiverordnung werden, sofern nicht nach den bestehenden gesetzlichen Bestimmungen eine höhere Strafe verwirkt ist, mit einer Geldstrafe bis zu 60 Mark, an deren Stelle im Falle des Unvermögens entsprechende Haft tritt, bestraft.

§ 12. Unberührt bleiben die Vorschriften der Landespolizeiverordnung vom 22. Februar 1906, betreffend den Handel mit Giften (RegABl. 1906 Stück 11 Nr. 178).

§ 13. Durch diese Polizeiverordnung werden die Polizeiverordnung vom 2. März 1903 betreffend Handel mit Arzneimitteln außerhalb der Apotheken (ABl. 1903 Stück 11 Nr. 206) und die dazu erlassene Nachtragspolizeiverordnung vom 20. September 1906 (ABl. 1906 Stück 39 Nr. 634) sowie die Polizeiverordnung vom 11. Februar 1910 betreffend den Verkehr mit Arzneimitteln außerhalb der Apotheken (ABl. 1910 Stück 13 Nr. 191) aufgehoben.

§ 14. Diese Polizeiverordnung tritt mit dem Tage ihrer Veröffentlichung in Kraft.

Regierungsbezirk Schleswig.

PV. vom 22. März 1910 und 6. Dezember 1912
(ABl. 1910 S. 119 und 1912 S. 641).

(§§ 1—11 mit Ausnahme von § 1 Abs. 1 und § 3 Abs. 2 Satz 4 wie die Grundzüge.)

§ 1 Abs. 1. Wer den Verkauf von Arzneimitteln außerhalb der Apotheken betreiben will, hat in Zukunft zugleich mit der durch § 35 Abs. 6 der Reichsgewerbeordnung (RGBl. 1900 S. 871) vorgeschriebenen Anzeige einen Lageplan und eine genaue Angabe der Betriebsräume einschließlich des Geschäftszimmers zu den Akten der Ortspolizeibehörden einzureichen. Wer bereits zurzeit den Verkauf von Arzneimitteln außerhalb der Apotheken betreibt, hat die vorbezeichnete Angabe, soweit es noch nicht geschehen ist, binnen 8 Wochen nach dem Inkrafttreten dieser Polizeiverordnung zu bewirken.

§ 3 Abs. 2 Satz 4. Die Herstellung der vorstehend verlangten Bezeichnungen haben Handlungen, die beim Inkrafttreten der Polizeiverordnung vom 9. März 1903 (ABl. S. 95/96) bereits bestanden, sofern die derzeitigen Bezeichnungen der früheren Polizeiverordnung vom 28. Februar 1899 (ABl. S. 161/162) entsprechen, bis zum 31. Dezember 1912 zu bewirken. Handlungen, die aus späterer Zeit stammen, sowie Handlungen, die neu eingerichtet werden, sind dagegen den gegenwärtigen Bezeichnungsvorschriften sogleich unterworfen.

§ 12. Zuwiderhandlungen werden, sofern nicht nach den bestehenden Bestimmungen eine höhere Strafe verwirkt ist, mit einer Geldstrafe bis zu 60 Mark und im Falle des Unvermögens an deren Stelle mit entsprechender Haft bestraft.

§ 13. Diese Polizeiverordnung tritt am 1. Juli dieses Jahres in Kraft. Mit dem gleichen Zeitpunkte tritt die Polizeiverordnung vom 9. März 1903 (ABl. S. 95/96) außer Kraft.

Regierungsbezirk Hannover.

PV. vom 16. April 1910 und 10. Januar 1913
(ABl. 1910 S. 123 und 1913 S. 22).

(§§ 1—11 wie die Grundzüge, nur § 3 Abs. 2 Satz 4, betreffend Übergangszeit fehlt.)

§ 12. Zuwiderhandlungen gegen diese Polizeiverordnung werden, soweit nicht in den bestehenden Gesetzen höhere Strafen vorgesehen sind, mit Geldstrafe bis zu 60 Mark oder mit Haft bestraft.

§ 13. Diese Polizeiverordnung tritt mit dem Tage ihrer Verkündigung in Kraft. Mit dem gleichen Zeitpunkte erlischt die Gültigkeit der Polizeiverordnung vom 4. Mai 1903 (ABl. 1903 S. 121).

Regierungsbezirk Hildesheim.

PV. vom 20. Juni 1910 und 12. November 1912
(ABl. 1910 S. 130 und 1912 S. 276).

(§§ 1—8 wie die Grundzüge, nur § 3 Abs. 2 Satz 4, betreffend Übergangszeit fehlt.)

§ 9. Jeder, der den Verkauf von Arzneimitteln außerhalb der Apotheken betreibt, ist verpflichtet, den die amtliche Besichtigung vornehmenden Personen sämtliche in Betracht kommenden Räume in allen ihren Teilen zur Verfügung zu stellen und deren eingehende Besichtigung zu gestatten. Auch steht den Besichtigungsbevollmächtigten das Recht der Probeentnahme auch für abgefaßte Arzneimittel zu.

§ 10. Auf Geschäfte, die ausschließlich Großhandel betreiben, finden die vorstehenden Vorschriften keine Anwendung.

§ 11. Unberührt bleiben die Vorschriften der Landespolizeiverordnung vom 22. Februar 1906, betreffend den Handel mit Giften (MedMinBl. S. 115).

§ 12. Zuwiderhandlungen gegen die vorstehenden Vorschriften werden, soweit in den bestehenden Gesetzen nicht eine höhere Strafe vorgesehen ist, mit Geldstrafe bis zu 60 Mark oder mit entsprechender Haft bestraft.

§ 13. Die Polizeiverordnung, betreffend den Verkauf von Arzneimitteln außerhalb der Apotheken, vom 16. März 1903 — Stück 14 S. 67 des ABl. für 1903 — tritt außer Kraft.

Regierungsbezirk Lüneburg.

PV. vom 20. Dezember 1912 (ABl. 1912 S. 334).

(§§ 1—10 wie die Grundzüge, nur § 3 Abs. 2 Satz 4, betreffend Übergangszeit fehlt.)

§ 11. Die Polizeiverordnung vom 31. März 1903 (ABl. S. 118) tritt außer Kraft.

Unberührt bleiben die Vorschriften der Landespolizeiverordnung vom 22. Februar 1906, betreffend den Handel mit Giften (ABl. S. 65).

§ 12. Zuwiderhandlungen gegen diese Verordnung werden gemäß § 367 Nr. 5 des Reichsstrafgesetzbuches vom 15. Mai 1871 bestraft.

Regierungsbezirk Stade.

PV. vom 10. Februar 1910 und 17. Dezember 1912 (ABl. 1910 S. 103 und 1912 S. 444).

(§§ 1—11 mit Ausnahme von § 3 Abs. 2 wie die Grundzüge.)

§ 3 Abs. 2. Die Behälter sind mit fest an ihnen haftenden lateinischen und deutschen Bezeichnungen in gleicher Schriftgröße, die dem Inhalt entsprechen, in haltbarer schwarzer Schrift auf weißem Grunde zu versehen. Als fest haftende Bezeichnungen genügen für Ballons und ähnliche Gefäße auch sicher mit dem Aufnahmebehältnis verbundene Anhängeschilder. Bezeichnungen in anderen Sprachen sind unzulässig. In den kleineren Kolonialwarenhandlungen und sonstigen kleinen Geschäften, welche nur wenige Sorten Tee und dergleichen Heilmittel führen, genügt es, wenn die Aufschrift nur eine deutsche ist.

§ 12. Zuwiderhandlungen gegen diese Polizeiverordnung werden, soweit nach den bestehenden Gesetzen und Verordnungen insbesondere nach § 367 Nr. 5 des RStGB.nicht höhere Strafen verwirkt sind, mit Geldstrafe bis zum Betrage von 60 Mark, an deren Stelle im Falle des Unvermögens verhältnismäßige Haft tritt, bestraft.

§ 13. Die vorstehende Polizeiverordnung tritt mit dem 1. Juli 1910 in Kraft. Mit demselben Zeitpunkte wird die für den Umfang des Regierungsbezirks Stade unter dem 31. Juli 1903 (ABl. 1903 S. 253) erlassene Polizeiverordnung über die Regelung des Verkehrs mit Arzneimitteln außerhalb der Apotheken aufgehoben.

Regierungsbezirk Osnabrück.

PV. vom 22. Februar 1910 (ABl. 1910 S. 37).

(§§ 1—7 wie die Grundzüge, nur § 3 Abs. 2 Satz 2, betreffend Anhängeschilder und Satz 4, betreffend Übergangszeit fehlen.)

§ 8. Die vorhandenen Arzneimittel müssen echt, zum bestimmungsmäßigen Gebrauch geeignet, nicht verdorben und nicht verunreinigt sein. Unter Bezeichnungen, die im deutschen Arzneibuch für Waren bestimmter Art angeführt worden sind, dürfen Waren anderer Art nicht feilgehalten, verkauft oder sonst an andere überlassen werden[1]).

(§§ 9—11 wie die Grundzüge.)

§ 12. Zuwiderhandlungen gegen die vorstehenden Bestimmungen werden, sofern nicht nach den bestehenden gesetzlichen Bestimmungen eine höhere Strafe verwirkt ist, mit Geldstrafe bis zu 60 Mark bestraft. Im Falle des Unvermögens tritt für je 5 Mark Geldstrafe 1 Tag Haft.

§ 13. Diese Polizeiverordnung tritt am 1. April 1910 in Kraft. Von diesem Zeitpunkte an wird die Polizeiverordnung, betreffend die Aufbewahrung und den Verkauf von Arzneiwaren und Verbandstoffen außerhalb der Apotheken vom 28. März 1903 für aufgehoben erklärt.

Regierungsbezirk Aurich.

PV. vom 15. Februar 1910 und 18. Dezember 1912 (ABl. 1910 S. 44 und 1912 S. 381).

§ 1. Wer den Verkauf von Arzneimitteln, soweit diese nach den bestehenden Bestimmungen außerhalb der Apotheken feilgehalten werden dürfen (vgl. die Kais.V. vom 22. Oktober 1901), außerhalb der Apotheken betreiben will, hat der Ortspolizeibehörde zugleich mit der durch § 35 Abs. 6 der Reichsgewerbeordnung (RGBl. 1900 S. 871) vorgeschriebenen Anzeige, einen Lageplan und eine genaue Angabe der Betriebsräume einschließlich des Geschäftszimmers einzureichen.

Auch die Aufstellung von sog. Drogenschränken ist genau anzugeben.

Andere als die bezeichneten Räume dürfen weder als Betriebsnoch als Vorrats- oder Arbeitsräume benutzt werden. In den Räumen dürfen, abgesehen von Warenproben, nur Waren vorhanden sein, die feilgehalten werden.

(§§ 2 und 3 wie die Grundzüge, nur § 3 Abs. 2 Satz 4, betreffend Übergangszeit fehlt.)

§ 4. Die Behälter sind im Verkaufsraume wie in den Vorratsräumen nach dem lateinischen Alphabet in Gruppen, die der Art der Behälter entsprechen, übersichtlich[2]) und von anderen Waren getrennt zu ordnen.

(§§ 5—8 wie die Grundzüge.)

§ 9. Den in amtlicher Eigenschaft eine Revision vornehmenden Bevollmächtigten der Orts- sowie der Landespolizeibehörde steht das Recht der Probenentnahme von Waren zu.

---

[1]) Im Reg.-Bez. Osnabrück ist somit die in dem Min.-Erl. vom 17. Oktober 1912 (s. S. 61) angegebene Änderung der PV. nicht erfolgt und auch nicht geplant. Doch sind die Unterbehörden angewiesen, die PV. vom 22. Februar 1910 in der dem Min.-Erl. entsprechenden Weise zu handhaben. Die das Arzneibuch betreffende Bestimmung in § 8 Satz 2 ist vom KG. unter dem 3. Juli 1911 (Ph.Ztg. 1911 Nr. 56) und 4. Juli 1912 (Ph.Ztg. 1912 Nr. 57) für ungültig erklärt worden.

[2]) Einreihige Aufstellung wird hier somit nicht gefordert.

(§§ 10 und 11 wie die Grundzüge.)

§ 12. Diese Polizeiverordnung tritt mit dem Tage ihrer Verkündigung in Kraft. Mit demselben Tage treten die Bestimmungen der von mir am 2. August 1904 erlassenen Polizeiverordnung, betreffend den Verkehr mit Arzneimittel außerhalb der Apotheken (RegABl. S. 245), außer Kraft.

§ 13. Zuwiderhandlungen gegen die Vorschriften dieser Polizeiverordnung werden, sofern nicht nach den bestehenden Gesetzen und Verordnungen, insbesondere nach § 367 Nr. 5 des RStGB. eine höhere Strafe eintritt, mit Geldstrafe bis zum Betrage von 60 Mark oder im Unvermögensfalle mit entsprechender Haft bestraft.

Regierungsbezirk Münster.

PV. vom 18. März 1910 und 20. November 1912
(ABl. 1910 S. 132 und 1912 S. 432).

§ 1. Wer den Verkauf von Arzneimitteln außerhalb der Apotheken betreiben will, hat zugleich mit der durch § 35 Abs. 7 der RGewO. (RGBl. 1900 S. 871) vorgeschriebenen Anzeige einen Lageplan und eine genaue Angabe der Betriebsräume einschließlich des Geschäftszimmers zu den Akten der Ortspolizeibehörde einzureichen.

Auch die Aufstellung und der Ort der Aufstellung von sog. Drogenschränken sind genau anzugeben.

Andere als die bezeichneten Räume dürfen weder als Betriebs-, noch als Vorrats- oder Arbeitsräume benutzt werden. In den Räumen dürfen, abgesehen von Warenproben, nur Waren vorhanden sein, die feilgehalten werden.

§ 2. Sämtliche Betriebsräume müssen geräumig und während der Benutzung genügend erhellt sein, auch ebenso wie die Behälter für Arzneimittel stets ordentlich und sauber gehalten werden.

§ 3. Die Vorräte von Arzneimitteln müssen sich in dichten, festen Behältern befinden, die mit festen, gut schließenden Deckeln oder Stöpseln versehen sind. Schiebladen, die zur Aufbewahrung von Arzneimitteln dienen, müssen entweder in vollen Füllungen laufen oder dicht schließende Deckel haben.

Die Behältnisse dürfen nur das ihrer Bezeichnung entsprechende Arzneimittel enthalten. Die Bezeichnungen sind in deutscher und lateinischer Sprache, in gleicher Schriftgröße, in schwarzer Schrift auf weißem Grunde haltbar und fest an dem Behältnis anzubringen.

Als fest haftende Bezeichnungen genügen für Ballons und ähnliche Gefäße auch sicher mit dem Aufnahmebehältnis verbundene Anhängeschilder.

Arzneimittel, die lediglich für den Gebrauch in der Tierbehandlung als Heilmittel dem freien Verkehr überlassen sind, müssen auf den Vorratsbehältern und Abgabegefäßen oder auf deren Umhüllungen über oder unter der sonstigen Aufschrift mit dem deutlich lesbaren Vermerk „Tierheilmittel“ versehen sein.

§ 4. Die Behältnisse sind im Verkaufsraum wie in den Vorratsräumen nach dem Anfangsbuchstaben der lateinischen Bezeichnungen in Gruppen, die der Art der Behältnisse entsprechen, übersichtlich geordnet, einreihig und von anderen Waren getrennt, aufzustellen.

(§§ 5—11 wie die Grundzüge.)

§ 12. Zuwiderhandlungen gegen die Bestimmungen dieser Polizeiverordnung werden, sofern nicht nach den bestehenden gesetzlichen Bestimmungen eine höhere Strafe verwirkt ist, mit Geldstrafe bis zu 60 Mark, im Unvermögensfalle mit verhältnismäßiger Haft bestraft.

§ 13. Diese Polizeiverordnung tritt am 1. April 1910 in Kraft. Am gleichen Tage tritt die Polizeiverordnung, betreffend den Verkehr mit Arzneimitteln außerhalb der Apotheken vom 31. Juli 1906 (ABl. S. 248/249) außer Geltung.

Regierungsbezirk Minden.

PV. vom 22. August 1910 und 6. Dezember 1912
(ABl. 1910 Sonderbeilage zu Nr. 37 und 1912 S. 355).

(§§ 1—11 mit Ausnahme von § 3 Abs. 2 Satz 4 wie die Grundzüge.)

§ 3 Abs. 2 Satz 4. Zur Herstellung dieser Bezeichnungen wird den bereits vorhandenen Handlungen eine Übergangszeit bis zum 31. Dezember 1912 gewährt; neue Einrichtungen sind dagegen den Bezeichnungsvorschrifetn sogleich unterworfen.

§ 12. Wer den vorstehenden Bestimmungen zuwiderhandelt, wird, soweit nicht nach den gesetzlichen Bestimmungen eine höhere Strafe verwirkt ist, mit einer Geldstrafe bis zu 60 Mark, im Falle des Unvermögens mit verhältnismäßiger Haft bestraft.

§ 13. Diese Polizeiverordnung tritt am 1. Oktober 1910 in Kraft. Zu demselben Zeitpunkte wird die über den gleichen Gegenstand erlassene Polizeiverordnung vom 17. April 1903 (ABl. S. 130) aufgehoben.

Regierungsbezirk Arnsberg.

PV. vom 9. April 1910 und 4. Dezember 1912
(ABl. 1910 S. 279 und 1912 S. 923).

(§§ 1—11 wie die Grundzüge.)

§ 12. Zuwiderhandlungen gegen diese Polizeiverordnung werden, soweit nicht nach Maßgabe anderer Bestimmungen eine höhere Strafe verwirkt ist, mit Geldstrafe bis zu 60 Mark, im Unvermögensfalle mit entsprechender Haft bestraft.

§ 13. Diese Polizeiverordnung tritt mit dem 9. April 1910 in Kraft.

Mit dem gleichen Tage wird die Polizeiverordnung vom 2. April 1903, ABl. S. 321 aufgehoben.

Regierungsbezirk Kassel.

PV. vom 12. April 1910 und 25. November 1912
(ABl. 1910 S. 104 und 1912 S. 479).

(§§ 1 und 2 wie die Grundzüge, nur fehlen in § 1 Satz 1 die Worte „in Zukunft".)

§ 3. Die Vorräte von Arzneimitteln müssen sich sowohl in den Verkaufs- als auch in den Vorratsräumen in dichten, festen Behältern befinden, die mit festen, gut schließenden Deckeln oder Stöpseln versehen sind, oder soweit sie Schiebladen darstellen, von festen Füllungen umgeben sind oder dicht schließende Deckel besitzen.

Säcke oder Papierbeutel, letztere abgesehen von der Bestimmung in § 7, sind als Aufbewahrungsbehälter zulässig.

§ 4. Die Behälter sind mit fest an ihnen haftenden lateinischen und deutschen Bezeichnungen in gleicher Schriftgröße, die dem Inhalt entsprechen, in haltbarer schwarzer Schrift auf weißem Grunde zu versehen. Als festhaftende Bezeichnungen genügen für Ballons und ähnliche Gefäße auch sicher mit dem Aufnahmebehältnis verbundene Anhängeschilder. Bezeichnungen in anderen Sprachen sind unzulässig. Arzneimittel, die lediglich für den Gebrauch in der Tierbehandlung als Heilmittel dem freien Verkehr überlassen sind, müssen auf den Vorratsbehältern und Abgabegefäßen oder -Umhüllungen über oder unter der sonstigen Aufschrift mit dem deutlich lesbaren Vermerk „Tierheilmittel“ versehen sein.

(§§ 5—11 wie die §§ 4—10 der Grundzüge.)

§ 12. Unberührt bleiben die besonderen polizeilichen Bestimmungen über den Handel mit Giften.

§ 13. Diese Polizeiverordnung tritt mit dem Zeitpunkt ihrer Verkündigung in Kraft. Mit diesem Zeitpunkt wird die Polizeiverordnung vom 18. Juni 1903 (ABl. S. 190) aufgehoben. Zur Herstellung der in § 4 verlangten Bezeichnungen wird für bestehende Handlungen eine Frist bis zum 31. Dezember 1912 gewährt; neue Einrichtungen sind diesen Vorschriften sofort unterworfen.

§ 14. Zuwiderhandlungen gegen diese Verordnung werden, sofern sie nicht nach gesetzlichen Vorschriften mit höheren Strafen zu ahnden sind, mit Geldstrafen bis zu 60 Mark, an deren Stelle im Unvermögensfalle entsprechende Haft tritt, bestraft.

Regierungsbezirk Wiesbaden.

PV. vom 27. Mai 1910 und 22. November 1912
(ABl. 1910 S. 203 und 1912 S. 454).

§ 1. Wer den Verkauf von Arzneimitteln außerhalb der Apotheken nach Maßgabe der Bestimmungen der KaisV. vom 22. Oktober 1901 und der hierzu weiter ergangenen und noch zu ergehenden Bestimmungen betreiben will, hat zugleich mit der durch § 35 Abs. 6 der RGewO. (RGBl. 1900 S. 871) vorgeschriebenen Anzeige einen Grundriß mit genauer Bezeichnung der Betriebsräume einschließlich des Geschäftszimmers zu den Akten der zuständigen Ortspolizeibehörde einzureichen. Eine Anzeige an die Polizeiverwaltung ist in gleicher Weise zu erstatten, wenn die Aufstellung eines sog. Drogenschrankes beabsichtigt wird. Bei dieser Art des Verkaufes von Arzneimitteln außerhalb der Apotheken genügt es jedoch, wenn der Raum, in dem der Drogenschrank aufgestellt werden soll, der Ortspolizeibehörde genau bezeichnet wird. In Räumen, in denen der Ausschank von geistigen Getränken oder ein Rasier- oder Haarschneidegeschäft gewerbsmäßig betrieben wird, dürfen Drogenschränke nicht aufgestellt werden. Andere als die der Ortspolizeibehörde bei der Anzeige bezeichneten Räume dürfen weder als Betriebsräume noch als Vorrats- oder Arbeitsräume benutzt werden. In den Betriebsräumen, Vorrats- oder Arbeitsräumen dürfen, abgesehen von Warenproben, nur Waren vorhanden sein, die feilgehalten werden.

§ 2. Sämtliche Betriebs- usw. Räume müssen geräumig, während der Benutzung gut erhellt sein und stets ordentlich und sauber gehalten werden. Letzteres gilt auch hinsichtlich der Behälter der Arzneimittel und der Fächer und Schränke, auf oder in denen Arzneibehältnisse zur Aufstellung gelangen.

§ 3. Sämtliche Arzneimittel müssen sich in dichten, festen Behältern befinden. Diese Behälter sind mit festen, gut schließenden Deckeln, oder über den Rand des Arzneibehälters hinausgehenden Stöpseln oder mit einem sonstigen Schutze gegen Staub zu versehen, oder, soweit die Behälter Schubladen darstellen, mit festen, allseits geschlossenen Füllungen zu umgeben, sofern die Schubladen nicht mit dicht schließenden Deckeln versehen sind.

Die Behälter sind mit fest an ihnen haftenden lateinischen und deutschen Bezeichnungen in gleicher Schriftgröße, die dem Inhalt entsprechen, in haltbarer schwarzer Schrift auf weißem Grunde auszustatten. Als fest haftende Bezeichnungen genügen für Ballons und ähnliche Gefäße auch sicher mit dem Aufnahmebehältnis verbundene Anhängeschilder. Bezeichnungen in anderen als den erwähnten Sprachen sind unzulässig.

Zur Herstellung solcher Bezeichnungen kann in Handlungen, welche beim Inkrafttreten dieser Polizeiverordnung bereits bestehen, seitens der Ortspolizeibehörde eine Übergangsfrist bis zum 31. Dezember 1912 gewährt werden. Neue Einrichtungen sind den vorstehenden Bestimmungen sofort unterworfen.

Arzneimittel, die lediglich für den Gebrauch als Heilmittel in der Tierbehandlung dem freien Verkehr überlassen sind, müssen auf den Arzneibehältern, den Vorratsbehältern sowie auf den Abgabegefäßen oder auf den Umhüllungen über oder unter der sonstigen Aufschrift mit dem deutlich lesbaren Vermerk „Tierheilmittel" versehen sein.

§ 4. Die Behälter sind im Verkaufsraume, sowie in den Vorratsräumen nach dem Alphabet der lateinischen Bezeichnung (s. § 3 Abs. 2) in Gruppen, die der Art der Behälter entsprechen, übersichtlich, einreihig und von anderen Waren getrennt aufzustellen.

§ 5. Arzneimittel, die gleichzeitig als Nahrungs- oder Genußmittel dienen, oder technische Verwendung finden, brauchen, wenn dieser Verwendungszweck überwiegt, nicht wie Arzneimittel bezeichnet und den Arzneimitteln nicht eingereiht zu werden.

§ 6. Verschiedene Arzneimittel in einem Behälter aufzubewahren ist verboten. Dagegen darf dasselbe Arzneimittel in ganzer, zerkleinerter oder gepulverter Form in gesonderten Fächern desselben Behälters aufbewahrt werden, und zwar auch in abgeteilten Mengen, falls die Ware in besonderen Umhüllungen oder in bezeichneten Papierbeuteln eingeschlossen ist.

§ 7. Die Umhüllungen oder Gefäße, in denen die Abgabe von Arzneimitteln erfolgt, sind spätestens bei der Abgabe mit dem deutlichen deutschen Namen des darin abgegebenen Arzneimittels zu versehen. Werden Arzneimittel in abgefaßter Form vorrätig gehalten, so müssen sie übersichtlich geordnet, ohne daß jedoch eine einreihige Aufstellung erforderlich ist, vor Staub geschützt aufbewahrt werden. Jedes einzelne Gefäß oder jede einzelne sonstige Packung muß die deutliche deutsche Aufschrift des Inhalts tragen.

§ 8. Alle Arzneimittel müssen unverfälscht, zum bestimmungsmäßigen Gebrauche geeignet und dürfen nicht verdorben oder verunreinigt sein.

§ 9. Den Besichtigungsbevollmächtigten steht das Recht der Probeentnahme von Waren zu. Inhaber von Handlungen, in denen Gifte feilgehalten werden, sind gehalten, den revidierenden Bevollmächtigten die Konzessionsurkunde zum Handel mit Giften, das Giftbuch und die zugehörigen Giftscheine auf Verlangen vorzulegen.

§ 10. Auf Geschäfte, die ausschließlich Großhandel treiben, finden die Vorschriften dieser Polizeiverordnung keine Anwendung.

§ 11. Unberührt bleiben die Vorschriften der Landespolizeiverordnung über den Handel mit Giften vom 22. Februar 1906 (RegABl. S. 133).

§ 12. Zuwiderhandlungen gegen diese Polizeiverordnung werden, soweit nicht in den bestehenden Gesetzen eine höhere Strafe vorgesehen ist, mit Geldstrafen bis zu 60 Mark, im Unvermögensfalle mit entsprechender Haft bestraft.

§ 13. Diese Polizeiverordnung tritt mit dem Tage ihrer Veröffentlichung im Amtsblatt der Königlichen Regierung hier in Kraft. Die Polizeiverordnung über den Verkehr mit Arzneimitteln außerhalb der Apotheken vom 2. Mai 1903 RegABl. S. 259) ist hierdurch aufgehoben.

Regierungsbezirk Koblenz.

PV. vom 24. März 1910 und 22. November 1912
(ABl. 1910 S. 107 und 1912 S. 361).

(§§ 1—11 wie die Grundzüge, nur § 3 Abs. 2 Satz 4, betreffend Übergangszeit fehlt.)

§ 12. Zuwiderhandlungen gegen die Vorschriften dieser Polizeiverordnung werden, soweit nicht nach Maßgabe anderer Bestimmungen eine höhere eintritt, mit Geldstrafen bis zu 60 Mark, im Unvermögensfalle mit entsprechender Haft geahndet.

§ 13. Diese Polizeiverordnung tritt mit dem 1. April 1910 in Kraft.

Gleichzeitig wird die den gleichen Gegenstand betreffende Polizeiverordnung vom 19. Mai 1903 aufgehoben.

Regierungsbezirk Düsseldorf.

PV. vom 23. Februar 1913 (ABl. 1913 S. 86).

§ 1. Wer den Verkauf von Arzneimitteln außerhalb der Apotheken betreiben will, hat zugleich mit der § 35 Abs. 7 der RGewO. (RGBl. 1900 S. 871 und 1907 S. 3) vorgeschriebenen Anzeige einen Lageplan und eine genaue Angabe der Betriebsräume einschl. des Geschäftszimmers zu den Akten der Ortspolizeibehörde einzureichen.

Auch die Aufstellung von sog. Drogenschränken ist genau anzugeben.

In gleicher Weise ist unter Beifügung eines Lageplanes Anzeige zu erstatten, wenn die unentgeltliche Abgabe an Mitglieder von Kassen oder Vereinen beabsichtigt ist.

Andere als die bezeichneten Räume dürfen weder als Betriebs- noch als Vorrats- oder Arbeitsräume benutzt werden. In den Räumen dürfen abgesehen von Warenproben, nur Waren vorhanden sein, die feilgehalten werden.

(§§ 2—8 wie die Grundzüge, nur § 3 Abs. 2 Satz 4, betreffend Übergangszeit fehlt.)

§ 9. Den Besichtigungsbevollmächtigten steht das Recht der Probeentnahme von Waren zu. Auf Verlangen wird dem Geschäftsinhaber oder seinem Vertreter eine von dem Beamten kenntlich gemachte, versiegelte Gegenprobe ausgehändigt.

§ 10. Auf Geschäfte, die ausschließlich Großhandel betreiben, finden die vorstehenden Vorschriften keine Anwendung.

§ 11. Zuwiderhandlungen gegen diese Verordnung werden, soweit in den bestehenden Gesetzen nicht eine höhere Strafe vorgesehen ist, mit Geldstrafe von 1 bis zu 60 Mark oder im Nichtbeitreibungsfalle mit entsprechender Haft bestraft.

§ 12. Unberührt bleiben die Vorschriften der Polizeiverordnung vom 22. Februar 1906, betreffend den Handel mit Giften (MedMinBl. S. 115).

§ 13. Diese Polizeiverordnung tritt mit dem Tage ihrer Veröffentlichung in Kraft. Gleichzeitig tritt die denselben Gegenstand behandelnde Polizeiverordnung vom 7. März 1903 (ABl. S. 11) außer Kraft.

Regierungsbezirk Köln.

PV. vom 15. Juli 1910 und 29. November 1912
(ABl. 1910 S. 242 und 1912 S. 379).

Auf Grund der §§ 6, 12 und 15 des Gesetzes über die Polizeiverwaltung vom 11. März 1850 und der §§ 137 und 139 des Gesetzes über die allgemeine Landesverwaltung vom 30. Juli 1883 wird hiermit unter Aufhebung meiner Polizeiverordnung betreffend den Verkehr mit Arzneimitteln außerhalb der Apotheken vom 20. März 1903 (ABl. S. 124) mit Zustimmung des Bezirksausschusses für den Umfang des Regierungsbezirks Köln die nachfolgende Polizeiverordnung erlassen.

(§§ 1—11 wie die Grundzüge.)

§ 12. Zuwiderhandlungen gegen diese Polizeiverordnung werden, soweit nicht in den bestehenden Gesetzen höhere Strafen vorgesehen sind, mit Geldstrafe bis zu 60 Mark und für den Fall des Unvermögens mit Haft bestraft.

Regierungsbezirk Trier.

PV. vom 9. März 1910 und 3. Dezember 1912
(ABl. 1910 S. 151 und 1912 S. 366).

(§§ 1—11 mit Ausnahme von § 3 Abs. 2 Satz 4 wie die Grundzüge.)

§ 3 Abs. 2 Satz 4. Bereits vorhandene Handlungen haben die Bezeichnungen bis zum 31. Dezember 1912 herzustellen, neue Einrichtungen sind dagegen den Bezeichnungsvorschriften sogleich unterworfen.

§ 12. Zuwiderhandlungen gegen die vorstehenden Vorschriften unterliegen der Strafbestimmung des § 367 Nr. 5 des RStGB. und werden daher mit Geldstrafe bis zu 150 Mark oder mit Haft bestraft.

§ 13. Die Polizeiverordnung tritt mit ihrer Veröffentlichung in Kraft. Gleichzeitig wird die denselben Gegenstand betreffende Polizeiverordnung vom 11. Februar 1903 (ABl. S. 38/39) außer Kraft gesetzt.

Regierungsbezirk Aachen.

PV. vom 15. März 1910 und 23. November 1912
(ABl. 1910 S. 114 und 1912 S. 469).

(§§ 1—11 mit Ausnahme von § 3 Abs. 2 Satz 4 wie die Grundzüge.)

§ 3 Abs. 2 Satz 4. Zur Herstellung der in Abs. 2 verlangten Bezeichnungen wird bereits vorhandenen Handlungen eine Frist bis zum 31. Dezember 1912 gewährt; neue Einrichtungen sind dagegen den Bezeichnungsvorschriften sogleich unterworfen.

§ 12. Zuwiderhandlungen gegen diese Vorschriften werden, soweit nicht nach den bestehenden gesetzlichen Bestimmungen eine höhere Strafe verwirkt ist, mit Geldstrafe bis zu 60 Mark bestraft, an deren Stelle im Nichtbeitreibungsfalle entsprechende Haftstrafe tritt.

§ 13. Die Polizeiverordnung vom 9. Juli 1903 (ABl. S. 210) wird aufgehoben. Diese Verordnung tritt mit dem Tage ihrer Veröffentlichung in Kraft.

Regierungsbezirk Sigmaringen.

Eine Polizeiverordnung auf Grund der Min.-Erlasse vom 13. Januar 1910 und 17. Oktober 1912 ist für den Regierungsbezirk Sigmaringen nicht erlassen worden.

2. Verkehr mit Giften.

Im Gegensatz zu den für jeden Regierungsbezirk besonders erlassenen Polizeiverordnungen über den Arzneiverkehr in Drogenhandlungen, die sich zwar an ein vom Minister angegebenes Muster anlehnen, aber in rechtlicher Hinsicht völlig selbständig sind, ist für den Handel mit Giften nur eine einzige Ministerialverordnung maßgebend. Sie lautet:

Polizeiverordnung über den Handel mit Giften.

Vom 22. Februar 1906.

Auf Grund des § 136 Abs. 3 des Gesetzes über die allgemeine Landesverwaltung vom 30. Juli 1883[1]) (GS. S. 195ff.) wird unter Bezugnahme auf die Beschlüsse des Bundesrats vom 29. November 1894, 17. Mai 1901 und 1. Februar 1906 die nachstehende Polizeiverordnung erlassen.

§ 1. Der gewerbsmäßige Handel mit Giften unterliegt den Bestimmungen der §§ 2—18.

Als Gifte im Sinne dieser Bestimmungen gelten die in Anlage I aufgeführten Drogen, chemischen Präparate und Zubereitungen.

Aufbewahrung der Gifte.

§ 2. Vorräte von Giften müssen übersichtlich geordnet, von anderen Waren getrennt und dürfen weder über noch unmittelbar neben Nahrungs- oder Genußmitteln aufbewahrt werden[2]).

§ 3. Vorräte von Giften, mit Ausnahme der auf abgeschlossenen Giftböden verwahrten giftigen Pflanzen und Pflanzenteile (Wurzeln, Kräuter usw.), müssen sich in dichten, festen Gefäßen befinden, welche mit festen, gut schließenden Deckeln und Stöpseln versehen sind.

In Schiebladen dürfen Farben, sowie die übrigen in den Abteilungen 2 und 3 der Anlage I aufgeführten, festen an der Luft nicht verfließenden oder verdunstenden Stoffe aufbewahrt werden, sofern die Schiebladen mit Deckeln versehen, von festen Füllungen umgeben und so beschaffen sind, daß ein Verschütten oder Verstäuben des Inhaltes ausgeschlossen ist.

Außerhalb der Vorratsgefäße darf Gift, unbeschadet der Ausnahmebestimmung im Absatz 1, sich nicht befinden.

§ 4. Die Vorratsgefäße müssen mit der Aufschrift „Gift", sowie mit der Angabe des Inhalts unter Anwendung der in

---

[1]) § 136 Abs. 3 des Landesverwaltungsgesetzes sagt:

Zum Erlasse der im § 367 Nr. 5 des Strafgesetzbuches für das Deutsche Reich gedachten Verordnungen sind auch die zuständigen Minister befugt.

§ 367 Nr. 5 StrGB. s. Teil VI.

[2]) Dieser Forderung entspricht nach einem Urteil des KG. vom 6. September 1907 die Aufbewahrung von Giften in einzelnen Abteilungen eines Schrankes, in dessen übrigen Abteilungen sich andere Waren befinden. Für die Gifte der Abteilung 1 gelten aber die strengeren Bestimmungen des § 5.

Anlage I enthaltenen Namen, außer denen nur noch die Anbringung der *ortsüblichen Namen in kleinerer Schrift* gestattet ist, und zwar bei Giften der Abteilung 1 in *weißer Schrift auf schwarzem Grunde*, bei Giften der Abteilungen 2 und 3 in *roter Schrift auf weißem Grunde* deutlich und dauerhaft bezeichnet sein. Vorratsgefäße für *Mineralsäuren, Laugen, Brom und Jod* dürfen mittels Radier- oder Ätzverfahrens hergestellte Aufschriften auf weißem Grunde haben.

Diese Bestimmung findet auf Vorratsgefäße in solchen Räumen, welche lediglich dem *Großhandel* dienen, nicht Anwendung, sofern in anderer Weise für eine, Verwechslungen ausschließende Kennzeichnung gesorgt ist. Werden jedoch aus derartigen Räumen auch die für eine *Einzelverkaufsstätte* des Geschäftsinhabers bestimmten Vorräte entnommen, so müssen, abgesehen von der im Geschäfte sonst üblichen Kennzeichnung, die Gefäße nach Vorschrift des Absatzes 1 bezeichnet sein.

§ 5. Die in Abteilung 1 der Anlage I genannten Gifte müssen in einem besonderen, von allen Seiten durch feste Wände umschlossenen Raume (*Giftkammer*) aufbewahrt werden, in welchem andere Waren als Gifte sich nicht befinden. Dient als Giftkammer ein *hölzerner Verschlag*, so darf derselbe nur in einem vom Verkaufsraum getrennten Teile des Warenlagers angebracht sein[1]). Die *Giftkammer* muß für die darin vorzunehmenden Arbeiten ausreichend durch Tageslicht erhellt und auf der Außenseite der Tür mit der deutlichen und dauerhaften Aufschrift „Gift" versehen sein.

Die Giftkammer darf nur dem Geschäftsinhaber und dessen Beauftragten zugänglich und muß außer der Zeit des Gebrauches *verschlossen* sein.

§ 6. Innerhalb der Giftkammer müssen die Gifte der Abteilung 1 in einem verschlossenen Behältnisse (*Giftschrank*) aufbewahrt werden.

Der Giftschrank muß auf der Außenseite der Tür mit der deutlichen und dauerhaften Aufschrift „Gift" versehen sein.

Bei dem Giftschranke muß sich ein *Tisch* oder eine Tischplatte zum Abwiegen der Gifte befinden[2]).

Größere Vorräte von einzelnen Giften der Abteilung 1 dürfen außerhalb des Giftschrankes aufbewahrt werden, sofern sie sich in verschlossenen Gefäßen befinden.

§ 7. *Phosphor* und mit solchem hergestellte *Zubereitungen* müssen außerhalb des Giftschrankes, sei es innerhalb oder außerhalb der Giftkammer, unter Verschluß an einem frostfreien Orte in einem feuerfesten Behältnisse, und zwar gelber (weißer) Phosphor unter

[1]) Ein *Lattenverschlag* als Giftkammer ist nach § 9 Abs. 3 nur für Apotheken zugelassen. In Drogen- bzw. Gifthandlungen genügt ein solcher also nicht; hier muß vielmehr die Giftkammer von allen Seiten durch feste Wände umschlossen sein (KG. 17. Oktober 1904, KGA. IV S. 605).

[2]) Der *Tisch* bzw. die Tischplatte muß sich ebenso wie der Giftschrank innerhalb der verschlossenen Giftkammer befinden (KG. 17. November 1898, KGA. II S. 327).

Wasser, aufbewahrt werden. Ausgenommen sind Phosphorpillen; auf diese finden die Bestimmungen der §§ 5 und 6 Anwendung[1]).

Kalium und Natrium sind unter Verschluß, wasser- und feuersicher und mit einem sauerstofffreien Körper (Paraffinöl, Steinöl oder dgl.) umgeben, aufzubewahren.

§ 8. Zum ausschließlichen Gebrauch für die Gifte der Abteilung 1 und zum ausschließlichen Gebrauch für die Gifte der Abteilungen 2 und 3 sind besondere Geräte (Wagen, Mörser, Löffel u. dgl.) zu verwenden, welche mit der deutlichen und dauerhaften Aufschrift „Gift" in den, dem § 4 Abs. 1 entsprechenden Farben versehen sind. In jedem zur Aufbewahrung von giftigen Farben dienenden Behälter muß sich ein besonderer Löffel befinden. Die Geräte dürfen zu anderen Zwecken nicht gebraucht werden und sind mit Ausnahme der Löffel für giftige Farben stets rein zu halten. Die Geräte für die im Giftschranke befindlichen Gifte sind in diesem aufzubewahren. Auf Gewichte finden diese Vorschriften keine Anwendung[2]).

Der Verwendung besonderer Wagen bedarf es nicht, wenn größere Mengen von Giften unmittelbar in den Vorrats- oder Abgabegefäßen gewogen werden.

§ 9. Hinsichtlich der Aufbewahrung von Giften in den Apotheken greifen nachfolgende Abweichungen von den Bestimmungen der §§ 4, 5 und 8 Platz:

(Zu § 4.) Die Bestimmungen im § 4 gelten für Apotheken nur insoweit, als sie sich auf die Gefäße für Mineralsäuren, Laugen, Brom und Jod beziehen. Im übrigen bewendet es hinsichtlich der Bezeichnung der Gefäße bei den hierüber ergangenen besonderen Anordnungen.

(Zu § 5.) Die Giftkammer darf, falls sie in einem Vorratsraume eingerichtet wird, auch durch einen Lattenverschlag hergestellt werden. Kleinere Vorräte von Giften der Abteilung 1 dürfen in einem besonderen verschlossenen und mit der deutlichen und dauerhaften Aufschrift „Gift" oder „Venena" oder „Tabula B" versehenen Behältnisse im Verkaufsraume oder in einem geeigneten Nebenraume aufbewahrt werden. Ist der Bedarf an Gift so gering, daß der gesamte Vorrat in dieser Weise verwahrt werden kann, so besteht eine Verpflichtung zur Einrichtung einer besonderen Giftkammer nicht.

(Zu § 8.) Für die im vorstehenden Absatz bezeichneten kleineren Vorräte von Giften der Abteilung 1 sind besondere Geräte zu verwenden und in dem für diese bestimmten Behältnisse zu verwahren. Für die in den Abteilungen 2 und 3 bezeichneten Gifte, ausgenommen Morphin, dessen Verbindungen und Zubereitungen, sind besondere Geräte nicht erforderlich.

---

[1]) Nur Phosphorpillen sind von der für die Aufbewahrung von Phosphor und Phosphorzubereitungen getroffenen besonderen Bestimmung ausgenommen. Phosphorpaste muß also an dem gleichen Ort wie Phosphor selbst außerhalb des Giftschrankes aufbewahrt werden (KG. 3. August 1899, KGA. II, S. 323).

[2]) § 8 ist dahin zu verstehen, daß, falls beim Handel mit Giften Geräte, wie Wagen, Mörser, Löffel, verwendet werden, dies besondere Geräte sein müssen, welche zu anderen Zwecken nicht benutzt werden dürfen, und daß ferner zu unterscheiden ist, ob das betreffende Gift der Abteilung 1 oder den Abteilungen 2 bzw. 3 des Verzeichnisses der Gifte angehört, indem die für die Abteilung 1 der Gifte bestimmten Geräte wiederum nicht für Gifte der beiden anderen Abteilungen verwendet werden dürfen und umgekehrt (KG. 16. Februar 1905, KGA. IV S. 704).

Abgabe der Gifte.

§ 10. Gifte dürfen nur von dem Geschäftsinhaber oder den von ihm hiermit Beauftragten abgegeben werden.

§ 11. Über die Abgabe der Gifte der Abteilungen 1 und 2 sind in einem mit fortlaufenden Seitenzahlen versehenen, gemäß Anlage II eingerichteten Giftbuche die daselbst vorgesehenen Eintragungen zu bewirken[1]). Die Eintragungen müssen sogleich nach Verabfolgung der Waren von dem Verabfolgenden selbst, und zwar immer in unmittelbarem Anschluß an die nächst vorhergehende Eintragung ausgeführt werden. Das Giftbuch ist 10 Jahre lang nach der letzten Eintragung aufzubewahren.

Die vorstehenden Bestimmungen finden nicht Anwendung auf die Abgabe der Gifte, welche von Großhändlern an Wiederverkäufer, an technische Gewerbetreibende oder an staatliche Untersuchungs- oder Lehranstalten abgegeben werden, sofern über die Abgabe dergestalt Buch geführt wird, daß der Verbleib der Gifte nachgewiesen werden kann.

§ 12. Gift darf nur an solche Personen abgegeben werden, welche als zuverlässig bekannt sind[2]) und das Gift zu einem erlaubten

[1]) Ein Giftverkauf-Buch für Apotheker und Drogisten, enthaltend das vorschriftsmäßige Formular zum Eintragen der verkauften Gifte, ist im Verlage von Julius Springer erschienen. Die Führung eines Giftbuches ist indessen nur dann erforderlich, wenn Gifte zum Zwecke des Verkaufs vorrätig gehalten werden (KG. 6. September 1907, Ph.Ztg. 1907 Nr. 74).

[2]) Als „als zuverlässig bekannt" im Sinne der Giftverordnung sind nur solche Personen anzusehen, die man von früher her tatsächlich kennt, und deren Zuverlässigkeit man auf Grund dieser Kenntnis annimmt (KG. 1. November 1900, KGA. III S. 456; KG. 28. November 1904, KGA. IV S. 737). In allen Fällen, wo die Zuverlässigkeit nicht bekannt ist, muß sich der Empfänger durch einen von der Ortspolizeibehörde ausgestellten Erlaubnisschein legitimieren. Dies gilt für die Gifte aller drei Abteilungen. Zur Abgabe von anderen arsenhaltigen Ungeziefermitteln als Fliegenpapier ist jedoch stets ein Erlaubnisschein erforderlich (s. § 18 Abs. 3).

Im Anschluß an § 12 der Giftverordnung erging folgender Min.-Erl. über die Abgabe von Sublimatpastillen:

Min.-Erl. betr. Abgabe von Sublimatpastillen. Vom 7. Februar 1905.

Mit Rücksicht auf die Zweifel, welche über die Abgabe der Sublimatpastillen entstanden sind, weise ich darauf hin, daß dafür ausschließlich die Vorschriften der Kaiserlichen Verordnung vom 22. Oktober 1901 und der Polizeiverordnung über den Handel mit Giften vom 24. August 1895 maßgebend sind. Danach ist die Abgabe von Sublimatpastillen als Desinfektionsmittel sowohl in den Apotheken, als auch außerhalb derselben in den zum Handel mit Giften berechtigten Verkaufsstellen gegen schriftliche Empfangsbescheinigung des Erwerbers oder seines Beauftragten gestattet. Da die Hebammen als zuverlässig im Sinne des § 12 der Giftverordnung anzusehen sind und die Sublimatpastillen ein Erfordernis ihrer Berufstätigkeit darstellen, bedarf es eines Erlaubnisscheines nicht.

In einem Erlaß vom 15. Juni 1907 bemerkte dann noch der Minister, daß anläßlich der geringen Benutzung der Sublimatpastillen zu Selbstmordzwecken „kein Anlaß vorliegt, die Sublimatpastillen strengeren Verkehrsbeschränkungen zu unterwerfen, als sie zurzeit unterliegen". Das neue Hebammenlehrbuch (Ausgabe 1912) hat übrigens die Sublimatpastillen aus dem Instrumentarium der Hebammen gestrichen.

gewerblichen, wirtschaftlichen, wissenschaftlichen oder künstlerischen Zweck benutzen wollen[1]). Sofern der Abgebende von dem Vorhandensein dieser Voraussetzungen sichere Kenntnis nicht hat, darf er Gift nur gegen Erlaubnisschein abgeben.

Die Erlaubnisscheine werden von der Ortspolizeibehörde nach Prüfung der Sachlage gemäß Anlage III ausgestellt. Dieselben werden in der Regel nur für eine bestimmte Menge, ausnahmsweise

---

[1]) Gift darf also nur zu den hier genannten vier Zwecken abgegeben werden. Über die Abgabe von Gift an Dentisten erging in Abänderung einer früheren Verf. folgender Erlaß:

Min.-Erl. betr. Abgabe von Giften an Dentisten. Vom 3. April 1913.

Mit Rücksicht auf die Entscheidung des Oberverwaltungsgerichts vom 11. April 1910 (Bd. 57, S. 341ff.) sind mehrfach Zweifel über die Anwendung des Ministerialerlasses vom 27. Oktober 1906, betreffend die Abgabe von Giften an Dentisten, hervorgetreten.

Nach eingehender Prüfung erscheint der in diesem Erlasse aufgestellte Satz, „daß eine Lieferung von Giften aus den Gifthandlungen an die Zahntechniker nicht zulässig ist", aus den in jener Entscheidung angeführten Gründen in dieser Allgemeinheit nicht haltbar. Es ist vielmehr anzuerkennen, daß nach § 12 der Polizeiverordnung vom 22. Februar 1906 über den Handel mit Giften auch Dentisten zum Giftbezug berechtigt sind, soweit sie als zuverlässig bekannt sind und das Gift zu einem erlaubten gewerblichen Zwecke verwenden wollen.

Zum Begriff der Zuverlässigkeit gehört indes nicht nur, wie das Oberverwaltungsgericht in seiner Entscheidung annimmt, die mit diesem Worte bezeichnete Charaktereigenschaft, sondern auch das Vorhandensein derjenigen Kenntnisse, die eine ordnungsmäßige Verwendung des Giftes gewährleisten. Ob diese letztere Voraussetzung bei einem Dentisten vorliegt, wird der Gifthändler in den meisten Fällen nicht beurteilen können; daraus folgt für ihn die Verpflichtung, Gifte an die Dentisten in der Regel nur gegen polizeilichen Erlaubnisschein abzugeben. . . .

Als erlaubte gewerbliche Tätigkeit im Sinne des § 12 a. a. O. kann indes die Ausübung der Zahnheilkunde durch Dentisten nur insoweit gelten, als sie nicht im Widerspruch mit anderen Normen des öffentlichen Rechtes steht. Nach dieser Richtung kommen insbesondere die Vorschriften vom 22. Juni 1896, betreffend die Abgabe starkwirkender Arzneimittel usw., die das Oberverwaltungsgericht in jener Entscheidung, wie die Gründe zeigen, bewußt aus seiner Erörterung ausgeschieden hat, in Betracht. Denn diese Vorschriften haben, indem sie die Abgabe gewisser Zubereitungen als Heilmittel ohne Rezept eines Arztes verbieten, offensichtlich den Zweck, zu verhindern, daß diese Zubereitungen ohne Rezept als Heilmittel verwandt werden. Eine Heiltätigkeit, die ohne ärztliches Rezept diese Zubereitung als Heilmittel verwendet, kann daher nicht als erlaubt im Sinne des § 12 der Gift-Polizeiverordnung angesehen werden. . . .

In der im Eingange des Erlasses erwähnten Entscheidung des OVG. vom 11. April 1910 wird allerdings die Ausübung der Zahnheilkunde durch Dentisten auch unter Verwendung der genannten Gifte als erlaubter gewerblicher Zweck bezeichnet. Für Drogisten ergibt sich im ganzen folgendes. Sie dürfen verabfolgen: 1. nur solche Gifte, welche laut KaisV. vom 22. Oktober 1901 dem freien Verkehr überlassen sind, und 2. ohne polizeilichen Erlaubnisschein nur an solche Dentisten, die ihnen als zuverlässig bekannt sind, und die das Gift zu erlaubten gewerblichen Zwecken benutzen wollen. Zu „Heilzwecken" dürfen Gifte der Giftverordnung laut § 16 in Drogenhandlungen nicht abgegeben werden.

auch für den Bezug einzelner Gifte während eines ein Jahr nicht übersteigenden Zeitraumes gegeben. Der Erlaubnisschein verliert mit dem Ablaufe des 14. Tages nach dem Ausstellungstage seine Gültigkeit, sofern auf demselben etwas anderes nicht vermerkt ist[1]).

An Kinder unter 14 Jahren dürfen Gifte nicht ausgehändigt werden.

§ 13. Die in Abteilung 1 und 2 verzeichneten Gifte dürfen nur gegen schriftliche Empfangsbescheinigung (Giftschein) des Erwerbers verabfolgt werden. Wird das Gift durch einen Beauftragten abgeholt, so hat der Abgebende (§ 10) auch von diesem sich den Empfang bescheinigen zu lassen.

Die Bescheinigungen sind nach dem in Anlage IV vorgeschriebenen Muster auszustellen[2]), mit den entsprechenden Nummern des Giftbuches zu versehen und 10 Jahre lang aufzubewahren.

Die Empfangsbestätigung desjenigen, welchem das Gift ausgehändigt wird, darf auch in einer Spalte des Giftbuches abgegeben werden.

Im Falle des § 11 Abs. 2 ist die Ausstellung eines Giftscheines nicht erforderlich.

§ 14. Gifte müssen in dichten, festen und gut verschlossenen Gefäßen abgegeben werden; jedoch genügen für feste, an der Luft nicht zerfließende oder verdunstende Gifte der Abteilungen 2 und 3 dauerhafte Umhüllungen jeder Art, sofern durch dieselben ein Verschütten oder Verstäuben des Inhaltes ausgeschlossen wird.

Die Gefäße oder die an ihre Stelle tretenden Umhüllungen müssen mit der im § 4 Abs. 1 angegebenen Aufschrift und Inhaltsangabe sowie mit dem Namen des abgebenden Geschäfts versehen sein[3]). Bei festen, an der Luft nicht zerfließenden oder verdunstenden Giften der Abteilung 3 darf an Stelle des Wortes Gift die Aufschrift „Vorsicht“ verwendet werden.

Bei der Abgabe an Wiederverkäufer, technische Gewerbetreibende und staatliche Untersuchungs- oder Lehranstalten genügt indessen jede andere Verwechslungen ausschließende Aufschrift und Inhaltsangabe; auch brauchen die Gefäße oder die an ihre Stelle tretenden Umhüllungen nicht mit dem Namen des abgebenden Geschäfts versehen zu sein.

§ 15. Es ist verboten, Gifte in Trink- oder Kochgefäßen oder in solchen Flaschen oder Krügen abzugeben, deren Form oder

---

[1]) Der Erlaubnisschein bleibt Eigentum des Empfängers. Als Beweis für das Vorhandensein desselben dient der Vermerk in Rubrik 2 des Giftbuches.

[2]) Die Vorschrift in § 13 Abs. 2 der Giftverordnung, wonach auf den Giftscheinen auch die Wohnung des Empfängers angegeben sein muß, geht über die Grenzen der polizeilichen Fürsorge im gesundheitlichen Interesse hinaus; sie dient lediglich zur Erleichterung der Kontrolle durch die Polizeibehörden und ist deshalb nicht rechtlich haltbar (KG. 8. Februar 1912, Ph.Ztg. 1912 Nr. 16).

[3]) Eine bestimmte Farbe der Signaturen (wie in § 4 für die Aufbewahrungsgefäße) ist für die Abgabegefäße nicht vorgeschrieben.

Bezeichnung die Gefahr einer Verwechselung des Inhaltes mit Nahrungs- oder Genußmitteln herbeizuführen geeignet ist[1]).

§ 16. Auf die Abgabe von Giften als Heilmittel in den Apotheken finden die Vorschriften der §§ 11—14 nicht Anwendung[2]).

Besondere Vorschriften über Farben.

§ 17. Auf gebrauchsfertige Öl-, Harz- oder Lackfarben, soweit sie nicht Arsenfarben sind, finden die Vorschriften der §§ 2 bis 14 nicht Anwendung. Das Gleiche gilt für andere giftige Farben, welche in Form von Stiften, Pasten oder Steinen oder in geschlossenen Tuben zum unmittelbaren Gebrauch fertiggestellt sind, sofern auf jedem einzelnen Stück oder auf dessen Umhüllung entweder das Wort „Gift“ bzw. „Vorsicht“ und der Name der Farbe oder eine das darin enthaltene Gift erkennbar machende Bezeichnung deutlich angebracht ist[3]).

---

[1]) Die Verabfolgung von Schwefelsäure in einer Bierflasche verstößt gegen § 15 der Giftverordnung, da Bierflaschen ihrer Form zufolge geeignet sind, unheilvolle Verwechslungen hervorzurufen (KG. 28. Februar 1907, Ph.Ztg. 1907 Nr. 21).

Anderseits gilt die Bestimmung in § 15 natürlich nur für die im Verzeichnis der Gifte genannten Stoffe. Für die Abgabe anderer, nicht unter die Gifte im Sinne der Giftverordnung fallender gesundheitsschädlicher oder ekelerregender Flüssigkeiten, wie Petroleum, Benzin, Salmiakgeist, Säuren und Laugen, in Wein-, Bier- oder Mineralwasserflaschen, besteht ein Verbot nicht, auch ist, wie ein Min.-Erl. vom 29. August 1910 besagt, „ein Bedürfnis nach einer allgemeinen Regelung einstweilen nicht anzuerkennen, doch bestehen Bedenken nicht, etwaigen erheblichen Mißständen durch Bezirks- oder Provinzial-Polizeiverordnungen entgegenzuwirken“. Trotz des Fehlens eines direkten Verbots ist aber vor Benutzung solcher Flaschen für gesundheitsschädliche Flüssigkeiten zu warnen, da im Falle eines Unglücks durch Verwechslung der Flasche die Möglichkeit besteht, daß der Verkäufer wegen fahrlässiger Körperverletzung zur Verantwortung gezogen wird.

[2]) Aus dem Wortlaut des § 16 geht hervor, daß nur die Abgabe von Giften als Heilmittel in den Apotheken ausgenommen ist, auf die Abgabe von Giften als Heilmittel in Drogenhandlungen die Vorschriften der §§ 11—14 somit Anwendung finden; d. h. da § 12 die Abgabe von Gift nur zu einem gewerblichen, wirtschaftlichen, wissenschaftlichen oder künstlerischen Zweck (nicht aber Heilzweck) gestattet, dürfen Gifte, auch wenn sie sonst dem freien Verkehr überlassen sind, zu Heilzwecken in Drogenhandlungen nicht abgegeben werden. Heilzweck ist kein wirtschaftlicher oder wissenschaftlicher, sondern ein praktischer Zweck. Die Abgabe z. B. von chlorsaurem Kali zum Gurgeln gegen Halsschmerzen ist somit in Drogenhandlungen unzulässig (KG. 30. Januar 1899, 8. Mai 1899, KGA. III S. 452, KG. 6. Juni 1910, Ph.Ztg. 1910 Nr. 50).

[3]) Die Farben, auf welche sich die Verordnung bezieht, sind im Verzeichnis der Gifte Abt. 1 und 3 genannt. Ferner ist beim Verkehr mit Farben das Gesetz betr. die Verwendung gesundheitsschädlicher Farben bei der Herstellung von Nahrungsmitteln, Genußmitteln und Gebrauchsgegenständen vom 5. Juli 1887 (s. Teil IV Abschnitt 5) zu beachten. Die Bestimmungen der Giftverordnung über Farben sind neben diesem Gesetze rechtsgültig (KG. 28. Juni 1909).

In einer Verfügung vom 17. Juli 1907 machte der Reg.-Präsident in Minden darauf aufmerksam, „daß für den Handel mit giftigen Farben, die in Form von

Ungeziefermittel.

§ 18. Bei der Abgabe der unter Verwendung von Gift hergestellten Mittel gegen schädliche Tiere (sog. Ungeziefermittel) ist jeder Packung eine Belehrung über die mit einem unvorsichtigen Gebrauche verknüpften Gefahren beizufügen. Der Wortlaut der Belehrung kann von der zuständigen Behörde vorgeschrieben werden[1]).

Arsenhaltiges Fliegenpapier darf nur mit einer Abkochung von Quassiaholz oder Lösung von Quassiaextrakt zubereitet in viereckigen Blättern von 12 : 12 cm, deren jedes nicht mehr als 0,01 g arsenige Säure enthält und auf beiden Seiten mit drei Kreuzen, der Abbildung eines Totenkopfes und der Aufschrift „Gift" in schwarzer Farbe deutlich und dauerhaft versehen ist, feilgehalten oder abgegeben werden. Die Abgabe darf nur in einem dichten Umschlag erfolgen, auf welchem in schwarzer Farbe deutlich und dauerhaft die Inschriften „Gift" und „Arsenhaltiges Fliegenpapier" und im Kleinhandel außerdem der Name des abgebenden Geschäfts angebracht ist[2]).

Stiften, Pasten oder Steinen oder in geschlossenen Tuben zum unmittelbaren Gebrauch fertiggestellt sind, eine Giftkonzession erforderlich ist". In gleichem Sinne entschied hinsichtlich bleichromathaltiger Farbstifte das KG. unter dem 12. November 1909 (Ph.Ztg. 1909 Nr. 97). Weiteres über giftige Farben s. S. 103.

[1]) Die Verpflichtung zur Beigabe von belehrenden Warnungen bei Abgabe von Ungeziefermitteln bezieht sich nicht nur auf solche Präparate, welche sich selbst als Gifte im Sinne der Anlage I erweisen, sondern auf alle Zubereitungen, welche unter Verwendung eines in der Anlage I genannten Giftes hergestellt und zur Vertilgung schädlicher Tiere irgendwelcher Art bestimmt sind. Der Wortlaut der Belehrungen kann von der zuständigen Behörde vorgeschrieben werden. Das ist jedoch nur vereinzelt geschehen, so in den Regierungsbezirken Königsberg, Wiesbaden und Stadtkreis Berlin (s. S. 113). Gedruckte Belehrungen sind im Verlage von Julius Springer erschienen.

[2]) Für das arsenhaltige Fliegenpapier gilt folgendes: Arsenhaltiges Fliegenpapier fällt unter Abteilung 1 der Gifte und gehört zu der Position: „Arsen, dessen Verbindungen und Zubereitungen, auch Arsenfarben." Somit muß es wie alle anderen Gifte der Abteilung 1, in der Giftkammer aufbewahrt werden. Auch die Abgabe des Fliegenpapiers regelt sich nach den allgemeinen Bestimmungen (§§ 10—16). Sie darf demgemäß nur gegen Eintragung ins Giftbuch und Ausstellung eines Giftscheines erfolgen. Ein Erlaubnisschein ist jedoch nach § 12 nur dann erforderlich, wenn die das Mittel erhaltende Person nicht „als zuverlässig bekannt" ist. Das im § 18 enthaltene Gebot: „andere arsenhaltige Ungeziefermittel" in jedem Falle nur gegen Erlaubnisschein abzugeben, bezieht sich, wie aus seinem Wortlaut und seiner Stellung hinter dem arsenhaltigen Fliegenpapier unfehlbar hervorgeht, eben nur auf „andere" arsenhaltige Mittel, nicht aber auf das Fliegenpapier. Das bestätigt auch der nachstehende

Min.-Erl. betr. das arsenhaltige Fliegenpapier. Vom 15. Juni 1903.

Zu der Vorschrift in dem § 18 Abs. 2 der Polizeiverordnung über den Handel mit Giften wird gegenüber hervorgetretenen Zweifeln bemerkt, daß die Verabfolgung von arsenhaltigem Fliegenpapier nicht von der Beibringung eines Erlaubnisscheines (§ 12 der Polizeiverordnung) abhängig gemacht werden sollte. Es hat indes nicht die Absicht bestanden, die Abgabe arsenhaltigen Fliegenpapiers auch von dem Erfordernis der in § 13 der Polizeiverordnung für die

Andere arsenhaltige Ungeziefermittel dürfen nur mit einer in Wasser leicht löslichen grünen Farbe vermischt feilgehalten oder abgegeben werden[1]), sie dürfen nur gegen Erlaubnisschein (§ 12) verabfolgt werden[2]).

Strychninhaltige Ungeziefermittel dürfen nur in Form von vergiftetem Getreide, welches in tausend Gewichtsteilen höchstens fünf Gewichtsteile salpetersaures Strychnin enthält und dauerhaft dunkelrot gefärbt ist, feilgehalten oder abgegeben werden[3]).

Vorstehende Beschränkungen können zeitweilig außer Wirksamkeit gesetzt werden, wenn und soweit es sich darum handelt, unter polizeilicher Aufsicht außerordentliche Maßnahmen zur Vertilgung von schädlichen Tieren, z. B. Feldmäusen, zu treffen.

Gewerbebetrieb der Kammerjäger.

§ 19. Personen, welche gewerbsmäßig schädliche Tiere vertilgen (Kammerjäger), müssen ihre Vorräte von Giften und gifthaltigen Ungeziefermitteln unter Beachtung der Vorschriften in den §§ 2, 3,

---

Verabfolgung von Giften der Abteilung I und II vorgeschriebenen Empfangsbescheinigung auszunehmen.

Ferner erging noch ein Min.-Erl. vom 10. Juni 1907, betr. Coopers Schafwaschpulver. Er bestimmt, daß dieses Waschpulver als arsenhaltiges Ungeziefermittel anzusehen ist und daher nach § 18 Abs. 3 der Polizeiverordnung über den Handel mit Giften nur mit einer im Wasser leicht löslichen grünen Farbe vermischt feilgehalten oder abgegeben werden darf.

[1]) Diese Bestimmung bezieht sich nur auf die Beschaffenheit arsenhaltiger Ungeziefermittel. Für die Bezeichnung der Standgefäße genügt nach einem Urteil des KG. vom 29. April 1909 (Ph.Ztg. 1909 Nr. 36) die Aufschrift „Arsenik". Es ist nicht erforderlich, daß die Aufschrift „grüngefärbtes Arsenik" lautet.

[2]) Alle anderen arsenhaltigen Ungeziefermittel außer Fliegenpapier dürfen nur gegen Erlaubnisschein abgegeben werden und müssen mit einer in Wasser leicht löslichen grünen Farbe gefärbt sein. Aus dieser Forderung ergibt sich auch, daß Schweinfurter Grün, wenn es als Unziefermittel dienen soll, noch besonders mit einer wasserlöslichen grünen Farbe vermischt sein muß. Die Bestimmung, daß arsenhaltige Ungeziefermittel nur gefärbt abgegeben werden dürfen, schließt jedoch durchaus nicht die Abgabe von reinem, ungefärbtem Arsenik zu anderen Zwecken (natürlich gegen Giftschein) aus. Die Bestimmung über die Abgabe von arsenhaltigen Ungeziefermitteln gilt auch für die Abgabe an Kammerjäger. Auch hierbei sind Grünfärbung und Erlaubnisschein erforderlich.

[3]) Diese Bestimmung bezieht sich nur auf strychnin-„haltige" Ungeziefermittel, also „Zubereitungen" von Strychnin, schließt daher die Abgabe von reinem Strychnin zu einem erlaubten wirtschaftlichen Zweck, wie z. B. zur Vertilgung von Mäusen, Raubzeug u. dgl., nicht aus (KG. 28. März 1898, KGA. II S. 317; Technische Kommission für pharm. Angelegenheiten 3. Juli 1900, Ph.Ztg. 1900 Nr. 74). Reines Strychnin darf aber laut § 2 der KaisV. vom 22. Oktober 1901 (s. S. 14) im Kleinhandel außerhalb der Apotheken nicht feilgehalten und verkauft werden. Ferner entschied das OVG. unter dem 12. Mai 1910 (Ph.Ztg. 1910 Nr. 40): „Der Handel mit Strychninpräparaten zur Vertilgung von Raubzeug, Füchsen usw., ist nicht verboten. Die Bestimmung in § 18 der Giftverordnung bezieht sich nur auf den Verkehr mit Ungeziefermitteln. Füchse sind aber nicht als Ungeziefer anzusehen."

4, 7 und, soweit sie die Vorräte nicht bei Ausübung ihres Gewerbes mit sich führen, in verschlossenen Räumen, welche nur ihnen und ihren Beauftragten zugänglich sind, aufzubewahren. Sie dürfen die Gifte und die Mittel an andere nicht überlassen[1]).

§ 20. Diese Polizeiverordnung tritt am 1. März 1906 in Kraft, mit Ausnahme der Bestimmungen über den Verkehr mit arsenhaltiger und arsenfreier Salzsäure und Schwefelsäure, die erst am 1. Juli 1906 Geltung erlangen. Alle entgegenstehenden Verordnungen, insbesondere die Polizeiverordnung vom 24. August 1895 (MinBl. f. d. innere Verw. S. 265) und die Bekanntmachung vom 16. Oktober 1901 (MinBl. f. Med.- usw. Angel. S. 263) werden von dem gleichen Zeitpunkte ab aufgehoben.

§ 21. Die für die Apotheken über den Handel mit Giften bestehenden weitergehenden Vorschriften bleiben auch ferner in Kraft.

§ 22. Zuwiderhandlungen gegen diese Polizeiverordnung werden, soweit in den bestehenden Gesetzen nicht höhere Strafen vorgesehen sind, nach § 367 Nr. 5 des Strafgesetzbuchs mit Geldstrafe bis zu 150 Mark oder mit Haft bestraft[2]).

Anlage I.

Verzeichnis der Gifte[3]).

Abteilung 1[4]).

Akonitin, dessen Verbindungen und Zubereitungen,

Arsen, dessen Verbindungen[5]) und Zubereitungen, auch Arsenfarben,

Atropin, dessen Verbindungen und Zubereitungen,

Brucin, dessen Verbindungen und Zubereitungen,

Curare und dessen Präparate,

---

[1]) Der Betrieb des Kammerjäger-Gewerbes unterliegt nur den in § 19 der Giftverordnung vom 22. Februar 1906 angeordneten Beschränkungen. Frühere die Ausübung dieses Gewerbes betreffende Polizeiverordnungen sind beseitigt. Auch einer Konzession bedürfen Kammerjäger nicht. (KG. 22. Januar 1912, Med.-A. 1912 S. 225.)

[2]) Nach einem Urteil des KG. vom 28. Juni 1909 beziehen sich der § 367, 5 StrGB. und die Ministerialpolizeiverordnung betr. den Handel mit Giften nur auf den befugten, d. h. konzessionierten Gifthandel. Liegt ein unbefugter Handel dieser Art vor, so greift § 367, 3 StrGB. Platz. Beide Strafbestimmungen sind in Teil VI abgedruckt.

[3]) Diejenigen Gifte, welche gleichzeitig in dem Verzeichnis B der KaisV. über den Verkehr mit Arzneimitteln vom 22. Oktober 1901 (s. S. 17) genannt sind, dürfen außerhalb der Apotheken im Kleinhandel nicht feilgehalten und verkauft werden. Dieselben sind in obigem Verzeichnis durch Kursivdruck kenntlich gemacht.

[4]) Für die Gifte der Abt. I gilt folgendes:

Bezeichnung: mit Ausnahme der Mineralsäuren: weiße Schrift auf schwarzem Grunde.

Aufbewahrung: mit Ausnahme von Phosphor im Giftschrank bzw. der Giftkammer.

Abgabe: gegen Giftschein und Eintragung ins Giftbuch, bei nicht als zuverlässig bekannten Personen sowie bei anderen arsenhaltigen Ungeziefermitteln als Fliegenpapier außerdem nur gegen Erlaubnisschein.

[5]) Von den Arsenverbindungen ist Jodarsen laut Verzeichnis B der KaisV. vom 22. Oktober 1901 dem freien Verkehr entzogen.

Cyanwasserstoffsäure (*Blausäure*), Cyankalium, die sonstigen cyanwasserstoffsauren Salze und deren Lösungen, mit Ausnahme des Berliner Blau (Eisencyanür) und des gelben Blutlaugensalzes (Kaliumeisencyanür)[1]),
Daturin, dessen Verbindungen und Zubereitungen,
Digitalin, dessen Verbindungen und Zubereitungen,
Emetin, dessen Verbindungen und Zubereitungen,
Erytrophleïn, dessen Verbindungen und Zubereitungen,
Fluorwasserstoffsäure (Flußsäure)
Homatropin, dessen Verbindungen und Zubereitungen,
Hyoscin (*Duboisin*), *dessen Verbindungen* und Zubereitungen.
Hyoscyamin (*Duboisin*), *dessen Verbindungen* und Zubereitungen,
Kantharidin, dessen Verbindungen und Zubereitungen,
Kolchicin, dessen Verbindungen und Zubereitungen,
Koniin, dessen Verbindungen und Zubereitungen,
Nikotin, dessen Verbindungen und Zubereitungen,
Nitroglycerinlösungen[2]),
Phosphor (auch roter, sofern er gelben Phosphor enthält) und die damit bereiteten Mittel zum Vertilgen von Ungeziefer,
Physostigmin, dessen Verbindungen und Zubereitungen,
Pikrotoxin,
Quecksilberpräparate[3]), auch Farben, außer Quecksilberchlorür (Kalomel) und Schwefel quecksilber (Zinnober)[4]),

[1]) Ein Min.-Erl. vom 12. Juni 1908 besagt hierzu, daß Rhodanammonium und Rhodankalium zu den Giften im Sinne der PV. vom 22. Februar 1906 über den Handel mit Giften nicht gehören. In Abteilung 1 der PV. sind nur die Cyanwasserstoffsäure und deren Salze aufgenommen, die Rhodan- oder Sulfocyansäure stellt aber eine andere chemische Verbindung dar und ist auch nicht in Abteilung 2 oder 3 der Giftpolizeiverordnung aufgeführt.

[2]) Nach § 3 der MinPV. betr. den Verkehr mit Sprengstoffen vom 14. September 1905 sind Nitroglycerinlösungen vom Handel ausgeschlossen.

[3]) Von den Quecksilberpräparaten sind die folgenden laut Verzeichnis B der KaisV. vom 22. Oktober 1901 dem freien Verkehr entzogen: Quecksilberazetat, Quecksilberjodid, Quecksilberbromür, Quecksilberzyanid, Quecksilberformamid, Quecksilberjodür, ölsaures Quecksilber, gelbes Quecksilberoxyd, Quecksilberpeptonat, weißes Quecksilberpräzipitat, Quecksilbersalizylat, Quecksilbertannat; desgleichen das zur Abt. 3 der Gifte gehörige Quecksilberchlorür.

[4]) Während die Giftverordnung an anderen Stellen (so bei den meisten Giften der Abteilung 1) auch die Zubereitungen oder (wie bei Gummi-Gutti, Paraphenylendiamin u. a.) die Lösungen der Gifte mit einbegreift, nennt sie hier nur „Quecksilberpräparate", worunter nach § 1 nur chemische Präparate zu verstehen sind. Es ist deshalb streitig geworden, ob Sublimatpastillen und Sublimatlösungen, die nur „Zubereitungen" des Quecksilberpräparates Sublimat sind, unter die Giftverordnung fallen. Sublimatpastillen sind jedoch ihres hohen Sublimatgehaltes wegen zweifellos den „Quecksilberpräparaten" im Sinne der Verordnung gleichzustellen. Schwächere Sublimatlösungen werden aber nach dem Wortlaut der Verordnung von dieser nicht betroffen. Gleiches gilt nach Urteilen des KG. vom 6. September 1907 (Ph.Ztg. 1907 Nr. 91) und des OLG. Rostock vom 29. Oktober 1909 (Med.A. 1911 S. 79) für graue Salbe als Ungeziefermittel, da sie nicht ein Quecksilberpräparat, sondern nur die Zubereitung eines solchen ist.

Salzsäure, arsenhaltige[1]),
Schwefelsäure, arsenhaltige[1])[2]),
Skopolamin, dessen Verbindungen und Zubereitungen,
Strophanthin,
Strychnin, dessen Verbindungen und Zubereitungen, mit Ausnahme von strychninhaltigem Getreide,
Uransalze, lösliche, auch Uranfarben,
Veratrin, dessen Verbindungen und Zubereitungen.

Abteilung 2[3]).

Acetanilid (*Antifebrin*),
Adoniskraut,
Aethylenpräparate,
Agaricin,
Akonit-extrakt, -*knollen*, -*kraut*, -tinktur,
Amylenhydrat,
Amylnitrit,
Apomorphin,
Belladonna-blätter, -extrakt, -tinktur, -*wurzel*,
Bilsen-kraut, -*samen*, Bilsenkrautextrakt, -tinktur,
Bittermandelöl, blausäurehaltig.,
Brechnuß (*Krähenaugen*), sowie die damit hergestellten Ungeziefermittel, Brechnußextrakt, -tinktur,
Brechweinstein,
Brom,
Bromäthyl,
Bromalhydrat,
Bromoform,
Butylchloralhydrat,
Calabar-extrakt, -*samen*, tinktur,
Cardol,
Chloräthyliden, zweifach,
Chloralformamid,
Chloralhydrat,
Chloressigsäuren,
Chloroform,
Chromsäure,
Cocaïn, dessen Verbindungen und Zubereitungen,
Convallamarin, dessen Verbindungen und Zubereitungen.
Convallarin, dessen Verbindungen und Zubereitungen,
Elaterin, dessen Verbindungen und Zubereitungen,
Erythrophleum,
Euphorbium,

[1]) Anmerkung: Salzsäure und Schwefelsäure gelten als arsenhaltig, wenn 1 ccm der Säure, mit 3 ccm Zinnchlorürlösung versetzt, innerhalb 15 Minuten eine dunklere Färbung annimmt.

Bei der Prüfung auf den Arsengehalt ist, sofern es sich um konzentrierte Schwefelsäure handelt, zunächst 1 ccm durch Eingießen in 2 ccm Wasser zu verdünnen und 1 ccm von dem erkalteten Gemische zu verwenden. Die Zinnchlorürlösung ist aus 5 Gewichtsteilen kristallisiertem Zinnchlorür, die mit 1 Gewichtsteile Salzsäure anzurühren und vollständig mit trocknem Chlorwasserstoff zu sättigen sind, herzustellen, nach dem Absetzen durch Asbest zu filtrieren und in kleinen, mit Glasstopfen verschlossenen, möglichst angefüllten Flaschen aufzubewahren.

[2]) Arsenhaltige Schwefelsäure darf in Drogenhandlungen ohne Giftkonzession für die Gifte der Abteilung 1 nicht feilgehalten werden (KG. 7. Oktober 1912, Ph.Ztg. 1912 Nr. 83).

[3]) Für die Gifte der Abt. II gilt folgendes:
Bezeichnung: mit Ausnahme von Brom: rote Schrift auf weißem Grunde.
Aufbewahrung: von anderen Waren getrennt, weder über noch unmittelbar neben Nahrungs- oder Genußmitteln.
Abgabe: gegen Giftschein und Eintragung ins Giftbuch, bei nicht als zuverlässig bekannten Personen außerdem nur gegen Erlaubnisschein.

Fingerhut-blätter, -essig, -extrakt, -tinktur,
Gelsemium-wurzel, -tinktur,
Giftlattich-extrakt, -kraut, *-saft* (*Laktukarium*),
Giftsumach-blätter, -extrakt, -tinktur,
Gottesgnaden-kraut, -extrakt, -tinktur,
Gummigutti, dessen Lösungen und Zubereitungen.
Hanf, indischer, -extrakt, -tinktur,
Hydroxylamin, dessen Verbindungen und Zubereitungen,
Jalapen-harz, *-knollen*, -tinktur,
Kirschlorbeeröl,
Kodeïn, dessen Verbindungen und Zubereitungen,
Kokkelskörner,
Kotoïn,
Krotonöl,
Morphin, dessen Verbindungen und Zubereitungen,
Narceïn, dessen Verbindungen und Zubereitungen,
Narkotin, dessen Verbindungen und Zubereitungen,
Nießwurz (Helleborus), grüne, -extrakt, -tinktur, -wurzel,
Nießwurz (Helleborus), schwarze, -extrakt, -tinktur, -wurzel,
Nitrobenzol (Mirbanöl),
Opium und dessen Zubereitungen, mit Ausnahme von Opiumpflaster und -wasser,
Oxalsäure (Kleesäure, sog. Zuckersäure),
Paraldehyd,
Pental,
Pilokarpin, dessen Verbindungen und Zubereitungen,
Sabadill-extrakt, -früchte, -tinktur,
Sadebaum-spitzen, extrakt, *-öl*,
Sankt Ignatius-samen-, tinktur,
Santonin,
Scammonia-harz (*Scammonium*), -wurzel,
Schierling (*Konium*) *-kraut*, -extrakt, -früchte, -tinktur,
Senföl, ätherisches,
Spanische Fliegen und deren weingeistige und ätherische Zubereitungen,
Stechapfel-blätter, -extrakt, *-samen*, -tinktur, — ausgenommen zum Rauchen oder Räuchern,
Strophantus-extrakt, *-samen*, -tinktur,
Strychninhaltiges Getreide[1]),
Sulfonal und dessen Ableitungen,
Thallin, dessen Verbindungen und Zubereitungen,
Urethan,
Veratrum (*weiße Nießwurz*) -tinktur, *-wurzel*,
Wasserschierling-kraut, -extrakt,
Zeitlosen-extrakt, -knollen, *-samen*, -tinktur, -wein.

---

[1]) Die Bezeichnung „Gifthafer" und „Giftweizen" für strychninhaltiges Getreide ist nach einem Min.-Bescheid von 1899 allgemein üblich und darf deshalb auch bei der Eintragung in das Giftbuch angewendet werden.

Über die Aufbewahrung und Signierung von strychninhaltigem Getreide erging nachstehender Min.-Erl.:

Min.-Erl. betr. strychninhaltiges Getreide. Vom 9. Oktober 1908.

Auf die Anfrage vom 30. September d. J. erwidere ich, daß strychninhaltiges Getreide ein Gift der Abteilung 2 aus Anlage I zur Landespolizeiverordnung vom 22. Februar 1906 über den Handel mit Giften ist, demnach rot auf weiß zu bezeichnen und nicht in der Giftkammer, sondern . . . vorsichtig und von den harmlosen Stoffen getrennt aufzubewahren ist. Die Abgabe strychninhaltigen Getreides hat den Vorschriften der Polizeiverordnung über den Handel mit Giften gemäß zu erfolgen.

Abteilung 3[1]).

Antimonchlorür, fest oder in Lösung,
Baryumverbindungen außer Schwerspath (schwefelsaurem Baryum),
Bittermandelwasser,
Bleiessig,
Bleizucker,
Brechwurzel (Ipecacuanha) -extrakt, -tinktur, -wein,
Farben, welche Antimon, Baryum, Blei, Chrom, Gummigutti, Kadmium, Kupfer, Pikrinsäure, Zink oder Zinn enthalten, mit Ausnahme von Schwerspaht (schwefelsaurem Baryum), Chromoxyd, Kupfer, Zink, Zinn und deren Legierungen als Metallfarben, Schwefelkadmium, Schwefelzink, Schwefelzinn (als Musivgold), Zinkoxyd, Zinnoxyd,
Goldsalze,
Jod und dessen Präparate[2]), ausgenommen zuckerhaltiges Eisenjodür und Jodschwefel,
Jodoform,
Kadmium und dessen Verbindungen, auch mit Brom oder Jod,
Kalilauge, in 100 Gewichtsteilen mehr als 5 Gewichtsteile Kaliumhydroxyd enthaltend,
Kalium,
Kaliumbichromat (rotes chromsaures Kalium, sog. Chromkali),
Kaliumbioxalat (Kleesalz),
Kaliumchlorat (chlorsaures Kalium),
Kaliumchromat (gelbes chromsaures Kalium),
Kaliumhydroxyd (Ätzkali),
Karbolsäure, auch rohe, sowie verflüssigte und verdünnte, in 100 Gewichtsteilen mehr als 3 Gewichtsteile Karbolsäure enthaltend,
Kirschlorbeerwasser,
Koffeïn, dessen Verbindungen und Zubereitungen,
Koloquinthen-extrakt, -tinktur,
Kreosot,
Kresole und deren Zubereitungen (Kresolseifenlösungen, Lysol, Lysosolveol usw.)[3]), sowie deren Lösungen, soweit sie in

---

[1]) Für die Gifte der Abt. III gilt folgendes:
Bezeichnung: mit Ausnahme von Mineralsäuren, Laugen und Jod: rote Schrift auf weißem Grunde.
Aufbewahrung: von anderen Waren getrennt, weder über noch unmittelbar neben Nahrungs- oder Genußmitteln.
Abgabe: ohne Giftschein und ohne Eintragung ins Giftbuch, bei nicht als zuverlässig bekannten Personen aber nur gegen Erlaubnisschein.

[2]) Von den Jodpräparaten sind die folgenden laut Verzeichnis B der KaisV. vom 22. Oktober 1901 dem freien Verkehr entzogen: Sozojodolsäure und ihre Salze, Äthyljodid, Wismutoxyjodid, Airol, Aristol, Europhen, Jodol, Kaliumjodid, Losophan, Natriumjodid, Nosophen, Bleijodid, Jodoform; ferner auch die beiden nicht zu den Giften gehörenden: zuckerhaltiges Eisenjodür und Jodschwefel.

[3]) Zu den Kresolseifenlösungen gehört auch der im Deutschen Arzneibuch V aufgeführte Liquor Cresoli saponatus. Über die Benutzung desselben in der Hebammenpraxis erging nachstehender Min.-Erl. vom 18. Januar 1911:

Nachdem mit dem Inkrafttreten des neuen Deutschen Arzneibuches, 5. Ausgabe 1910 (zu vergleichen den Erlaß vom 15. Dezember 1910), ein neues Kresolseifenpräparat allgemein eingeführt worden ist, bestimme ich unter Aufhebung des Runderlasses vom 19. Oktober 1907, daß an Stelle der „Kresolseife“

100 Gewichtsteilen mehr als ein Gewichtsteil der Kresolzubereitung enthalten[1]),
Kupferverbindungen[2]),
Lobelien-kraut, -tinktur,
Meerzwiebel-extrakt, -tinktur, -wein[3]),
Mutterkorn-extrakt (Ergotin),
Natrium,
Natriumbichromat,
Natriumhydroxyd (Ätznatron, Seifenstein),
Natronlauge in 100 Gewichtsteilen mehr als 5 Gewichtsteile Natriumhydroxyd enthaltend,
Paraphenylendiamin, dessen Salze, Lösungen und Zubereitungen,
Phenacetin,
Pikrinsäure und deren Verbindungen,
Quecksilberchlorür (*Kalomel*),
Salpetersäure (Scheidewasser), auch rauchende,
Salzsäure, arsenfreie[4]), auch verdünnte, in 100 Gewichtsteilen mehr als 15 Gewichtsteile wasserfreie Säure enthaltend,
Schwefelkohlenstoff,
Schwefelsäure, arsenfreie[4]), auch verdünnte, in 100 Gewichtsteilen mehr als 15 Gewichtsteile Schwefelsäuremonohydrat enthaltend,

---

künftig die „Kresolseifenlösung" des Deutschen Arzneibuchs (S. 309/10) seitens der Hebammen zur Anwendung zu gelangen hat.

Für die Abgabe der Kresolseifenlösung gelten die gleichen Bestimmungen wie für die anderen Gifte der Abteilung 3. Da die Hebammen nach dem Erl. vom 7. Februar 1905 (s. S. 90) als zuverlässig im Sinne von § 12 der Giftverordnung anzusehen sind, bedarf es zur Abgabe der Kresolseifenlösung an sie eines Erlaubnisscheines nicht. Ferner erging hierüber folgender Min.-Bescheid vom 11. Februar 1911:

Nachdem durch meinen Erlaß vom 18. Januar d. J. der Runderlaß vom 19. Oktober 1907 aufgehoben worden ist, können die Hebammen die Kresolseifenlösung auch außerhalb der Apotheken unter Beachtung der den Verkehr mit Giften regelnden Bestimmungen beziehen.

[1]) Zu den Kresolzubereitungen gehören außer den in der Verordnung selbst genannten insbesondere noch folgende Präparate: Bacillol, Bavarol, Crelium, Enterol, Germol, Kresamin, Kresapol, Kresin, Kresolin, Kresylol, Kresylsäure, Liquor desinfectans, Lysitol, Lysopast, Metakalin, Phenolin, Sapokarbol, Sapokresol, Saprol, Solutol, Solveol, Trikresol, Trikresolamin.

Kresolseifenlösungen gehören ohne Ausnahme zu den Giften, im Sinne der Giftpolizeiverordnung. Es kommt nicht darauf an, ob sie in 100 Gewichtsteilen mehr als einen Gewichtsteil Kresolzubereitung enthalten, da letztere Ausnahme nur für die Lösungen von solchen Kresolzubereitungen in Betracht kommt (KG. 28. November 1907, Ph.Ztg. 1907 Nr. 99).

Creolin ist nach einem Min.-Erl. vom 6. April 1906 nicht als Kresolzubereitung anzusehen. Dieser Erl. lautet:

Der Handel mit Creolin wird durch die Bestimmungen unserer Polizeiverordnung vom 22. Februar 1906 über den Handel mit Giften nicht betroffen.

[2]) Von den Kupferverbindungen sind Kupferalaun und Kupfersalizylat laut Verzeichnis B der KaisV. vom 22. Oktober 1901 dem freien Verkehr entzogen.

[3]) Meerzwiebel in Substanz gehört nicht zu den Giften der Giftverordnung. Letztere spricht nur dem von Extrakt, der Tinktur und dem Wein der Meerzwiebel (KG. 30. April 1908, Ph.Ztg. 1908 Nr. 38).

[4]) Anmerkung: Siehe Anmerkung zu Abteilung I.

Silbersalze [1]), mit Ausnahme von Chlorsilber,
Stephans (Staphisagria) -körner,
Zinksalze [2]), mit Ausnahme von Zinkkarbonat,
Zinnsalze.

Anlage II.

Giftbuch.

Laufende Nr.	Bezeichnung des Erlaubnisscheins nach Behörde und Nummer	Tag der Abgabe	Des Giftes		Zweck, zu welchem das Gift vom Erwerber benutzt werden soll	Des Erwerbers		Des Abholenden		Name des Verabfolgenden	Eigenhändige Namensunterschrift des Empfängers
			Name	Menge		Name und Stand	Wohnort (Wohnung)	Name und Stand	Wohnort (Wohnung)		

Anlage III.

(Name der ausstellenden Behörde.)

No. ...

Erlaubnisschein zum Erwerb von Gift.

Der etc. (Name, Stand) .... zu (Wohnort und Wohnung) .... die (Firma) .... wünscht (Menge) .... (Name des Gifts) .... zu erwerben, um damit .... (Zweck, zu welchem das Gift benutzt werden soll) .....

Gegen dies Vorhaben ist diesseits nach stattgefundener Prüfung nichts zu erinnern...

...., den ...ten ...... 19.

(Bezeichnung der ausstellenden Behörde.)
(Namensunterschrift.)
(Siegel.)

Dieser Schein macht die Ausstellung einer Empfangsbescheinigung (Giftschein) gemäß § 13 nicht entbehrlich. Er verliert mit dem Ablaufe des 14. Tages nach dem Ausstellungstage seine Gültigkeit, sofern etwas anderes oben nicht ausdrücklich vermerkt ist.

---

[1]) Von den Silbersalzen sind die folgenden laut Verzeichnis B der KaisV. vom 22. Oktober 1901 dem freien Verkehr entzogen: Actol, Argentamin, Argentol, Argonin, Itrol, Largin, Protargol.

[2]) Von den Zinksalzen sind die folgenden laut Verzeichnis B der KaisV. vom 22. Oktober 1901 dem freien Verkehr entzogen: Zinkazetat, reines Zinkchlorid, Zinkzyanid, Zinkpermanganat, Zinksalizylat, ichthyolsulfosaures Zink, reines Zinksulfat, sulfophenolsaures Zink, baldriansaures Zink, milchsaures Zink, sozojodolsaures Zink.

Anlage IV.

Nr. . . . (des Giftbuchs).

Giftschein.

Von (Firma des abgebenden Geschäfts) . . . . zu (Ort) . . . . bekenne ich hierdurch . . . . (Menge) . . . . (Name des Gifts) . . . . zum Zwecke de . . . . wohl verschlossen und bezeichnet erhalten zu haben.

Der aus einem unvorsichtigen Gebrauche des Giftes entstehenden Gefahren wohl bewußt, werde ich dafür Sorge tragen, daß dasselbe nicht in unbefugte Hände gelangt und nur zu dem vorgedachten Zwecke verwendet wird.

Das Gift soll durch . . . . . . abgeholt werden.

(Wohnort, Tag, Monat, Jahr und Wohnung.) [1]

(Name und Vorname, Stand oder Beruf des Erwerbers.) (Eigenhändig geschrieben.)

(Zusatz, falls das Gift durch einen anderen abgeholt wird.)

Das oben bezeichnete Gift habe ich im Auftrage des . . . . (Namen des Erwerbers) in Empfang genommen und verspreche, dasselbe alsbald unversehrt an meinen Auftraggeber abzuliefern.

(Ort, Tag, Monat, Jahr.)

(Name und Vorname, Stand oder Beruf des Abholenden.) (Eigenhändig geschrieben.)

Giftige Farben.

1. Über giftige Farben enthält die Polizeiverordnung über den Handel mit Giften an verschiedenen Stellen Bestimmungen.

a. Von den Vorschriften der Verordnung nicht betroffen werden gebrauchsfertige Öl-, Harz- oder Lackfarben, soweit sie nicht Arsenfarben sind; ferner andere giftige Farben, welche in Form von Stiften, Pasten oder Steinen oder in geschlossenen Tuben zum unmittelbaren Gebrauch fertiggestellt sind, sofern auf jedem einzelnen Stück oder auf dessen Umhüllung entweder das Wort „Gift" bzw. „Vorsicht" und der Name der Farbe oder eine das darin enthaltene Gift erkennbar machende Bezeichnung deutlich angebracht ist (§ 17).

b. Zur Abteilung 1 der Gifte gehören alle Arsenfarben, Uranfarben und Quecksilberfarben mit Ausnahme des Schwefelquecksilbers (Zinnober).

c. Zur Abteilung 3 der Gifte gehören alle Farben, welche Antimon, Baryum, Blei, Chrom, Gummigutti, Kadmium, Kupfer, Pikrinsäure, Zink oder Zinn enthalten, mit Ausnahme von Schwerspat (schwefelsaurem Baryum), Chromoxyd, Kupfer, Zink, Zinn und deren Legierungen als Metallfarben, Schwefelkadmium, Schwefelzink, Schwefelzinn (als Musivgold), Zinkoxyd, Zinnoxyd.

d. Alle unter die Verordnung fallenden Farben dürfen in Schiebladen aufbewahrt werden, sofern die Schiebladen mit Deckeln versehen,

[1] Hinsichtlich der Verpflichtung zur Angabe der Wohnung des Empfängers vgl. die Fußnote 2 auf S. 92.

von festen Umhüllungen umgeben und so beschaffen sind, daß ein Verschütten oder Verstäuben des Inhaltes ausgeschlossen ist. In jedem zur Aufbewahrung von giftigen Farben dienenden Behälter muß sich ein besonderer Löffel befinden (§§ 3 und 8).

2. Ein Verzeichnis der gebräuchlichsten unter die Giftverordnung fallenden giftigen Farben und ihrer verschiedenen Benennungen ist nachstehend aus einer Verfügung des Regierungspräsidenten in Minden vom 14. August 1897 wiedergegeben. Die halbfett gedruckten Farben gehören zur Abteilung 1 der Gifte, sind also im Giftschrank aufzubewahren, die übrigen fallen unter die Abteilung 3. [1])

Name der Farbe [2])	Bestandteile	Art der Farbe
Acajoubraun	s. Kupferbraun	braun
Ägyptisch Blau	Kupfersilikat	blau
Aerugo [3])	essigsaures Kupferoxyd	grün
Alexandergrün	s. Kupfergrün	grün
Algarotpulver [4])	Antimonoxyd mit Antimontrichlorid	weiß
Altonaer Grün	s. Schweinfurter Grün	grün
Amerikanischgelb	s. Chromgelb	gelb
Amerikanischgrün	s. Chromgrün	grün
Antimonblau [5])	cyansaures Antimonoxyd	blau
Antimonblüte [6])	s. Algarothpulver	weiß
Antimonbraun	s. Metallsafran	braun
Antimongelb [7])	antimonsaures Blei	gelb
Antimonorange [8])	Antimonsulfur	orange
Antimonrot [9])	oxydiertes Schwefelantimon	rot
Antimonweiß	s. Algarothpulver	weiß
Antimonzinnober	s. Antimonrot	rot
Antizinnober	s. Chromrot	rot
Apfelgrün	Gemisch von Chromgelb und Kupfergrün	grün
Apollogrün	s. Kupfergrün	grün

[1]) Es ist nicht ausgeschlossen, daß unter einzelnen der angeführten Namen jetzt auch Farben in Verkehr gebracht werden, die keine giftigen Bestandteile enthalten, mithin nicht unter die Giftverordnung fallen. Die Giftigkeit einer Farbe bedarf somit der Nachprüfung in jedem Einzelfall.

[2]) Die außer den hier genannten noch üblichen anderen Benennungen der Farben sind in den Fußnoten angeführt.

[3]) Grünspan, Verdit.

[4]) Antimonblüte, Antimonweiß.

[5]) Kaiserblau.

[6]) Antimonweiß.

[7]) Neapelgelb, fälschlich Wismutgelb genannt.

[8]) Rotes Schwefelantimon.

[9]) Antimonzinnober.

Name der Farbe	Bestandteile	Art der Farbe
Arnaudonsgrün[1])	phosphorsaures Chrom	grün
Arsenblei	arsenigsaures Blei	gelb
Arsenglas, gelbes	s. Auripigment	gelb
Arsenglas, rotes	s. Realgar	gelbrot
Arsenikrubin	desgl.	desgl.
Aschengrün	s. Scheelsches Grün	grün
Auripigment[2])	Arsentrisulfit	gelb
Baryumchromat[3])	chromsaures Baryum	gelb
Barytgelb	s. Baryumchromat	gelb
Barytgrün	geglühtes chromsaures Baryum	grün
Baseler Grün	s. Schweinfurter Grün	grün
Bergblau	s. Kupferblau	blau
Berggrün	s. Kupfergrün	grün
Berliner Weiß	s. Bleiweiß	weiß
Bleibraun[4])	Bleisuperoxyd	braun
Bleibronze[5])	Bleijodid	gelb
Bleigelb	s. Chromgelb	gelb
Bleiglätte[6])	Bleioxyd	gelb
Bleigrau	unreines Bleioxyd	graugelb
Bleirot	s. Mennige	rot
Bleischwarz[7])	Schwefelblei	schwarz
Bleivitriol[8])	schwefelsaures Blei	weiß
Bleiweiß[9])	basisch kohlensaures Blei	weiß
Bleizinnober	s. Mennige	rot
Böttchersgrün	s. Mangangrün	grün
Bolleysgrün	s. Borgrün	grün
Borgrün[10])	borsaures Kupfer	grün
Braunschweiger Grün	s. Scheelsches Grün	grün
Bremer Blau	s. Kupferblau	blau
Bremer Grün	s. Kupferblau, Schattierung	grün
Breslauer Braun	s. Kupferbraun	braun
Brixener Grün	s. Schweinfurter Grün	grün

[1]) Mittlers-, Pannetiers-, Plessys-, Schnitzers-Smaragdgrün.

[2]) Gelbes Arsenglas, Königsgelb, Opperment, China-, Persisch-, Spanisch-Rauschgelb, gelber Schwefelarsenik.

[3]) Barytgelb, Ultramaringelb, auch fälschlich Chromgelb genannt.

[4]) Flohbraun.

[5]) Jodblei, Jodgelb.

[6]) Lithargyrum, Glätte, Goldglätte, Silberglätte, Massicot, Königsgelb, Neugelb.

[7]) Wasserblei.

[8]) Mühlhäuser-Weiß, Vitriolbleiweiß.

[9]) Cerussa, Berliner-, Deck-, Hamburger-, Holländer-, Chemnitzer-, Kremser-, Perl-, Schiefer-, Schnee-, Venetianer-Weiß, Silberweiß.

[10]) Sog. giftfreies Kupfergrün.

Name der Farbe	Bestandteile	Art der Farbe
Casselmanns Grün	basisch schwefelsaures Kupfer	grün
Cassiusscher Goldpurpur	zinnsaures Goldoxydul	rot
Chemisch-braun	s. Kupferbraun	braun
China-Gelb	s. Auripigment	gelb
Chromblau	chromsaures Baryum und Magnesia	blau
Chrombraun	chromsaures Kupfer	braun
Chrombronze[1]	Chromchlorid	gelb
Chromgelb[2]	chromsaures Blei, s. auch Baryumchromat und Zinkgelb	gelb
Chromgrün[3]	Chromoxyd; wenn rein, nicht giftig; wenn mit Blei vermischt, giftig	grün
	dieselben Namen werden auch Gemischen von Chromgelb mit Berliner Blau beigelegt, s. Ölgrün	
Chromocker	gelbe Erdfarbe, giftig, wenn mit Chromgelb gemischt	gelb
Chromorange	s. Chromrot	orange
Chromrot[4]	basisches chromsaur. Bleioxyd	rot
Chromkupferschwarz	chromsaures Kupfer	schwarz
Chromzinnober	s. Chromrot	rot
Citronengelb	s. Chromgelb	gelb
Deckgrün	s. Schweinfurter Grün, auch Chromgrün	grün
Deckweiß	s. Bleiweiß	weiß
Ecarlat	s. Jodinrot	rot
Eisenacher Grün	s. Schweinfurter Grün	grün
Eisenbahngrün	s. Chromgrün	grün
Eisengelb	s. Chromgelb	gelb
Elsners Grün	s. Kuhlmanns Grün	grün
Englisch-Blau	s. Kupferblau (als Indigolack ungiftig)	blau
Englisch-Gelb	s. Kasseler Gelb	gelb
Englisch-Grün	s. Schweinfurter Grün	grün

1) Permanent-, Tapetenbronze.

2) Amerikanisch-, Blei-, Citronen-, Eisen-, Gothaer-, Hamburger-, Kaiser-, Kölner-, Königs-, Leipziger-, Neu-, Pariser-, Zwickauer-Gelb, Goldgelb.

3) Amerikaner-, Deck-, Gothaer-, Laub-, Myrthen-, Natur-, Neapel-, Permanent-, Seiden-, Smaragd-, Türkisch-, Moos-, Öl-, Eisenbahn-, Guignets-, Nürnberger-, Viktoria-Grün, grüner Zinnober; Giftfreies Grün; Schöngrün.

4) Chromorange, Antizinnober, Chromzinnober, Persisch-Roth, Zinnobersersatz, künstlicher Zinnober.

Name der Farbe	Bestandteile	Art der Farbe
Erdgrün	s. Scheelsches Grün, auch Kalkgrün	grün
Erlaer Grün	Kupfervitriol und chromsaures Kali	grün
Flohbraun	s. Bleibraun (als Manganoxyd-Manganbraun ungiftig)	braun
Gelber Schwefelarsenik	s. Auripigment	gelb
Gentèles Grün	s. Zinngrün	grün
Giftfreies Grün	s. Chromgrün, auch Kuhlmanns Grün	grün
Giftfreies Kupfergrün	s. Borgrün	grün
Giftgrün	s. Schweinfurter Grün	grün
Glätte	s. Bleiglätte	gelb
Glanzgrün	s. Kupfergrün	grün
Goldgelb	s. Chromgelb	gelb
Goldglätte	s. Bleiglätte	gelb
Gothaer Gelb	s. Chromgelb	gelb
Gothaer Grün	s. Chromgrün	grün
Granatrot	s. Mennige	rot
Grüner Zinnober	s. Chromgrün	grün
Grundiergrün	s. Schweinfurter Grün	grün
Grünspan	s. Aerugo	grün
Guignetsgrün	s. Chromgrün (als Chromhydrooxyd und Borsäure nicht giftig)	grün
Gummigutti	Pflanzenextrakt	gelb
Hamburger Blau	s. Kupferblau	blau
Hamburger Gelb	s. Kupfergelb	gelb
Hamburger Weiß	s. Bleiweiß	weiß
Hatchettsbraun	s. Kupferbraun	braun
Hautgelb	s. Chromgelb	gelb
Hochgrün	s. Schweinfurter Grün	grün
Hörmanns Grün	desgl.	grün
Holländer Weiß	s. Bleiweiß	weiß
Jasmingrün	s. Schweinfurter Grün	grün
Jasnügergrün	desgl.	grün
Indisch-Gelb[1])	chromsaures Zink	gelb
Jodblei	s. Bleibronze	gelb
Jodgelb	desgl.	gelb
Jodinrot[2])	Quecksilberjodid	rot
Kaisergelb	s. Chromgelb	gelb
Kaisergrün	s. Schweinfurter Grün	grün

[1]) Zinkgelb.
[2]) Ecarlat, Scarlet, Scharlachrot.

Name der Farbe	Bestandteile	Art der Farbe
Kalkblau	s. Kupferblau	blau
Kalkchromgelb	chromsaurer Kalk	gelb
Kalkgrün[1]	arsenigsaures Kupferoxyd und Gips, auch salpetersaures Kupfer und Gips	grün
Kasseler Blau	s. Kupferblau	blau
Kasseler Gelb[2]	Bleijodid	gelb
Kasseler Grün	s. Schweinfurter Grün, auch Mangangrün	grün
Kemnitzer Weiß	s. Bleiweiß	weiß
Kirchberger Grün	s. Schweinfurter Grün	grün
Kobaltarsenrot	arsensaures Kobaltoxydul	rot
Kobaltrosa	phosphorsaures und arsensaures Kobaltoxydul (ohne Arsen nicht giftig)	rot
Kölner Gelb	s. Chromgelb	gelb
Königsgelb	s. Auripigment, auch Merkurgelb, auch Chromgelb, auch Bleiglätte	gelb
Königsgrün	s. Schweinfurter Grün	grün
Kremserweiß	s. Bleiweiß	weiß
Kuhlmanns Grün[3]	Kupferoxychlorid	grün
Kupferblau[4]	kohlensaures Kupfer und Kupferoxydhydrat	blau
Kupferbraun[5]	Ferrocyankalikupfer, s. auch Kupferbraunrot	braun
Kupferbraunrot[6]	Kupferoxyd, Eisenoxyd und Tonerde, s. auch Kupferbraun	braun
Kupfergrün[7]	Kohlensaures Kupfer, s. auch Borgrün	grün
Kupferrot[8]	Kupferoxydul	rot
Kupferschwarz	Schwefelkupfer	schwarz
Kurrers Grün	s. Schweinfurter Grün	grün

1) Verdeter, Erdgrün.

2) Englisch-, Mineral-, Montpelliers-, Neapel-, Pariser-, Patent-, Turner-, Veroneser-Gelb, Mengel.

3) Elsners giftfreies Grün.

4) Berg-, Bremer-, Englisch-, Hamburger-, Kasseler-, Kalk-, Mineral-, Neuberg-, Neuwieder-, Öl-, Stein-Blau.

5) Acajou-, Chemisch-, Hatchetts-Braun; Kupferbraunrot, Breslauer Braun.

6) Kupferbraun.

7) Alexander-, Apfel-, Apollo-, Berg-, Glanz-, Malachit-, Mineral-, Öl-, Schiefer-, Staub-, Tyroler-, Napoleons-, Ungarisch-, Wasser-, Wiesen-Grün.

8) van Dykroth.

Name der Farbe	Bestandteile	Art der Farbe
Lackiergrün	desgl.	grün
Laubgrün	s. Chromgrün	grün
Leipziger Gelb	s. Chromgelb	gelb
Leipziger Grün	s. Schweinfurter Grün	grün
Lithargyrum	s. Bleiglätte	gelb
Maigrün	s. Schweinfurter Grün	grün
Malachitgrün	s. Kupfergrün (als Bittermandel-, Solid-Grün, Teerfarbstoff nicht giftig)	grün
Mangangrün[1]	mangansaures Baryum	grün
Massicot	s. Bleiglätte	gelb
Meergrün	s. Schweinfurter Grün	grün
Mengel	s. Kasseler Gelb	gelb
Mennige[2]	Bleioxyd und Bleisuperoxyd	rot
Merkurgelb[3]	basisch-schwefelsaures Quecksilber	gelb
Metallsafran[4]	Schwefelantimon	braun
Mineralblau	s. Kupferblau (als Berliner Blau Ferrocyaneisen nicht giftig)	blau
Mineralgelb	s. Kasseler Gelb	gelb
Mineralgrün	s. Kupfergrün, auch Scheelsches Grün	grün
Mineralrot	s. Realgar	gelbrot
Minium	s. Mennige	rot
Mitisgrün	s. Schweinfurter Grün	grün
Mittlers Grün	s. Arnaudons Grün	grün
Molybdänblau	molybdänsaures Zinnoxydul	blau
Montpelliers Gelb	s. Kasseler Gelb	gelb
Moosgrün	s. Schweinfurter Grün, auch Chromgrün	grün
Mühlhäuser Weiß	s. Vitriolbleiweiß	weiß
Münchener Grün	s. Schweinfurter Grün	grün
Myrthen Grün	s. Chromgrün	grün
Nachtgrün	Erdfarbe (giftig, wenn aus Teerfarbstoffen mit Arsen und Pikrinsäure hergestellt)	grün
Napoleonsgrün	s. Kupfergrün	grün
Naturgrün	s. Chromgrün	grün
Neapelgelb	s. Antimongelb, auch Kasseler Gelb	gelb

[1]) Böttchers-, Kasseler-, Rosenstiels-Grün.
[2]) Bleirot, Pariser Rot, Bleizinnober, Minium, Permanentrot.
[3]) Königs-Gelb, mineralischer Turpeth.
[4]) Antimonbraun.

Name der Farbe	Bestandteile	Art der Farbe
Neapelgrün	s. Chromgrün	grün
Neubergblau	s. Kupferblau	blau
Neublau	s. Kupferblau (nicht giftig als Berliner Blau u. Indigolack)	blau
Neugelb	s. Chromgelb, auch Bleiglätte	gelb
Neugrün	s. Schweinfurter Grün	grün
Neuwiederblau	s. Kupferblau	blau
Neuwiedergrün	s. Scheelsches Grün	grün
Nossener Blau	Kupferammoniumsilicat	blau
Nürnberger Grün	s. Chromgrün (als reines Chromoxydgrün ungiftig)	grün
Ölblau	s. Kupferblau (als Berliner Blau ungiftig)	blau
Ölgrün	s. Kupfergrün, auch Chromgrün	grün
Opperment	s. Auripigment	gelb
Originalgrün	s. Schweinfurter Grün	grün
Pannetiers Grün	s. Arnaudons Grün	grün
Papageigrün	s. Schweinfurter Grün	grün
Pariser Gelb	s. Chromgelb, auch Kasseler Gelb	gelb
Pariser Grün	s. Schweinfurter Grün	grün
Pariser Rot	s. Mennige	rot
Patentgelb	s. Kasseler Gelb	gelb
Patentgrün	s. Schweinfurter Grün	grün
Patentweiß, englisch	basisches Bleioxychlorid	weiß
Pattisonweiß	s. Patentweiß	weiß
Perlweiß	s. Bleiweiß (als Wismutweiß nicht giftig)	weiß
Permanentbronze	s. Chrombronze	gelb
Permanentgrün	s. Chromgrün (als reines Chromoxydgrün ungiftig)	grün
Permanentrot	s. Mennige	rot
Persisch-Gelb	s. Auripigment	gelb
Persisch-Rot	s. Chromrot (als Oxydrot-Eisenoxyd nicht giftig)	rot
Pickelgrün	s. Schweinfurter Grün	grün
Pikrinsäure[1])	organische Säure	gelb
Pink. colour.	Zinnsaures Chromoxyd	fleischf.
Plessys Grün	s. Arnaudons Grün	grün
Rauschgelb	s. Auripigment	gelb
Rauschrot	s. Realgar	gelbrot

[1]) Welterſches Bitter.

Name der Farbe	Bestandteile	Art der Farbe
Realgar [1]	Arsendisulfit	gelbrot
Resedagrün	s. Scheinfurter Grün	grün
Rosenstielsgrün	s. Mangangrün	grün
Rot. Schwefelarsenik	s. Realgar	gelbrot
Rubinschwefel	desgl.	gelbrot
Saalfelder Grün	s. Schweinfurter Grün	grün
Scarlet	s. Jodinrot	rot
Scharlachrot	desgl.	rot
Scheelsches Grün [2]	arsenigsaures Kupfer	grün
Schiefergrün	s. Kupfergrün	grün
Schieferweiß	s. Bleiweiß	weiß
Schneeweiß	s. Bleiweiß (als Barytweiß und Zinkweiß ungiftig)	weiß
Schnitzersgrün	s. Arnaudons Grün	grün
Schobergrün	s. Schweinfurter Grün	grün
Schöngrün	s. Schweinfurter Grün, auch Chromgrün	grün
Schwedisches Grün	s. Scheelsches Grün	grün
Schweinfurter Grün [3]	essig-arsenigsaures Kupfer	grün
Seidengrün	s. Chromgrün	grün
Seladongrün	s. Schweinfurter Grün	grün
Sideringgelb	chromsaures Eisen	gelb
Silberglätte	s. Bleiglätte	gelb
Silberrot	chromsaures Silber	rot
Silberweiß	s. Bleiweiß	weiß
Smaragdgrün	s. Chromgrün, auch Arnaudons Grün; chromsaur. Zinkoxyd	grün
Spanisch-Gelb	s. Auripigment	gelb
Spilsburgweiß [4]	antimonsaures und antimonigsaures Blei	weiß
Staubgrün	s. Kupfergrün	grün
Steinblau	s. Kupferblau	blau
Steinbühlergelb	s. Zinkgelb	gelb
Straßburger Grün	s. Schweinfurter Grün	grün
Strontiumgelb	chromsaures Strontium	gelb

[1]) Arsenglas rotes, Arsenikrubin, Rubinschwefel, Rauschrot, roter Schwefelarsenik.

[2]) Aschen-, Braunschweiger-, Erd-, Mineral-, Neuwieder-, Schwedisch-Grün.

[3]) Altonaer-, Baseler-, Brixener-, Deck-, Eisenacher-, Englisch-, Gift-, Grundir-, Hoch-, Hörmanns Jasmin-, Jasnüger-, Kaiser-, Kasseler-, Kirchberger-, Königs-, Kurrers-, Lackier-, Leipziger-, Mai-, Meer-, Mitis-, Moos-, Münchener-, Original-, Papagei-, Pariser-, Patent-, Pickel-, Reseda-, Saalfelder-, Schober-, Schön-, Seladon-, Straßburger-, Wiener-, Wiesen-, Würzburger-Grün.

[4]) Fälschlich Bleiweiß genannt.

Name der Farbe	Bestandteile	Art der Farbe
Tapetenbronze	s. Chrombronze	gelb
Thessies Blau	s. Wolframblau	blau
Türkischgrün	s. Chromgrün	grün
Turnergelb	s. Kasseler Gelb	gelb
Turpeth, mineralischer	s. Merkurgelb	gelb
Tyrolergrün	s. Kupfergrün	grün
Ultramaringelb	chromsaures Baryum, s. Baryumchromat	gelb
Ungarischgrün	s. Kupfergrün	grün
Urangelb	Uransaures Natrium oder Ammoniak	gelb
Van Dykrot	s. Kupferrot	rot
Venetianerweiß	s. Bleiweiß	weiß
Verdeter	s. Kalkgrün	grün
Verdit	s. Aerugo	grün
Veronesergelb	s. Kasseler Gelb	gelb
Viktoriagrün	s. Chromgrün (als reines Chromoxydgrün oder als Bittermandelgrün ungiftig)	grün
Violetter Lack	chromsaures Zink	gelb
Vitriolbleiweiß[1])	schwefelsaures Blei	weiß
Wasserblei	s. Bleischwarz (als Graphit ungiftig)	schwarz
Wassergrün	s. Kupfergrün	grün
Weltersches Bitter	s. Pikrinsäure	gelb
Wiener Grün	s. Schweinfurter Grün	grün
Wiesengrün	s. Schweinfurter Grün, auch Kupfergrün	grün
Wismutgelb	chromsaures Wismut, s. auch Antimongelb	gelb
Wolframblau[2])	wolframsaures Zinnoxydul	blau
Wolframweiß	wolframsaures Blei	weiß
Würzburger Grün	s. Schweinfurter Grün	grün
Zinkgelb[3])	chromsaures Zink	gelb
Zinngrün[4])	zinnsaures Kupfer	grün
Zinnoberersatz[5])	s. Chromrot	rot
Zinnober, künstlicher	desgl.	rot
Zinnober, grüner	s. Chromgrün	grün
Zwickauer Gelb	s. Chromgelb	gelb

[1]) Bleivitriol, Mühlhäuser Weiß.
[2]) Thessies Blau.
[3]) Indisch-Gelb, Steinbühler Gelb, fälschlich Chromgelb genannt.
[4]) Gentèles Grün.
[5]) Künstlicher Zinnober.

Belehrungen über Ungeziefermittel.

Der Wortlaut der Belehrungen über die Gefahren giftiger Ungeziefermittel ist für Berlin durch folgende Bekanntmachung des Polizeipräsidenten vom 22. April 1896 vorgeschrieben worden:

Auf Grund des § 18 der Polizeiverordnung betreffend den Handel mit Giften vom 24. August 1895[1]) wird nachstehend der Wortlaut der Belehrungen über die Gefahren bei Anwendung giftiger Ungeziefermittel veröffentlicht:

1. Für Arsen und arsenhaltige Präparate insbesondere Schweinfurter Grün:

„*Vorsicht! Starkes Gift!*“

Aufbewahrung: Man kaufe nur geringe Mengen auf einmal und bewahre sie unter Verschluß fern von Nahrungs- und Genußmitteln, nie in der Küche auf.

Gebrauch: In Schlaf- und Kinderstuben nicht verwendbar. Beim Ausstreuen hüte man sich vor Einatmen des Pulvers, wasche die Hände nach dem Gebrauch und vernichte die Reste im Behälter durch Feuer.

Vergiftungszeichen: Choleraähnlich. Durst. Leibschmerz. Erbrechen. Durchfall.

Gegengift: 1. Brechmittel aller Art, Reizung des Schlundes. 2. Kalkwasser in Verbindung mit Milch und Eiweiß. 3. Das in jeder Apotheke vorrätige Arsengegengift. — Ärztliche Hilfe! —

2. Für Phosphorpillen:

„*Vorsicht! Starkes Gift!*“

Aufbewahrung: Man kaufe nur geringe Mengen auf einmal und bewahre sie unter Verschluß fern von Nahrungs- und Genußmitteln, nie in der Küche auf.

Gebrauch: Zur Vertilgung von Ratten und Mäusen lege man die Pillen in die Löcher. Muß man sie offen auslegen, so wähle man Stellen, die tunlichst für Kinder unzugänglich sind, lege nur nachts aus und sammle morgens die Reste. Nach jedem Gebrauch wasche man sich die Hände. Reste und Behälter sind in den Abort zu werfen.

Vergiftungszeichen: Erbrechen. Durst. Leibschmerz. Durchfall. Ohnmacht. Das Erbrechen leuchtet im Dunkeln und riecht Atemluft und Stuhl nach Knoblauch.

Gegengifte: 1. Brechmittel aller Art, Reizung des Schlundes. 2. Altes Terpentinöl vom nächsten Apotheker nach dessen Vorschrift. — Ärztliche Hilfe! —

Zu vermeiden: Rizinusöl, Milch, Öle, Fette.

3. Für Phosphorpaste, Phosphorlatwerge, Phosphorbrei:

„*Vorsicht! Starkes Gift!*“

Aufbewahrung: Man kaufe nur geringe Mengen auf einmal und bewahre sie unter Verschluß fern von Nahrungs- und Genußmitteln, nie in der Küche auf.

[1]) Jetzt PV. vom 22. Februar 1906 (s. S. 87).

Gebrauch: Der Brei ist auf Brot oder Schinkenschwarte gestrichen zur Vertilgung von Ratten und Mäusen in die Löcher einzubringen. Muß man das Gift frei auslegen, so beschränke man den Gebrauch auf die Nachtstunden und auf Stellen, welche für Kinder unzugänglich sind und sammle am Morgen die Reste. Holzspäne, Behälter und Reste werfe man in den Abort. Nach jeder Hantierung mit dem Gift wasche man die Hände.

Vergiftungszeichen: Erbrechen. Durst. Leibschmerz. Durchfall. Ohnmacht. Das Erbrechen leuchtet im Dunkeln und riecht Atemluft und Stuhl nach Knoblauch.

Gegengifte: 1. Brechmittel aller Art, Reizung des Schlundes. 2. Altes Terpentinöl vom nächsten Apotheker nach dessen Vorschrift. — Ärztliche Hilfe! —

Zu vermeiden: Rizinusöl, Milch, Öle, Fette.

4. Für Strychninweizen:

„Vorsicht! Starkes Gift!“

Aufbewahrung: Man kaufe nur geringe Mengen auf einmal und bewahre sie sorgfältig unter Verschluß fern von Nahrungs- und Genußmitteln, nie in der Küche auf.

Gebrauch: Der Weizen ist in die Mauselöcher zu schütten. Müssen die Körner frei ausgelegt werden, so wähle man Stellen, welche Kindern unzugänglich sind, lege nur nachts aus und sammle am Morgen die Reste. Reste und Schachteln sind zu verbrennen.

Vergiftungszeichen: Unruhe. Ameisenkriechen. Kurzatmigkeit, Schlingbeschwerden, Zucken in Armen und Beinen, Steifheit der Glieder, Starrkrampf.

Gegengifte: 1. Fortwährendes Herumführen. Der Patient soll nicht ruhen. 2. Bei Starrkrampf künstliche Atmung. — Ärztliche Hilfe! —

Diese Belehrungen sind auf feuerrotem Papier gedruckt den Packungen beizugeben.

---

3. Verkehr mit feuergefährlichen Stoffen.

Außer den für den eigentlichen Arzneimittel- und Gifthandel außerhalb der Apotheken bestehenden Verordnungen hat für den Geschäftsbetrieb in den Drogenhandlungen noch eine Reihe von Vorschriften Bedeutung, die aus feuerpolizeilichen Gründen erlassen worden sind und sich insbesondere auf die Lagerung technisch wichtiger Flüssigkeiten beziehen. Diese Vorschriften sind: 1. die Polizeiverordnungen über den Verkehr mit Mineralölen, 2. die Kaiserliche Verordnung, betreffend das gewerbmäßige Verkaufen und Feilhalten von Petroleum vom 24. Februar 1882 und 3. Polizeiverordnungen über Lagerung und Aufbewahrung von Äther, Kollodium, Schwefelkohlenstoff und anderen feuergefährlichen Stoffen, die in einigen Bezirken bestehen.

Die Verordnungen über den Verkehr mit Mineralölen sind auf Grund einer von den Ministern des Innern und für Handel und Gewerbe unter dem 28. August 1902 angegebenen und durch Erlaß vom 20. Januar 1906 in einigen Punkten abgeänderten Normalpolizeiverordnung teils von den Oberpräsidenten für den Umfang der Provinz, teils von den Regierungspräsidenten für den Regierungsbezirk gleichlautend erlassen worden[1]). Soweit diese Verordnungen vorliegend interessieren, haben sie folgenden Wortlaut:

Polizeiverordnung über den Verkehr mit Mineralölen.

§ 1. Die gegenwärtige Polizeiverordnung findet Anwendung auf Rohpetroleum und dessen Destillationsprodukte (leichtsiedende Öle, Leuchtöle und leichte Schmieröle), aus Braunkohlenteer oder Steinkohlenteer bereitete flüssige Kohlenwasserstoffe (Photogen, Solaröl, Benzol usw.) und Schieferöle.

§ 2. Die im § 1 aufgeführten Flüssigkeiten werden, wenn sie bei einem Barometerstande von 760 mm bei einer Erwärmung auf weniger als 21° des hundertteiligen Thermometers entflammbare Dämpfe entwickeln, zur Klasse I, wenn sie solche bei einer Erwärmung von 21—65° entwickeln, zur Klasse II, von 65 bis zu 140° zur Klasse III gerechnet[2]). Öle mit höherem Entflammungspunkt sind den Bestimmungen dieser Verordnung nicht unterworfen.

I. Abschnitt.

Vorschriften für die Klasse I.

§ 3. I. In den zum dauernden Aufenthalt und in den zum regelmäßigen Verkehr von Menschen bestimmten Räumen, insbesondere in Wohnräumen, Schlafräumen, Küchen, Korridoren, Treppenhäusern und Kontoren, in Gast- und Schankwirtschaften dürfen,

---

[1]) Die Polizeiverordnungen tragen folgende Daten: Ostpreußen 12. März 1903 und 1. Mai 1906, Westpreußen 3. April 1903 und 5. Juni 1906, Landespolizeibez. Berlin 3. März 1906, übrige Prov. Brandenburg 16. Juni 1903 und 16. Mai 1906, Pommern 29. Mai 1906, Reg.-Bez. Posen 25. April 1906, Bromberg 25. Mai 1906, Schlesien 1. Mai 1906, Sachsen 15. Oktober 1902 und 9. Mai 1906, Schleswig 3. April 1906, Hannover 7. Februar 1903 und 6. April 1906, Westfalen 13. Dezember 1911, Hessen-Nassau 18. Juni 1903 und 7. Mai 1906, Reg.-Bez. Koblenz 24. April 1906, Düsseldorf 10. November 1902 und 2. Mai 1906, Köln 21. April 1906, Trier 31. März 1906. Aachen 30. November 1902 und 2. April 1906, Sigmaringen 21. Januar 1903 und 27. April 1906.

[2]) Zu den durch § 2 gebildeten drei Klassen gehören in der Hauptsache folgende Flüssigkeiten:

Klasse I (Entflammungspunkt unter 21° C): Benzin, Benzinäther, Benzinnaphtha, Benzol, Canadol, Gasäther, Gasolin, Ligroin, Naphtha (Rohpetroleum), Petroleumäther, Petroleumbenzin, Petroleumessenz, Petroleumsprit, künstliches Terpentinöl, Toluol.

Klasse II (Entflammungspunkt zwischen 21 und 65° C): Benzinöl, Erdöl, Kaiseröl, Leuchtöl, Mineralbrennöl, Leucht- und Brennpetroleum, Photogen, Putzöl, Salonöl, Solaröl, Steinöl.

Klasse III (Entflammungspunkt zwischen 65 und 140° C): Blauöl, Gasöl, Gelböl, Paraffinöle, Putzöl aus Braunkohlenteer, Rotöl, leichte Schmieröle, Vulkanöl.

sofern nicht in nachstehendem etwas anderes bestimmt ist, nicht mehr als insgesamt 15 kg der Flüssigkeiten aufbewahrt werden.

II. Die Aufbewahrung darf in den im Abs. I genannten Räumen nur in geschlossenen Gefäßen erfolgen. Gefäße zur Aufbewahrung größerer Mengen als 2 kg müssen aus verzinntem, verzinktem oder verbleitem Blech hergestellt sein; ihre Öffnungen sind durch sicher mit dem Gefäß verbundene, haltbare Einsätze (feinmaschige Drahtnetze oder andere, gleich wirksame Mittel) gegen das Hindurchschlagen von Flammen zu sichern[1]). Die Nähte der Gefäße müssen, sofern sie nicht durch Nietung, Hartlötung oder Schweißung hergestellt sind, doppelt gefalzt und gelötet sein. Dicht verschlossene Gefäße müssen ein Sicherheitsventil (Federventil, Schmelzplatte) haben, das bei Erhitzung der Gefäße eine schädliche Dampfspannung verhütet. Das Umfüllen von einem Gefäß in ein anderes darf nur bei Tagesncht, bei Außenbeleuchtung, bei elektrischem Glühlicht oder unter Benutzung von elektrischen oder Davyschen Sicherheitslampen erfolgen.

§ 4. I. In den Verkaufs- oder sonstigen Geschäftsräumen der Kleinhändler dürfen insgesamt 30 kg der Flüssigkeiten aufbewahrt werden, wenn diese Räume in keiner Verbindung mit Räumen der im § 3 Abs. I gedachten Art stehen oder von ihnen rauch- und feuersicher abgeschlossen sind, jedoch dürfen Verkaufs- und sonstige zur Aufbewahrung von Flüssigkeiten dieser Klasse dienende Geschäftsräume mit Kontoren in Verbindung stehen, wenn sie zusammen von den übrigen im § 3 Abs. I genannten Räumen rauch- und feuersicher abgeschlossen sind.

Werden vorstehende Bestimmungen nicht erfüllt, so sind die Lagermengen in den Verkaufs- und sonstigen Geschäftsräumen der Kleinhändler gemäß § 3 Abs. I zu beschränken.

II. Hinsichtlich der Aufbewahrung und des Umfüllens gelten die Vorschriften der §§ 3 Abs. II und 13 Abs. II.

§ 5. I. Mengen von mehr als 30 kg, aber nicht mehr als 300 kg dürfen nur nach vorausgegangener Anzeige an die Ortspolizeibehörde gelagert werden.

II. Sie dürfen in Kellern oder zur ebenen Erde gelegenen Räumen, die durch massive Wände und Decken von allen übrigen Räumen geschieden sind, keine Abflüsse nach außen (Straßen, Höfen usw.), keine Heizvorrichtungen, keine Schornsteinöffnungen und reichliche Lüftung haben, gelagert werden, sofern die Aufbewahrung in eisernen Fässern oder in hartgelöteten oder genieteten Metallgefäßen mit luftdichtem Verschluß, unter Beachtung der Bestimmungen im § 13 Abs. II erfolgt.

Kellerräume, die eine unmittelbare Verbindung mit solchen Treppenhäusern besitzen, welche den einzigen Zugang zu höher liegenden, zum regelmäßigen Aufenthalt oder zum Verkehr von Men-

[1]) Die Fassung des zweiten Satzes in § 3 Ziffer II ist durch Min.-Erl. vom 21. November 1911 angegeben und darauf im Geltungsbereich aller Verordnungen durch besondere Polizeiverordnungen eingeführt worden.

schen bestimmten Räumen bilden, sowie Kellerräume, die zum Lagern von Zündwaren oder Explosivstoffen dienen, dürfen zur Lagerung nicht benutzt werden. Der zur Lagerung dienende Teil der Räume muß mit einer aus undurchlässigem und feuersicherem Baustoff hergestellten Sohle und Umwehrung von solcher Höhe umgeben sein, daß der Raum innerhalb der Umwehrung die aufbewahrten Flüssigkeiten vollständig aufzunehmen vermag. Die Türen der Lagerräume müssen nach außen aufschlagen und rauch- und feuersicher sein.

III. Das Umfüllen der Flüssigkeiten in solchen Lagerräumen darf nur mittels Hahn oder Pumpe bei Tageslicht, bei Beleuchtung durch unter Luftabschluß brennende Glühlampen mit dichtschließenden Überglocken, die auch die Fassung einschließen, oder bei dicht von dem Raum abgeschlossener Außenbeleuchtung erfolgen. Schalter und Widerstände dürfen in dem Raume nicht vorhanden sein. Das Anzünden von Feuer oder Licht sowie das Rauchen in dem Lagerraum ist untersagt. Diese Vorschrift ist an den Eingangstüren zum Lagerraum in augenfälliger dauerhafter Weise anzubringen.

IV. Die Lagerung der Flüssigkeiten in anderen als den in Abs. II bezeichneten Umschließungen ist nur im Freien oder in besonderen Schuppen, die auf eingefriedigten Grundstücken errichtet werden, gestattet. Bei der Lagerung im Freien muß das Fortfließen der Flüssigkeiten durch Tieferlegung der Sohle oder durch eine aus feuersicherem Baustoff hergestellte Umwehrung verhindert werden. Auf die Schuppen finden die Vorschriften der Absätze II und III dieses Paragraphen sinngemäße Anwendung.

Das Betreten der Lagerstätte durch Unbefugte muß in augenfälliger Weise durch Anschlag verboten, Lagergefäße im Freien müssen vor mutwilliger Beschädigung geschützt sein.

§ 6. I. Mengen von mehr als 300 kg, aber nicht mehr als 2000 kg bei beliebiger Umschließung, oder von nicht mehr als 50 000 kg bei Aufbewahrung in Tanks dürfen nur mit Erlaubnis der Ortspolizeibehörde gelagert werden. Diese Erlaubnis ist je nach der Menge der zu lagernden Flüssigkeiten und der örtlichen Beschaffenheit der Lagerstätte an die Bedingung der Freilassung einer Schutzzone von 20—30 m zu knüpfen.

Im übrigen sind die nach den örtlichen Verhältnissen notwendigen Vorschriften in sinngemäßer Anwendung der Bestimmungen des § 7 festzusetzen.

II. Falls besondere Umstände es als angängig erscheinen lassen, kann die Lagerung von Mengen bis zu 2000 kg ausnahmsweise nach den Bestimmungen des § 5 Abs. II, III und IV gestattet werden, sofern die Aufbewahrung der Flüssigkeiten in eisernen Fässern oder in Metallgefäßen mit Sicherheitsverschluß (s. § 3 Abs. II) erfolgt und sich über dem Lagerraum keine zum Aufenthalt oder Verkehr von Menschen bestimmten Räume befinden.

§ 7. Mengen von mehr als 2000 kg bei beliebiger Umschließung, oder von mehr als 50 000 kg in Tanks dürfen nur auf besonderen Lagerhöfen und nur mit Erlaubnis der Landespolizeibehörde gelagert werden ...

Abschnitt II.

Vorschriften für die Klasse II.

§ 9. In den im § 3 Abs. I bezeichneten Räumen dürfen nicht mehr als 25 kg der Flüssigkeiten aufbewahrt werden.

§ 10. In den Verkaufs- und sonstigen Geschäftsräumen der Kleinhändler dürfen insgesamt bis zu 50 kg Flüssigkeiten dieser Klasse in beliebigen, geschlossenen Gefäßen, größere Mengen bis zu 200 kg im Faß aufbewahrt werden. Bei Verwendung von geschlossenen, mit Abfüllvorrichtung versehenen Metallgefäßen, die unter Benutzung von Pumpen oder flammenstickenden gepreßten Gasen mit Vorratsfässern in Nebenräumen oder Kellern in Verbindung stehen, darf die Gesamtmenge dieses Vorrates bis zu 600 kg betragen. Bei anderer Art der Abfüllung dürfen gleiche Mengen nur auf Höfen, in Schuppen oder solchen Kellern gelagert werden, die von angrenzenden Räumen feuersicher abgeschlossen sind.

§ 11. I. Mengen von mehr als 600 kg, aber nicht mehr als 10 000 kg, dürfen nach erfolgter Anzeige an die Ortspolizeibehörde in Räumen zu ebener Erde, oder in Kellern unter Beachtung der Vorschriften des § 5 Abs. II und III, jedoch ohne Beschränkung der Aufbewahrung in eisernen Fässern oder in Metallgefäßen, oder nach § 5 Abs. IV gelagert werden.

II. Mengen von mehr als 10 000 kg, aber nicht mehr als 50 000 kg, dürfen nur mit Erlaubnis der Ortspolizeibehörde gelagert werden. . .

III. Mengen von mehr als 50 000 kg dürfen nur mit landespolizeilicher Erlaubnis gelagert werden . . .

Abschnitt III.

Vorschriften für die Klasse III.

§ 12. I. Bei der Lagerung von Mengen von nicht mehr als 10 000 kg in Fässern ist das Fortfließen der Flüssigkeiten durch Tieferlegung der Sohle oder durch eine aus undurchlässigem und feuersicherem Baustoff hergestellte Umwehrung zu verhindern.

II. Mengen von mehr als 10 000 kg, aber nicht mehr als 50 000 kg, dürfen nach erfolgter Anzeige an die Ortspolizeibehörde auf besonderen Lagerhöfen oder in Lagerhäusern aufbewahrt werden . .

III. Die Aufbewahrung von Mengen von mehr als 50 000 kg unterliegt den Bestimmungen des § 11 Abs. III . . .

Abschnitt IV.

Gemeinsame Bestimmungen.

§ 13. I. Werden der Klasse nach verschiedene unter diese Verordnung fallende Flüssigkeiten miteinander oder mit anderen leicht entzündlichen Flüssigkeiten (Spiritus, Ätherarten, Spritlacken u. dgl.) in demselben Raum oder in solchen Räumen, welche nicht feuersicher voneinander getrennt sind, zusammen gelagert, so finden, unbeschadet der für die anderen leicht entzündlichen Flüssigkeiten etwa bestehenden besonderen Vorschriften[1]) auf die Gesamtmenge aller leicht entzündlichen Flüssigkeiten hinsichtlich des Lagerraums die für die leichtest entflammbare Flüssigkeit geltenden Vorschriften Anwendung. Die Beschaffenheit der Gefäße bestimmt sich nach der Art und Menge der einzelnen Flüssigkeiten.

In den Verkaufs- und sonstigen Geschäftsräumen der Kleinhändler dürfen Mineralöle miteinander oder mit anderen leicht entzündlichen Flüssigkeiten bis zu einer Gesamtmenge von 150 kg aufbewahrt werden. Darunter dürfen sich bis zu 30 kg Mineralöle der Klasse I befinden, wenn die Vorschriften des § 4 erfüllt sind; im anderen Falle bestimmt sich die Höchstmenge letzterer Flüssigkeit nach § 3.

II. An den in den Lagerräumen zur Aufbewahrung der Flüssigkeiten dienenden Gefäßen oder auf besonderen dabei angebrachten Tafeln muß die leicht lesbare und nicht verwischbare Aufschrift „Feuergefährlich“ und eine Bezeichnung angebracht sein, welche die Tara und das Fassungsvermögen nach dem Gewicht derjenigen Flüssigkeit angibt, für welche die Gefäße dienen. Bei Berechnung der gelagerten Flüssigkeiten werden auch die nur teilweise gefüllten Gefäße nach ihrem vollen Fassungsvermögen berechnet.

Abschnitt V.

Übergangs- und Schlußbestimmungen.

§ 17. Ausnahmen von den Bestimmungen dieser Verordnung können auf Antrag durch die Landespolizeibehörden genehmigt werden.

§ 18. Übertretungen dieser Verordnung werden, sofern nicht die Bestimmungen des Strafgesetzbuches, insbesondere § 367 Nr. 6, Anwendung finden[2]), mit Geldstrafe bis zu 60 Mark[3]) oder entsprechender Haft bestraft.

Neben den Polizeiverordnungen über den Verkehr mit Mineralölen bleibt für das Feilhalten und Verkaufen von Rohpetroleum und dessen Destillationsprodukten die auf Grund von § 5 des Nahrungsmittelgesetzes (s. S. 134) erlassene Kaiserliche Verordnung weiterhin maßgebend.

Verordnung über das gewerbsmäßige Verkaufen und Feilhalten von Petroleum.

Vom 24. Februar 1882 (RGBl. S. 40).

§ 1. Das gewerbsmäßige Verkaufen und Feilhalten von Petroleum, welches, unter einem Barometerstande von 760 mm, schon

[1]) Hierzu gehört z. B. für Berlin die auf S. 120 angeführte PV. über Lagerung und Aufbewahrung von Äther, Kollodium, Schwefelkohlenstoff und anderen feuergefährlichen Stoffen.

[2]) S. Teil VI.

[3]) Die Strafe lautet in den Verordnungen der Reg.Präsidenten in Posen und Aachen auf 30 M., in allen übrigen Verordnungen auf 60 M.

bei einer Erwärmung auf weniger als 21 Grade des hundertteiligen Thermometers entflammbare Dämpfe entweichen läßt, ist nur in solchen Gefäßen gestattet, welche an in die Augen fallender Stelle auf rotem Grunde in deutlichen Buchstaben die nicht verwischbare Inschrift „Feuergefährlich" tragen.

Wird derartiges Petroleum gewerbsmäßig zur Abgabe in Mengen von weniger als 50 kg feilgehalten oder in solchen geringeren Mengen verkauft, so muß die Inschrift in gleicher Weise noch die Worte: „Nur mit besonderen Vorsichtsmaßregeln zu Brennzwecken verwendbar" enthalten.

§ 2. Die Untersuchung des Petroleums auf seine Entflammbarkeit im Sinne des § 1 hat mittels des Abelschen Petroleumprobers unter Beachtung der von dem Reichskanzler wegen Handhabung des Probers zu erlassenden näheren Vorschriften zu erfolgen[1]).

Wird die Untersuchung unter einem anderen Barometerstande als 760 mm vorgenommen, so ist derjenige Wärmegrad maßgebend, welcher nach einer vom Reichskanzler zu veröffentlichenden Umrechnungstabelle unter dem jeweiligen Barometerstande dem im § 1 bezeichneten Wärmegrade entspricht.

§ 3. Diese Verordnung findet auf das Verkaufen und Feilhalten von Petroleum in den Apotheken zu Heilzwecken nicht Anwendung.

§ 4. Als Petroleum im Sinne dieser Verordnung gelten das Rohpetroleum und dessen Destillationsprodukte.

Von den sonstigen Vorschriften über die Aufbewahrung anderer, leicht entzündlicher Flüssigkeiten, die in einzelnen Bezirken bestehen und nach § 13 der Verordnungen über den Verkehr mit Mineralölen auch weiter in Kraft bleiben, seien nachstehend nur die für Berlin maßgebenden angeführt.

Lagerung und Aufbewahrung von Äther, Kollodium, Schwefelkohlenstoff und anderen feuergefährlichen Stoffen.

PV. für den Stadtkreis Berlin vom 30. April 1891.

§ 1. Die Bestimmungen der gegenwärtigen Polizeiverordnung finden Anwendung auf die Lagerung und Aufbewahrung von Äther, Kollodium, Schwefelkohlenstoff und anderen Stoffen, deren Siedepunkt unter 60° C liegt und welche zugleich bereits bei gewöhnlicher Temperatur leicht entflammbare Dämpfe entwickeln[2]).

§ 2. Mengen der im § 1 bezeichneten Stoffe von zusammen mehr als 15 kg dürfen nur mit ortspolizeilicher Erlaubnis gelagert werden. Diese Erlaubnis ist, falls nicht besondere Umstände Ab-

---

[1]) Diese Vorschriften sind unter dem 20. April 1882 ergangen.

[2]) Soweit die „anderen Stoffe" zu den „Mineralölen" gehören, sind nur die für diese geltenden besonderen Vorschriften maßgebend.

weichungen als zulässig oder notwendig erscheinen lassen, an folgende Bedingungen zu knüpfen:

a. Die Lagerräume müssen der Regel nach im Keller oder zu ebener Erde belegen sein; jedenfalls müssen die unter denselben belegenen Räume von massiven Wänden umschlossen und überwölbt sein. Die Lagerräume dürfen keine Abflüsse (Gerinne) nach außen (Straßen, Höfen usw.) und keine Heizvorrichtungen haben und sind mit einer sicher wirkenden Ventilation zu versehen, welche die Dünste unmittelbar ins Freie abführt;

b. der Fußboden der Lagerräume muß ein Gefälle von mindestens 1 : 100 nach einer oder mehreren vergitterten Sammelgruben — je nach Vorschrift der Polizeibehörde — haben, durchweg aus undurchlässigem, unverbrennlichem Material hergestellt und mit einer aus feuerfestem Material bestehenden, ununterbrochenen Umfassung von 30 cm Höhe versehen sein;

c. die Umfassungswände der Lagerräume dürfen keine Rauchröhren enthalten, auch nicht Feuerstätten begrenzen.

Die Wände und die Decken der Räume, auch Zwischendecken, müssen massiv sein. Etwaige in den Wänden befindliche Öffnungen müssen so eingerichtet sein, daß von außen nichts hineingeworfen werden kann.

Die Eingangstüren müssen aus Eisen bestehen und selbsttätig dicht schließend eingerichtet sein;

d. die Lagerräume müssen einen besonderen Eingang unmittelbar vom Hofe oder von der Straße haben oder wenigstens von hier den Zugang gestatten.

Befindet sich dieser Eingang auf dem Hofe, so ist er mit einem unverbrennlichen, mindestens 1 m vorspringenden Dache zu versehen, welches die Breite der Türöffnung an jeder Seite um mindestens 50 cm überragt.

Eine Verbindung der Lagerräume mit den Treppenhäusern ist unstatthaft;

e. die zur Aufbewahrung der im § 1 genannten Stoffe dienenden Behälter müssen deren Verdunstung möglichst verhindern und zur Unterscheidung von etwaigen anderen in denselben Räumen vorhandenen Gefäßen besonders kenntlich gemacht sein.

Das Umfüllen in andere Gefäße und sonstige geschäftliche Verrichtungen mit den hier in Rede stehenden Stoffen dürfen nur bei Tageslicht vorgenommen werden. Künstliche Beleuchtung der Lagerräume ist nur statthaft, sofern die Beleuchtungseinrichtung unbeweglich ist und wenn der Nachweis geführt wird, daß ihre besondere Einrichtung jede Explosionsgefahr ausschließt. Als tragbare Beleuchtung dürfen nur Davysche Sicherheitslampen benutzt werden.

Feuer oder Licht darf in den Lagerräumen nicht angezündet, auch darf daselbst nicht geraucht werden und ist die Aufstellung von Motoren unzulässig. Diese Verbote sind in augenfälliger Weise an den Eingangstüren anzuschreiben;

f. die Lagerung kann ferner auf Höfen, in Gärten oder anderen umfriedeten Grundstücken erfolgen, sofern Vorkehrungen getroffen sind, welche Unbefugten den Zutritt verwehren und wenn das Ausfließen der Flüssigkeiten entweder durch eine Umfassung aus undurchlässigem feuerfesten Material oder durch Lagerung in Gruben verhindert wird.

Die Lagerung hat derartig stattzufinden, daß zwischen den zu lagernden Stoffen und zwischen nicht massiven oder von Öffnungen durchbrochenen Wänden ein freier Raum von mindestens 1,50 m verbleibt;

g. die Lagerung von im § 1 aufgeführten Stoffen zusammen mit anderen leicht brennbaren Materialien oder Gegenständen in gemeinschaftlichen Räumen ist verboten.

§ 3. In den dem Publikum zugänglichen Verkaufsräumen dürfen die im § 1 erwähnten Stoffe nur in Mengen von höchstens 15 kg und nur innerhalb einer dem Publikum nicht zugänglichen, stets verschlossen zu haltenden Umwährung aufbewahrt werden. Auch zu dieser Lagerung ist eine besondere polizeiliche Genehmigung erforderlich. Es empfiehlt sich, den Aufbewahrungsraum möglichst kühl zu halten.

§ 4. In anderen als den zu §§ 2 und 3 erwähnten Räumen dürfen nicht mehr als zusammen 3 kg der im § 1 bezeichneten Stoffe aufbewahrt werden. Zur Aufbewahrung dieser Menge bedarf es polizeilicher Erlaubnis nicht.

§ 5. Vorstehende Bestimmungen finden auf Apotheken mit folgender Maßgabe Anwendung:

In den Vorrats- (Medizinal-) Kellern dürfen die im § 1 erwähnten Stoffe nur in Mengen von höchstens je 2 kg aufbewahrt werden. Größere Mengen bis zu 15 kg können in einem besonderen Keller vorrätig gehalten werden.

Für Mengen über 15 kg gelten die Bestimmungen des § 2, bei Neuanlagen derartiger Räume sind die Laboratorien von den Vorratsräumen durch eine Brandmauer zu trennen.

§ 6. Der Transport von Glasballons, welche die im § 1 bezeichneten Stoffe enthalten, mittels Wagen ist nur unter Beobachtung folgender Vorsichtsmaßregeln gestattet:

a. Die Ballons müssen mit Stroh, Heu, Kleie, Sägemehl, Infusorienerde oder ähnlichen lockeren Substanzen in starken Holzkisten oder einzeln in festen, mit einer gut befestigten Schutzdecke versehenen und mit hinreichendem Verpackungsmaterial ausgefütterten Körben oder Kübeln fest verpackt sein;

b. jeder Wagen muß außer dem Kutscher von einer erwachsenen Person begleitet sein;

c. die Wagen dürfen nur im Schritt fahren.

§ 7. Auf die bereits vorhandenen Lagerräume der im § 1 aufgeführten Stoffe findet diese Verordnung nur insoweit Anwendung, als es das öffentliche Sicherheitsinteresse unbedingt erfordert.

§ 8. Übertretungen dieser Verordnung werden, sofern nicht die Bestimmungen des Reichsstrafgesetzbuches, insbesondere § 367 Nr. 6

derselben, Anwendung finden, mit Geldstrafe bis zu 60 Mark bestraft.

Im Anschluß an die vorstehenden Vorschriften ist noch eine Gruppe von Polizeiverordnungen zu erwähnen, welche Bestimmungen über die Lagerung von Kalziumkarbid enthalten. Diese Verordnungen werden zurzeit auf Grund eines vom Bundesrat unter dem 28. November 1912 vereinbarten und vom Handelsminister unter dem 1. April 1913 den Oberpräsidenten überwiesenen Entwurfs von diesen in neuer Fassung erlassen. Sie sollen am 1. Juli 1914 in Kraft treten[1]). Ihre hier in Betracht kommenden Bestimmungen lauten:

Polizeiverordnung über Herstellung, Aufbewahrung und Verwendung von Azetylen, sowie über Lagerung von Kalziumkarbid.

§ 1. Wer Azetylen herstellen und verwenden oder wer Kalziumkarbid lagern will, hat dies unbeschadet der Bestimmungen im § 35 spätestens bei der Inbetriebsetzung der Anlage der Polizeibehörde des Ortes anzuzeigen, an dem der Betrieb stattfinden soll.

§ 19. Kalziumkarbid darf nur in wasserdicht verschlossenen Gefäßen gelagert werden und muß gegen Zutritt von Wasser oder Feuchtigkeit geschützt sein.

Die Gefäße müssen die Aufschrift tragen: „Kalziumkarbid, vor Nässe zu schützen."

Die Anwendung von Entlötungsapparaten oder funkenreißender Instrumente zum Öffnen verlöteter Gefäße ist verboten.

Nur eine dem voraussichtlichen Tagesverbrauch entsprechende Anzahl von Gefäßen darf geöffnet sein. Geöffnete Gefäße sind mit wasserdicht schließenden oder übergreifenden, wasserundurchlässigen Deckeln verdeckt zu halten.

§ 21. Mengen bis zu 100 kg Kalziumkarbid dürfen unter Beobachtung der Vorschriften des § 19 ohne weitergehende Beschrän-

---

[1]) Bis dahin gelten noch die bisher in den einzelnen Regierungsbezirken bestehenden, auf Grund eines Normalentwurfs des Handelsministers vom 6. April 1906 erlassenen Polizeiverordnungen über den gleichen Gegenstand. Diese enthalten folgende Bestimmungen:

§ 14. Die Aufbewahrung von Kalziumkarbid und anderen durch Wasser zersetzbaren Karbiden darf nur in wasserdicht verschlossenen Gefäßen und in trockenen, hellen, gut gelüfteten Räumen, welche gegen den Zutritt von Wasser unter allen Umständen geschützt sind, erfolgen.

Geöffnete Karbidgefäße sind mit wasserdicht schließenden oder übergreifenden, wasserundurchlässigen Deckeln verdeckt zu halten.

Die Anwendung von Entlötungsapparaten zum Öffnen verlöteter Büchsen ist verboten.

Die Lagerung in Kellern ist untersagt.

Die Gefäße müssen die Aufschrift tragen: „Karbid, gefährlich, wenn nicht trocken gehalten."

§ 20. Vorstehende Bestimmungen finden keine Anwendung: 3. auf die Lagerung von Karbid in Mengen von weniger als 10 Kilogramm.

kungen gelagert werden. Die Lagermenge kann ausnahmsweise bis auf 200 kg erhöht werden, wenn der über 100 kg hinausgehende Vorrat in luft- und wasserdicht verschlossenen Blechbüchsen aufbewahrt wird und diese Büchsen nur verschlossen abgegeben werden.

§ 22. Mengen über 100 kg bis zu 1000 kg Kalziumkarbid dürfen nur in trockenen, hellen und gut gelüfteten Räumen, die gegen den Zutritt von Wasser sicher geschützt werden, unter Beachtung der Vorschriften des § 19 gelagert sind. Werden die Räume geheizt, so darf die Heizung nur durch Einrichtungen geschehen, bei denen auch im Falle der Beschädigung der Eintritt von Wasser in den Lagerraum und der Zutritt etwa entwickelten Azetylens zu offenem Feuer oder hocherhitzten Gegenständen ausgeschlossen ist.

Die Lagerung in Kellern ist untersagt.

§ 25. Die in den §§ 22 und 23 bezeichneten Lagerräume und die in § 24 bezeichneten Lagerplätze müssen an jedem Zugange mit einer in die Augen fallenden Warnungstafel versehen sein, welche die Aufschrift trägt:

„Kalziumkarbidlager, Unbefugten ist der Zutritt verboten! Zum Löschen eines Brandes kein Wasser zu verwenden.“

§ 34. Zuwiderhandlungen gegen die Vorschriften dieser Polizeiverordnung werden, sofern nicht andere Strafvorschriften Platz greifen, mit Geldstrafe bis zu 60 Mark bestraft, an deren Stelle im Unvermögensfall entsprechende Haft tritt.

4. Verkehr mit Branntwein.

Beim Verkehr mit Branntwein ist zu unterscheiden: a. der Kleinhandel mit reinem Branntwein, der durch die Gewerbeordnung geregelt und zumeist konzessionspflichtig ist, und b. der Handel mit vergälltem Branntwein, über den in der Branntweinsteuergesetzgebung eine Reihe eingehender Bestimmungen getroffen ist.

a. Kleinhandel mit Branntwein.

Der hierfür maßgebende, schon auf S. 2 angeführte § 33 der GewO. besagt in seinem ersten Absatz:

Wer Gastwirtschaft, Schankwirtschaft oder Kleinhandel mit Branntwein oder Spiritus betreiben will, bedarf dazu der Erlaubnis.

Unter den Begriff der Schankwirtschaft fällt auch das Verabreichen von Mineralwasser, überhaupt jede Art von Getränken (OVG. 4. Juli 1877); „Branntwein“ begreift auch Liköre, Kognak und ähnliche destillierten Getränke (KG. 17. Juli 1909, Ph.Ztg. 1909 Nr. 64), dagegen nicht Likör- bzw. Kognakessenzen, die erst zur Bereitung von Branntweinen dienen sollen und daher nur als Halbfabrikate anzusehen sind (OLG. Hamburg November 1906, Ph.Ztg. 1906 Nr. 96, LG. Magdeburg 10. Oktober 1908, Ph.Ztg. 1909 Nr. 36), ebensowenig Likörbohnen (LG. Braunschweig 20. Mai 1909, Ph.Ztg. 1909 Nr. 43).

Als Kleinhandel im Sinne von § 33 GewO. ist nach Urteilen des KG. vom 17. Juli 1909 (Ph.Ztg. 1909 Nr. 64) und des OLG. Köln aus dem Jahre 1911 (Ph.Ztg. 1911 Nr. 64) ein Handel mit den Mengen von Branntwein anzusehen, die von der dafür zuständigen Verwaltungsbehörde zu der betreffenden Zeit und für den betreffenden Bezirk als maßgebend festgesetzt werden. Diese Menge beträgt für die alten Provinzen Preußens nach einem Erlasse vom Jahre 1858 zurzeit einen halben Anker = 17,175 l. In der Provinz Schleswig-Holstein bildet die Grenze für den Kleinhandel die Menge von 9 l, in der Provinz Hannover ein Stübchen = 3,894 l, in den vormals landgräflichen hessischen Landesteilen 20 Maß = 39,668 l, in den Hohenzollernschen Landen 1 Maß = 1,837 l (s. AusfAnw. zur GewO. Ziffer 45, S. 9). Auch die Abgabe von Branntwein (Kognak, Likören) in versiegelten Flaschen oder in Probeflaschen ist nach der Rechtsprechung des KG. und des OVG. als konzessionspflichtiger Kleinhandel anzusehen.

Die Frage, ob Drogisten zum Kleinhandel mit Branntwein der Erlaubnis bedürfen, beantwortet sich nach den §§ 6 und 33 der GewO. folgendermaßen: Da die GewO. nach § 6 auf den Verkauf von Arzneimitteln nur insoweit Anwendung findet, als sie ausdrückliche Bestimmungen darüber enthält, § 33 solche ausdrückliche Bestimmungen aber nicht trifft, so bedarf der Verkauf von Branntwein (Kognak) und Spiritus, sofern diese als Arzneimittel dienen sollen, keiner Konzession und keiner Steueranzeige (Erl. des Finanz-Min. vom 10. April 1897; KG. 23. Oktober 1905, Ph.Ztg. 1905 Nr. 86; KG. 22. Januar 1906, Ph.Ztg. 1906 Nr. 8; KG. 8. Oktober 1906, Ph.Ztg. 1906 Nr. 82; KG. 31. Januar 1907, Ph.Ztg. 1907 Nr. 12; KG. 15. Dezember 1910, Ph.Ztg. 1911 Nr. 4). Dagegen ist die Konzessionspflicht gegeben, wenn der Kleinhandel mit den genannten Produkten erfolgt: zu Trinkzwecken (KG. 12. März 1906, Ph.Ztg. 1906 Nr. 22), zu Genußzwecken (KG. 10. Juni 1907, Ph.Ztg. 1907 Nr. 49), zu gewerblichen Zwecken (KG. Oktober 1907, Ph.Ztg. 1907 Nr. 86), zu technischen Zwecken (KG. 31. Januar 1906, Ph.Ztg. 1907 Nr. 12), oder überhaupt zu anderen als Heilzwecken (KG. 22. Januar 1906, Ph.Ztg. 1906 Nr. 8). Ein Verkauf als Genußmittel liegt vor, sobald die Anwendung zu diesem Zwecke als wahrscheinlich anzunehmen ist, auch wenn der Käufer einen anderen Verwendungszweck (z. B. zum Einreiben) angegeben hat (KG. 11. Dezember 1905, Ph.Ztg. 1905 Nr. 100; KG. 15. Dezember 1910, Ph.Ztg. 1911 Nr. 4; KG. 19. Mai 1913, Ph. Ztg. 1913 Nr. 43).

Über Kognak besagt ein Min.-Erl. vom 20. Juli 1907:

Kognak gehört zu den in das Arzneibuch aufgenommenen Präparaten. Sofern derselbe als Heilmittel in Anwendung kommen soll, ist daher sein Verkauf gemäß § 6 der Reichsgewerbeordnung von den Vorschriften der Gewerbeordnung befreit. Ein zu technischen oder Genußzwecken erfolgender Verkauf würde dagegen, auch wenn er in der Apotheke erfolgt, den Vorschriften der Reichsgewerbeordnung, mithin auch dem § 33 a. a. O. unterliegen und eine Betriebssteuerpflicht begründen.

Gleiches gilt auch für Drogenhandlungen.

Eine Bestrafung wegen Kleinhandels mit Branntwein oder Spiritus zu anderen als Heilzwecken ohne Konzession kann jedoch nur erfolgen, wenn Gewerbsmäßigkeit festgestellt ist (KG. 2. Januar 1913, Ph.Ztg. 1913 Nr. 6).

Für den Betrieb der Gastwirtschaft, der Schankwirtschaft (Ausschank von Mineralwasser), des Kleinhandels mit Branntwein oder Spiritus ist jährlich eine besondere Betriebssteuer zu entrichten. Mit Rücksicht hierauf ist auch der Kleinhandel mit Branntwein, nachdem die vorgeschriebene Erlaubnis dazu erteilt ist, noch besonders bei der zuständigen Behörde (Gemeindebehörde des Ortes bzw. in Berlin Direktion für die Verwaltung der direkten Steuern) anzumelden (KG. März 1900, Ph.Ztg. 1900 Nr. 27). Die Betriebssteuer beträgt nach § 60 des Gew.-Steuerges. vom 24. Juni 1891 für jeden, welcher eines oder mehrere der steuerpflichtigen Gewerbe betreibt, wenn er von der Gewerbesteuer befreit ist = 10 Mk., wenn er zur Gewerbesteuer veranlagt ist: in der Klasse IV = 15 Mk., in Klasse III = 25 Mk., in Klasse II = 50 Mk., in Klasse I = 100 Mk. Nach dem Kommunalabgabengesetz (Ausführungsanweisung vom 10. Mai 1894, Artikel 22) ist es ferner den Gemeinden überlassen, „Zuschläge zu der vom Staate veranlagten Betriebssteuer zu erheben oder die besonderen Betriebssteuern auf einer Grundlage zu gestalten, welche die Erzielung eines Überschusses über den Betrag der staatlich veranlagten Steuer ermöglicht."

Von dieser alljährlich zu zahlenden Betriebssteuer für den Kleinhandel mit Branntwein nebst ihren etwaigen Zuschlägen sind jedoch zu unterscheiden: a. die einmalige nach dem Stempelsteuergesetz vom 30. Juni 1909 auf der Erteilung der Erlaubnis ruhende Stempelsteuer und b. die einmalige, ebenfalls für die Erteilung der Konzession zu zahlende, auf Grund des Kreis- und Provinzialabgabengesetzes vom 23. April 1906 vielfach eingeführte Kreiskonzessionssteuer. Die Stempelsteuer beträgt, wenn der Gewerbebetrieb von der Gewerbesteuer frei ist, 5 Mk., wenn er in die vierte Gewerbesteuerklasse gehört, 15 Mk., in die dritte 50 Mk., in die zweite 200 Mk., in die erste 500 Mk. Die Sätze der Kreiskonzessionssteuer sind je nach der Steuerordnung verschieden; aber zumeist ziemlich hoch.

Die Branntweinkonzession kann wie die Giftkonzession nach Maßgabe des § 53 der GewO. zurückgenommen werden. Über die Behörden, welche die Erlaubnis erteilen bzw. zurücknehmen, enthält das Zuständigkeitsgesetz die näheren Bestimmungen (s. S. 11).

b. Handel mit vergälltem Branntwein.

Über den Handel mit vergälltem (denaturierten) Branntwein enthalten das Branntweinsteuergesetz und die Branntweinsteuer-Befreiungsordnung folgende Bestimmungen:

Branntweinsteuergesetz.

Vom 15. Juli 1909 (RGBl. S. 661).

§ 108. Der Bundesrat wird ermächtigt:

1. den Kleinhandel mit vergälltem Branntwein abweichend von den Vorschriften des § 33 der Gewerbeordnung zu regeln;

2. zu bestimmen, daß beim Kleinhandel mit vergälltem Branntweine die Alkoholstärke durch Aushang in der Verkaufsstelle ersichtlich gemacht wird.

§ 109. Vollständig vergällter Branntwein darf im Kleinhandel nur in Behältnissen von 50, 20, 10, 5 und 1 Liter Raumgehalte feilgehalten werden, die verschlossen und mit einer Angabe des Alkoholgehalts versehen sind. Der Bundesrat wird ermächtigt, im Falle des Bedürfnisses Erleichterungen in bezug auf die Größe der Behältnisse und den Verschluß zuzulassen[1]).

Branntweinsteuer-Befreiungsordnung.

Vom 9. September 1909 und 19. Juli 1912
(RZBl. 1909 S. 1091 und 1912 S. 636).

§ 12. Es ist verboten, aus vergälltem Branntwein das Vergällungsmittel ganz oder teilweise auszuscheiden oder dem vergällten Branntwein Stoffe beizufügen, durch welche die Wirksamkeit des Vergällungsmittels in Beziehung auf Geschmack oder Geruch vermindert wird.

§ 14. (1) Der vollständig vergällte Branntwein darf zu sämtlichen im § 1 Abs. 1 und 2 bezeichneten Zwecken verwendet werden[2]). Die Verwendung des Branntweins zur Herstellung von Erzeugnissen, die als Ersatz von Branntwein genossen werden können, von alkoholhaltigen Erzeugnissen, die zum menschlichen Genusse dienen können, zur Herstellung von nicht festen Seifen, von flüssigen alkoholhaltigen Parfümerien, sowie von Kopf-, Zahn- und Mundwässern ist unzulässig.

§ 15. (1) Auf den Handel mit vollständig vergälltem Branntwein findet § 33 der Gewerbeordnung keine Anwendung[3]).

(2) Wer mit vollständig vergälltem Branntwein handeln will, hat dies vor Eröffnung des Handels der Hebestelle und der Ortspolizeibehörde unter Bezeichnung der Verkaufsstelle anzumelden. Die

---

[1]) Fassung laut § 20 des Gesetzes vom 14. Juni 1912. Der Bundesrat hat von der erteilten Ermächtigung Gebrauch gemacht, s. § 15 Abs. 3 der Branntweinsteuer-Befreiungsordnung (S. 128).

[2]) Das sind gewerbliche Zwecke einschließlich der Essigbereitung, Putz-, Heizungs-, Koch-, oder Beleuchtungszwecke sowie Verwendung in öffentlichen Kranken-, Entbindungs- und ähnlichen Anstalten oder in öffentlichen wissenschaftlichen Lehranstalten. Die Verwendung von vergälltem Branntwein zum Heilgebrauch ist nur insoweit als eine Verwendung zu gewerblichen Zwecken anzusehen, als der Branntwein zur Herstellung bestimmter, namentlich angeführter chemischer Präparate (die aber nur in der Großindustrie hergestellt werden können), und anderer Heilmittel, die Branntwein nicht mehr enthalten, verwendet wird. Hierbei macht es keinen Unterschied, ob es sich um einen Heilgebrauch bei Menschen oder um einen solchen bei Tieren handelt.

[3]) Zum Handel mit vollständig vergälltem Branntwein ist also eine besondere Genehmigung nicht erforderlich. Ferner ist nach einer Verfügung des Finanzministers vom 1. April 1896 der Handel mit denaturiertem Branntwein einer Betriebssteuer nicht mehr unterworfen.

Hebestelle trägt die Anmeldung in ein Verzeichnis ein und erteilt über die Anmeldung eine Bescheinigung, ohne welche mit dem Handel nicht begonnen werden darf. Die Bescheinigung ist in der Verkaufsstelle aufzubewahren und den Beamten auf Verlangen vorzuzeigen. Liegen Tatsachen vor, welche die Unzuverlässigkeit des Gewerbetreibenden in Beziehung auf den Handel mit vergälltem Branntwein wahrscheinlich machen, so hat die Hebestelle vor Erteilung der Bescheinigung an das Hauptamt zu berichten.

(3) Vollständig vergällter Branntwein darf im Kleinhandel nur in Behältnissen von 50, 20, 10, 5 und 1 Liter Raumgehalt feilgehalten werden, die mit einer Angabe des Alkoholgehalts und mit einem besonderen Verschlusse derart versehen sind, daß der Inhalt ohne Verletzung des Verschlusses nicht entnommen werden kann. Die näheren Bestimmungen über Art und Anbringung des Verschlusses trifft der Reichskanzler[1]). Das Hauptamt kann im Falle des Bedürfnisses für einzelne Händler zulassen, daß der Branntwein in Mengen von weniger als einem Liter in beliebigen, mit dem vorgeschriebenen Verschlusse nicht versehenen Behältnissen abgegeben wird, sofern folgende Bedingungen eingehalten werden: Der Branntwein muß in dem Verkaufsraum unter den Augen des Käufers in das für diesen bestimmte Behältnis aus einem den Bestimmungen entsprechenden Behältnis von 1 Liter Raumgehalt abgefüllt werden. Dieses Behältnis muß vorschriftsmäßig bezeichnet und verschlossen sein, bevor es zum Zwecke des Abfüllens angebrochen wird. Aus Behältnissen von mehr als 1 Liter Raumgehalt darf nicht abgefüllt werden. Von jeder nach Handelsmarke oder Alkoholstärke verschiedenen Branntweinart darf nur ein angebrochenes Behältnis vorhanden sein. Im übrigen darf in dem Verkaufsraum und in den mit diesem in unmittelbarer Verbindung stehenden Räumen vollständig vergällter Branntwein nur in vorschriftsmäßig bezeichneten und verschlossenen Behältnissen aufbewahrt werden[2]).

(4) Vergällter Branntwein, in dem das Alkoholmeter eine wahre Stärke von weniger als 80 Gewichtsprozent anzeigt, oder der in unerlaubter Weise (§ 12) behandelt ist, darf nicht verkauft oder feilgehalten werden.

(5) In den Verkaufsräumen ist an einer in die Augen fallenden Stelle und in Druckschrift mit mindestens $1/2$ cm großen Buchstaben eine Bekanntmachung folgenden Inhalts auszuhängen:

a. Vergällter Branntwein, in dem das Alkoholmeter eine wahre Stärke von weniger als 80 Gewichtsprozent anzeigt, darf nicht verkauft oder feilgehalten werden.

---

[1]) Diese Bestimmungen sind enthalten in einer Bk. des Reichskanzlers vom 18. März 1910 (s. S. 130).

[2]) Nur wo das Hauptamt im Einzelfalle die Genehmigung erteilt hat, ist somit die Abgabe von vollständig vergälltem Branntwein in Mengen unter einem Liter zulässig. In allen andern Fällen darf solcher Branntwein nur noch in vollständig gefüllten, verschlossenen und plombierten Behältern von 1, 5, 10, 20 oder 50 l Inhalt feilgehalten und verkauft werden.

b. Vollständig vergällter Branntwein darf im Kleinhandel nur in Behältnissen von 50, 20, 10, 5 und 1 Liter Raumgehalt feilgehalten werden, die verschlossen und mit einer Angabe der Alkoholstärke versehen sind.

c. Es ist verboten, aus vergälltem Branntwein das Vergällungsmittel ganz oder teilweise auszuscheiden oder dem vergällten Branntwein Stoffe beizufügen, durch welche die Wirksamkeit des Vergällungsmittels in Beziehung auf Geschmack oder Geruch vermindert wird, oder solchen Branntwein zu verkaufen oder feilzuhalten.

d. Zuwiderhandlungen gegen die vorstehenden Bestimmungen unterliegen den Strafvorschriften des Branntweinsteuergesetzes.

(6) Gewerbetreibenden, denen vom Hauptamt gestattet ist, vollständig vergällten Branntwein im Kleinhandel in Mengen von weniger als 1 Liter abzugeben, haben in der im Abs. 5 angeordneten Weise noch folgende Bekanntmachung auszuhängen:

Vollständig vergällter Branntwein darf in Mengen von weniger als 1 Liter in beliebigen, mit dem vorgeschriebenen Verschlusse nicht versehenen Behältnissen nur dann abgegeben werden, wenn er in dem Verkaufsraum aus einem den Bestimmungen entsprechenden Behältnis von 1 Liter Raumgehalt unter den Augen des Käufers in das für diesen bestimmte Behältnis abgefüllt wird. Das Behältnis, aus dem abgefüllt wird, muß, bevor es angebrochen wird, nach amtlicher Vorschrift bezeichnet und verschlossen sein. Im übrigen darf in dem Verkaufsraum und in den mit diesem in unmittelbarer Verbindung stehenden Räumen vollständig vergällter Branntwein nur in vorschriftsmäßig bezeichneten und verschlossenen Behältnissen aufbewahrt werden. Zuwiderhandlungen unterliegen den Strafvorschriften des Branntweinsteuergesetzes.

(7) Das Hauptamt kann die Erteilung der Bescheinigung versagen oder die Fortsetzung des Handels mit vergälltem Branntwein untersagen, wenn Tatsachen vorliegen, welche die Unzuverlässigkeit des Gewerbetreibenden in Ansehung dieses Gewerbebetriebes wahrscheinlich machen. Von der Entscheidung ist der Ortspolizeibehörde Mitteilung zu machen.

(8) Die im § 28 Abs. 1 bezeichneten Befugnisse stehen für den Handel mit vollständig vergälltem Branntwein auch den Beamten der Polizeiverwaltung zu.

§ 28. (1) Die Beamten sind befugt, die Gewerbe- und Geschäftsräume, in denen die Lagerung, die Verwendung oder der Verkauf vergällten Branntweins stattfindet, während des Betriebs oder der Offenhaltung des Geschäfts zu jeder Zeit, sonst von morgens 6 bis abends 9 Uhr zu betreten, die Vorräte an vergälltem und unvergälltem Branntwein zu prüfen und Proben davon zu entnehmen. Auf Verlangen ist dem Besitzer für entnommene Proben Entschädigung in Höhe des üblichen Kaufpreises zu leisten. Die näheren Bestimmungen über die Zahl und Ausführung der Revisionen trifft die Direktivbehörde.

(2) Die Beteiligten sind verpflichtet, auf Erfordern den Bestand an vergälltem und unvergälltem Branntwein sowie an Vergällungsmitteln anzugeben und vorzuzeigen sowie den Beamten über den Gewerbe- oder Geschäftsbetrieb Auskunft zu erteilen. Die Oberbeamten sind berechtigt, die Einkaufs-, Lager-, Betriebs- und Verkaufsbücher während der Geschäftsstunden einzusehen.

Bestimmungen über Art und Anbringung des Verschlusses an Behältnissen des zum Kleinhandel bestimmten vollständig vergällten Branntweins.

Bk. des Reichskanzlers vom 18. März 1910. (RZBl. S. 91.)

1. Vollständig vergällter Branntwein darf im Kleinhandel nur in Behältnissen von 50, 20, 10, 5 und 1 Liter Raumgehalt feilgehalten werden, die verschlossen und mit einer Angabe des Alkoholgehalts versehen sind (§ 109 des Branntweinsteuergesetzes).

2. Die zum Kleinhandel mit vollständig vergälltem Branntwein bestimmten Behältnisse müssen so beschaffen sein, daß nach Anlegung der vorgeschriebenen Sicherung (Ziffer 3) Branntwein nur durch eine Spuren der Gewalt hinterlassende Beschädigung entnommen werden kann. Diesen Anforderungen genügen am besten Behältnisse aus Metall, Glas, Ton oder ähnlichen Stoffen. Behältnisse mit einem Raumgehalte von 20, 10, 5 oder 1 Liter dürfen nur eine Öffnung, solche mit einem Raumgehalte von 50 Litern dürfen höchstens zwei Öffnungen haben. Die Öffnungen müssen dicht verschließbar und so eingerichtet sein, daß gegen unbefugtes Einwirken auf den Inhalt eine besondere Sicherung angelegt werden kann.

3. Als Sicherung sind zulässig Draht, Schnüre, Bänder usw. aus Metall, Gespinsten, Pappe oder anderen haltbaren Stoffen, deren Enden durch einen Metallverschluß zusammengehalten werden, an Behältnissen aus Holz auch Bleche, Scheiben oder dergleichen, die aber nicht aufzunageln, sondern aufzupressen sind. Beim Anbringen müssen die Metallverschlüsse, Bleche usw. eine Prägung des vom Hauptamt bestimmten Kennzeichens (Ziffer 4) erhalten. Die Anbringung vorher geprägter Verschlußstücke ist nicht statthaft. Ein Lösen der Sicherung und insonderheit ein Abnehmen des Metallverschlusses darf ohne Hinterlassung von Spuren der Gewalt nicht möglich sein.

4. Das Kennzeichen besteht in einem großen lateinischen Buchstaben, der die Direktivbehörde, einem kleinen lateinischen Buchstaben, der das Hauptamt bezeichnet, und einer Nummer in arabischen Ziffern.

5. Jedes Behältnis muß eine nicht abwischbare, licht- und wasserbeständige Bezeichnung des Raumgehalts sowie eine Angabe derjenigen Stärke nach Gewichtsprozenten aufweisen, welche

das Alkoholmeter in dem vollständig vergällten Branntwein bei 15° Wärme nach Celsius anzeigt; daneben darf auch noch die Alkoholstärke in Raumprozenten angegeben werden. Die Bezeichnung des Raumgehalts sowie die Angabe der Stärke kann auf Etiketten erfolgen, die mit Klebstoff auf den Behältnissen befestigt werden. Einer amtlichen Eichung der Behältnisse bedarf es nicht. Abweichungen von der Raumgehaltsangabe sind zulässig:

bis	zu	einem	Liter	für	Behältnisse	von	50	Liter	Raumgehalt,
„	„	0,50	„	„	„	„	20	„	„
„	„	0,40	„	„	„	„	10	„	„
„	„	0,25	„	„	„	„	5	„	„
„	„	0,07	„	„	„	„	einem	„	„

Abweichende Angaben hinsichtlich der Stärke des vollständig vergällten Branntweins sind zulässig bei Behältnissen aus Holz bis zu 3 Hundertteilen, bei Behältnissen aus anderen Stoffen bis zu 1,6 Hundertteilen. Die wirkliche Stärke darf niemals hinter der in § 15 Abs. 4 der Branntweinsteuer-Befreiungsordnung vorgeschriebenen Mindestgrenze zurückbleiben.

6. Wer Behältnisse der angegebenen Art mit vollständig vergälltem Branntwein für den Kleinhandel befüllt, ist verpflichtet, die Behältnisse im Anschluß an die Befüllung unter Anbringung der vorgeschriebenen Sicherungen (Ziffer 3) zu verschließen und mit einer Bezeichnung des Raumgehalts und Angabe der Stärke des Branntweins (Ziffer 5) zu versehen.

7. Wer Behältnisse nach Ziffer 6 befüllen und verschließen will, hat dies vorher dem Hauptamt und der Ortspolizeibehörde schriftlich anzumelden und dabei den Raum anzugeben, in dem die Behältnisse befüllt und die Sicherungen angebracht werden sollen.

8. Das Hauptamt trägt die Anmeldung in ein Verzeichnis ein, erteilt über sie eine Bescheinigung und bestimmt das Kennzeichen (Ziffer 4), das an den Verschlüssen (Ziffer 3) anzubringen ist.

9. Das Befüllen der Behältnisse darf nicht in dem Raume vorgenommen werden, in dem der Branntwein feilgehalten wird.

10. Die Sicherungen sind anzubringen, bevor die Behältnisse in den zum Feilhalten bestimmten Raum geschafft werden.

Wer ausweislich des Kennzeichens die Sicherung angebracht hat, haftet für die Richtigkeit des Inhalts der Behältnisse.

11. Sicherungen, die von Beamten aus Anlaß der Nachprüfung abgenommen werden, sind durch amtliche Verschlüsse zu ersetzen, wenn derjenige, bei dem nachgeprüft wird, keine Einrichtungen besitzt, um neue Sicherungen anzulegen.

12. Die Steueraufsicht regelt der § 28 der Branntweinsteuer-Befreiungsordnung.

---

5. Verkehr mit Nahrungsmitteln, Genußmitteln und Gebrauchsgegenständen.

Von den Reichsgesetzen, welche den Verkehr mit Nahrungsmitteln, Genußmitteln und Gebrauchsgegenständen betreffen, haben für den Drogenhandel nur vier, nämlich, das allgemeine Nahrungsmittelgesetz, das sog. Farbengesetz, das Weingesetz und das Gesetz betr. Beseitigung des Branntweinkontingentes Bedeutung[1]). Die hier in Betracht kommenden Bestimmungen dieser Gesetze lauten:

Gesetz, betreffend den Verkehr mit Nahrungsmitteln, Genußmitteln und Gebrauchsgegenständen.

Vom 14. Mai 1879 (RGBl. S. 145).

§ 1. Der Verkehr mit Nahrungs- und Genußmitteln[2]), sowie mit Spielwaren, Tapeten, Farben, Eß-, Trink- und Kochgeschirr und mit Petroleum unterliegt der Beaufsichtigung nach Maßgabe dieses Gesetzes.

§ 2. Die Beamten der Polizei sind befugt, in die Räumlichkeiten, in welchen Gegenstände der im § 1 bezeichneten Art feilgehalten[3]) werden, während der üblichen Geschäftsstunden oder während die Räumlichkeiten dem Verkehr geöffnet sind, einzutreten.

Sie sind befugt, von den Gegenständen der im § 1 bezeichneten Art, welche in den angegebenen Räumlichkeiten sich befinden, oder welche an öffentlichen Orten, auf Märkten, Plätzen, Straßen oder im Umherziehen verkauft oder feilgehalten werden, nach ihrer Wahl Proben zum Zwecke der Untersuchung gegen Empfangsbescheinigung zu entnehmen. Auf Verlangen ist dem Besitzer ein Teil der Probe amtlich verschlossen oder versiegelt zurückzulassen. Für die entnommenen Proben ist Entschädigung in Höhe des üblichen Kaufpreises zu leisten.

§ 3. Die Beamten der Polizei sind befugt, bei Personen, welche auf Grund der §§ 10, 12, 13 dieses Gesetzes zu einer Freiheitsstrafe verurteilt sind, in den Räumlichkeiten, in welchen Gegenstände der im § 1 bezeichneten Art feilgehalten werden, oder welche zur Aufbewahrung oder Herstellung solcher zum Verkaufe bestimmter

---

[1]) Außer diesen Gesetzen wäre noch eine Bestimmung in dem Gesetz betr. den Verkehr mit blei- und zinkhaltigen Gegenständen vom 25. Juni 1887 (RGBl. S. 273) zu erwähnen. In § 2 bestimmt dieses Gesetz:

Zur Herstellung von Mundstücken für Saugflaschen, Saugringen und Warzenhütchen darf blei- oder zinkhaltiger Kautschuk nicht verwendet sein.

Durch das Süßstoffgesetz vom 7. Juli 1902 (RGBl. S. 253) und dessen Ausführungsbestimmungen ist die Abgabe von Süßstoff sowie der Zwischenhandel mit süßstoffhaltigen Nahrungs- und Genußmitteln lediglich den Apothekern vorbehalten.

[2]) Auf Arzneimittel bezieht sich das Gesetz somit nicht (RG. 15. Januar 1906, Ph.Ztg. 1906 Nr. 6).

[3]) Über den Begriff „Feilhalten" s. die Urteile auf S. 45.

Gegenstände dienen, während der im § 2 angegebenen Zeit Revisionen vorzunehmen.

Diese Befugnis beginnt mit der Rechtskraft des Urteils und erlischt mit dem Ablaufe von 3 Jahren von dem Tage an gerechnet, an welchem die Freiheitsstrafe verbüßt, verjährt oder erlassen ist.

§ 4. Die Zuständigkeit der Behörden und Beamten zu den in §§ 2 und 3 bezeichneten Maßnahmen richtet sich nach den einschlägigen landesrechtlichen Bestimmungen. Landesrechtliche Bestimmungen, welche der Polizei weitergehende Befugnisse als die in §§ 2 und 3 bezeichneten geben, bleiben unberührt.

§ 5. Für das Reich können durch Kaiserliche Verordnung mit Zustimmung des Bundesrats zum Schutze der Gesundheit Vorschriften erlassen werden, welche verbieten:

1. bestimmte Arten der Herstellung, Aufbewahrung und Verpackung von Nahrungs- und Genußmitteln, die zum Verkaufe bestimmt sind;
2. das gewerbsmäßige Verkaufen und Feilhalten von Nahrungs- und Genußmitteln von einer bestimmten Beschaffenheit oder unter einer der wirklichen Beschaffenheit nicht entsprechenden Bezeichnung[1]).

---

[1]) Auf Grund dieser Bestimmungen erging die

KaisV., betr. den Verkehr mit Essigsäure.
Vom 14. Juli 1908 (RGBl. S. 475).

§ 1. Rohe und gereinigte Essigsäure (auch Essigessenz), die in 100 Gewichtsteilen mehr als 15 Gewichtsteile reine Säure enthält, darf in Mengen unter 2 l nur in Flaschen nachstehender Art und Bezeichnung gewerbsmäßig feilgehalten oder verkauft werden:

1. Die Flaschen müssen aus weißem oder halbweißem Glase gefertigt, länglich rund geformt und an einer Breitseite in der Längsrichtung gerippt sein.

2. Die Flaschen müssen mit einem Sicherheitsstopfen versehen sein, der bei wagerechter Haltung der gefüllten Flasche innerhalb einer Minute nicht mehr als 50 ccm des Flascheninhalts ausfließen läßt. Der Sicherheitsstopfen muß derart im Flaschenhalse befestigt sein, daß er ohne Zerbrechen der Flasche nicht entfernt werden kann.

3. An der nicht gerippten Seite der Flasche muß eine Aufschrift vorhanden sein, die in deutlich lesbarer Weise

a. die Art des Inhalts einschließlich seiner Stärke an reiner Essigsäure angibt,
b. die Firma des Fabrikanten des Inhalts bezeichnet,
c. in besonderer für die sonstige Aufschrift nicht verwendeter Farbe die Warnung „Vorsicht! Unverdünnt lebensgefährlich“ getrennt von der sonstigen Aufschrift enthält,
d. eine Anweisung für den Gebrauch des Inhalts der Flasche bei der Verwendung zu Speisezwecken erteilt.

Weitere Aufschriften dürfen auf der Flasche nicht vorhanden sein.

§ 2. Die Vorschriften des § 1 finden keine Anwendung auf das Feilhalten und den Verkauf von Essigsäure in Apotheken, soweit es zu Heil- oder wissenschaftlichen Zwecken erfolgt.

§ 3. Das Feilhalten und der Verkauf von Essigsäure der im § 1 bezeichneten Art unter der Bezeichnung „Essig“ ist verboten.

5. Das gewerbsmäßige Verkaufen und Feilhalten von Petroleum von einer bestimmten Beschaffenheit[1]).

§ 8. Wer den auf Grund der §§ 5, 6 erlassenen Verordnungen zuwiderhandelt, wird mit Geldstrafe bis zu 150 Mark oder mit Haft bestraft. Landesrechtliche Vorschriften dürfen eine höhere Strafe nicht androhen.

§ 9. Wer den Vorschriften der §§ 2—4 zuwider den Eintritt in die Räumlichkeiten, die Entnahme einer Probe oder die Revision verweigert, wird mit Geldstrafe von 50 bis zu 150 Mark oder mit Haft bestraft.

§ 10. Mit Gefängnis bis zu 6 Monaten und mit Geldstrafe bis zu 1500 Mark oder mit einer dieser Strafen wird bestraft:

1. wer zum Zwecke der Täuschung im Handel und Verkehr Nahrungs- oder Genußmittel nachahmt oder verfälscht[2]);
2. wer wissentlich Nahrungs- oder Genußmittel, welche verdorben oder nachgemacht oder verfälscht sind, unter Verschweigung dieses Umstandes verkauft oder unter einer zur Täuschung geeigneten Bezeichnung feilhält.

§ 11. Ist die im § 10 Nr. 2 bezeichnete Handlung aus Fahrlässigkeit begangen worden, so tritt Geldstrafe bis zu 150 Mark oder Haft ein.

§ 12. Mit Gefängnis, neben welchem auf Verlust der bürgerlichen Ehrenrechte erkannt werden kann, wird bestraft:

1. wer vorsätzlich Gegenstände, welche bestimmt sind, anderen als Nahrungs- und Genußmittel zu dienen, derart herstellt, daß der Genuß derselben die menschliche Gesundheit zu beschädigen geeignet ist, ingleichen wer wissentlich Gegenstände, deren Genuß die menschliche Gesundheit zu beschädigen geeignet ist, als Nahrungs- oder Genußmittel verkauft, feilhält oder sonst in Verkehr bringt.

Der Versuch ist strafbar.

§ 14. Ist eine der in den §§ 12, 13 bezeichneten Handlungen aus Fahrlässigkeit begangen worden, so ist auf Geldstrafe bis zu 1000 Mark oder Gefängnisstrafe bis zu 6 Monaten und, wenn durch die Handlung ein Schaden an der Gesundheit eines Menschen ver-

[1]) Die auf Grund dieser Bestimmung ergangene KaisV. vom 24. Februar 1882 ist auf S. 119 abgedruckt.

[2]) Ein Verfälschen liegt vor, wenn mit der ursprünglichen Ware durch Zusetzen von Stoffen eine äußerlich nicht erkennbare Verschlechterung vorgenommen oder einer minder guten Ware durch Anwendung künstlicher Mittel der Schein einer besseren Ware gegeben ist (RG. 21. April 1885). Demgemäß ist auch der Zusatz von Farbstoff zu Fruchtsäften (Himbeersaft) ohne Deklaration unzulässig (OLG. Breslau 22. und 29. November 1910, Ph.Ztg. 1910 Nr. 101). Dagegen wird neuerdings die Konservierung von Fruchtsäften mit (etwa 0,2 p. c.) Ameisensäure, wenn der Zusatz richtig deklariert ist, nicht als Nahrungsmittelfälschung angesehen (Gutachten der Wissenschaftlichen Deputation für das Medizinalwesen, AG. Stettin, Juni 1911, Ph.Ztg. 1911 Nr. 46). Gemäß § 10 des Nahrungsmittelgesetzes ist die Abgabe eines mit Spiritus verdünnten Zitronenöles ohne Deklaration dieser Verdünnung strafbar (LG. Prenzlau November 1906, Ph.Ztg. 1906 Nr. 92, LG. Breslau 22. Januar 1910, Ph.Ztg. 1911 Nr. 83).

ursacht worden ist, auf Gefängnisstrafe bis zu einem Jahre, wenn aber der Tod eines Menschen verursacht worden ist, auf Gefängnisstrafe von einem Monat bis zu 3 Jahren zu erkennen.

§ 15. In den Fällen der §§ 12—14 ist neben der Strafe auf Einziehung der Gegenstände zu erkennen, welche den bezeichneten Vorschriften zuwider hergestellt, verkauft, feilgehalten oder sonst in Verkehr gebracht sind, ohne Unterschied, ob sie dem Verurteilten gehören oder nicht; in den Fällen der §§ 8, 10, 11 kann auf die Einziehung erkannt werden.

Ist in den Fällen der §§ 12—15 die Verfolgung oder die Verurteilung einer bestimmten Person nicht ausführbar, so kann auf die Einziehung selbständig erkannt werden.

§ 16 Abs. 4. Sofern infolge polizeilicher Untersuchung von Gegenständen der im § 1 bezeichneten Art eine rechtskräftige strafrechtliche Verurteilung eintritt, fallen dem Verurteilten die durch die polizeiliche Untersuchung erwachsenen Kosten zur Last. Dieselben sind zugleich mit den Kosten des gerichtlichen Verfahrens festzusetzen und einzuziehen[1]).

Gesetz, betr. die Verwendung gesundheitsschädlicher Farben bei der Herstellung von Nahrungsmitteln, Genußmitteln und Gebrauchsgegenständen.

Vom 5. Juli 1887 (RGBl. S. 277).

§ 1. Gesundheitsschädliche Farben dürfen zur Herstellung von Nahrungs- und Genußmitteln, welche zum Verkaufe bestimmt sind, nicht verwendet werden.

Gesundheitsschädliche Farben im Sinne dieser Bestimmung sind diejenigen Farbstoffe und Farbzubereitungen, welche: Antimon, Arsen, Baryum, Blei, Kadmium, Chrom, Kupfer, Quecksilber, Uran, Zink, Zinn, Gummigutti, Korallin, Pikrinsäure enthalten.

§ 2. Zur Aufbewahrung oder Verpackung von Nahrungs- und Genußmitteln, welche zum Verkauf bestimmt sind, dürfen Gefäße, Umhüllungen oder Schutzbedeckungen, zu deren Herstellung Farben der im § 1 Abs. 2 bezeichneten Art verwendet sind, nicht benutzt werden.

Auf die Verwendung von schwefelsaurem Baryum (Schwerspath, blanc fixe), Barytfarblacken, welche von kohlensaurem Baryum frei sind, Chromoxyd, Kupfer, Zinn, Zink und deren Legierungen als Metallfarben, Zinnober, Zinnoxyd, Schwefelzinn als Musivgold, sowie auf alle in Glasmassen, Glasuren oder Emails eingebrannte Farben und auf den äußeren Anstrich von Gefäßen aus wasserdichten Stoffen findet diese Bestimmung nicht Anwendung.

§ 3. Zur Herstellung von kosmetischen Mitteln[2]) (Mitteln zur Reinigung, Pflege oder Färbung der Haut, des Haares oder der

[1]) Dieser Absatz ist hinzugefügt durch Gesetz vom 29. Juni 1887 (RGBl. S. 276).

[2]) Über die Beschaffenheit kosmetischer Mittel finden sich noch Bestimmungen in § 1 Abs. 2 der KaisV. vom 22. Oktober 1901 (s. S. 14), in § 21 des Gesetzes betr. die Beseitigung des Branntweinkontingents (s. S. 142) und in § 14 der Branntweinsteuerbefreiungsordnung (s. S. 127).

Mundhöhle), welche zum Verkauf bestimmt sind, dürfen die im § 1 Abs. 2 bezeichneten Stoffe nicht verwendet werden[1]).

Auf schwefelsaures Baryum (Schwerspat, blanc fixe), Schwefelkadmium, Chromoxyd, Zinnober, Zinkoxyd, Zinnoxyd, Schwefelzink, sowie auf Kupfer, Zinn, Zink und deren Legierungen in Form von Puder findet diese Bestimmung nicht Anwendung.

§ 4. Zur Herstellung von zum Verkauf bestimmten Spielwaren (einschließlich der Bilderbogen, Bilderbücher und Tuschfarben für Kinder), Blumentopfgittern und künstlichen Christbäumen dürfen die im § 1 Abs. 2 bezeichneten Farben nicht verwendet werden.

Auf die im § 2 Abs. 2 bezeichneten Stoffe, sowie auf . . . die in Wasser unlöslichen Zinkverbindungen . . . findet diese Bestimmung nicht Anwendung.

§ 6. Tuschfarben jeder Art dürfen als frei von gesundheitsschädlichen Stoffen bzw. giftfrei nicht verkauft oder feilgehalten werden, wenn sie den Vorschriften im § 4 Abs. 1 und 2 nicht entsprechen[2]).

§ 8 Abs. 2[3]). Die Herstellung von Oblaten unterliegt den Bestimmungen im § 1, jedoch sofern sie nicht zum Genusse bestimmt

---

[1]) Nach Urteilen des RG. vom 27. Februar 1899 (KGA. II S. 375) und des KG. vom 17. Juni 1909 (Ph.Ztg. 1909 Nr. 51) und vom 7. Oktober 1912 (Ph.Ztg. 1912 Nr. 93) ist diese Bestimmung dahin auszulegen, daß unter Stoffen, die nach § 3 des Farbengesetzes in kosmetischen Mitteln nicht enthalten sein dürfen, nicht nur „Farbstoffe" oder färbende Stoffe, sondern die im § 1 Abs. 2 des Gesetzes genannten Körper: Antimon, Arsen usw. und zwar sowohl diese Stoffe wie auch deren chemische Verbindungen zu verstehen sind. Demgemäß erklärte das RG. den Vertrieb einer quecksilberchlorürhaltigen Sommersprossensalbe, und das KG. die Abgabe von bleipflasterhaltigem Diachylonwundpulver (Dialon) in Drogenhandlungen auf Grund von § 3 des Gesetzes vom 5. Juli 1887 für unzulässig. Ebenso entschied OLG. Posen 22. Oktober 1910 (Ph.Ztg. 1911 Nr. 41). Mittel zum Färben von totem Haar sind nicht als kosmetische im Sinne obiger Bestimmung anzusehen (AG. Magdeburg 15. April 1909, Ph.Ztg. 1909 Nr. 90).

[2]) Die im § 4 Abs. 1 und 2 des Gesetzes enthaltenen Vorschriften lassen sich kurz folgendermaßen zusammenfassen: „Zur Herstellung von zum Verkauf bestimmten Tuschfarben für Kinder dürfen Farbstoffe und Farbzubereitungen, welche Antimon, Arsen, Baryum, Blei, Kadmium, Chrom, Kupfer, Quecksilber, Uran, Zink, Zinn, Gummigutti, Korallin, Pikrinsäure enthalten, nicht verwendet werden. Auf schwefelsaures Baryum (Schwerspat, blanc fixe), Chromoxyd, Zinnober, Zinnoxyd, die in Wasser unlöslichen Zinkverbindungen findet diese Bestimmung nicht Anwendung." Tuschfarben für Kinder dürfen danach die genannten Stoffe überhaupt nicht enthalten, alle übrigen Tuschfarben können derartige Stoffe zwar enthalten, sie dürfen dann aber nicht als frei von gesundheitsschädlichen Stoffen bzw. giftfrei bezeichnet werden.

[3]) Ein Min.-Erl. vom 5. November 1903 regt den Erlaß öffentlicher Warnungen vor dem Gebrauche von arsen- und bleihaltigen Farbkreiden an, mit der Begründung, daß das Gesetz vom 5. Juli 1887 „nicht immer eine ausreichende Handhabe bieten wird, um der Verwendung von Arsen und Blei in Farbkreiden entgegenzutreten, da es im § 8 wohl den Verkehr mit arsenhaltigen ‚Schreibmaterialien', nicht aber den Bleigehalt derselben und den Verkehr mit ‚Zeichenmaterialien' regelt".

sind, mit der Maßgabe, daß die Verwendung von schwefelsaurem Baryum (Schwerspat, blanc fixe), Chromoxyd und Zinnober gestattet ist.

§ 9. Arsenhaltige Wasser- oder Leimfarben dürfen zur Herstellung des Anstrichs von Fußböden, Decken, Wänden, Türen, Fenstern der Wohn- oder Geschäftsräume, von Roll-, Zug- oder Klappläden oder Vorhängen, von Möbeln und sonstigen häuslichen Gebrauchsgegenständen nicht verwendet werden.

§ 10. Auf die Verwendung von Farben, welche die im § 1 Abs. 2 bezeichneten Stoffe nicht als konstituierende Bestandteile, sondern nur als Verunreinigungen, und zwar höchstens in einer Menge enthalten, welche sich bei den in der Technik gebräuchlichen Darstellungsverfahren nicht vermeiden läßt, finden die Bestimmungen der §§ 2—9 nicht Anwendung.

§ 11. Auf die Färbung von Pelzwaren finden die Vorschriften dieses Gesetzes nicht Anwendung.

§ 12. Mit Geldstrafe bis zu 150 Mark oder mit Haft wird bestraft:

1. wer den Vorschriften der §§ 1 bis 5, 7, 8 und 10 zuwider Nahrungsmittel, Genußmittel oder Gebrauchsgegenstände herstellt, aufbewahrt oder verpackt, oder derartig hergestellte, aufbewahrte oder verpackte Gegenstände gewerbsmäßig verkauft oder feilhält;
2. wer der Vorschrift des § 6 zuwiderhandelt;
3. wer der Vorschrift des § 9 zuwiderhandelt, imgleichen wer Gegenstände, welche dem § 9 zuwider hergestellt sind, gewerbsmäßig verkauft oder feilhält.

§ 13. Neben der im § 12 vorgesehenen Strafe kann auf Einziehung der verbotswidrig hergestellten, aufbewahrten, verpackten, verkauften oder feilgehaltenen Gegenstände erkannt werden, ohne Unterschied, ob sie dem Verurteilten gehören oder nicht.

Ist die Verfolgung oder Verurteilung einer bestimmten Person nicht ausführbar, so kann auf die Einziehung selbständig erkannt werden.

§ 14. Die Vorschriften des Gesetzes, betreffend den Verkehr mit Nahrungsmitteln, Genußmitteln und Gebrauchsgegenständen vom 14. Mai 1879 bleiben unberührt. Die Vorschriften in den §§ 16, 17 desselben finden auch bei Zuwiderhandlungen gegen die Vorschriften des gegenwärtigen Gesetzes Anwendung.

Weingesetz.

Vom 7. April 1909 (RGBl. S. 393).

§ 6. Im gewerbsmäßigen Verkehre mit Wein dürfen geographische Bezeichnungen nur zur Kennzeichnung der Herkunft verwendet werden[1]).

[1]) Danach darf z. B. unter der Bezeichnung Tokaier oder Medizinal-Tokaier nur ein Wein in Verkehr gebracht werden, der aus Tokaier Trauben hergestellt ist, mithin aus dem Tokaier Weinbaubezirk stammt. Der Verkauf eines

§ 9. Es ist verboten, Wein nachzumachen.

§ 10. Unter das Verbot des § 9 fällt nicht die Herstellung von dem Weine ähnlichen Getränken aus Fruchtsäften, Pflanzensäften oder Malzauszügen.

Der Bundesrat ist ermächtigt, die Verwendung bestimmter Stoffe bei der Herstellung solcher Getränke zu beschränken oder zu untersagen[1]).

Die im Abs. 1 bezeichneten Getränke dürfen im Verkehr als Wein nur in solchen Wortverbindungen bezeichnet werden, welche die Stoffe kennzeichnen, aus denen sie hergestellt sind.

§ 16. Der Bundesrat ist ermächtigt, die Verwendung bestimmter Stoffe bei der Herstellung von weinhaltigen Getränken, Schaumwein oder Kognak zu beschränken oder zu untersagen, sowie bezüglich der Herstellung von Schaumwein und Kognak zu bestimmen, welche Stoffe hierbei Verwendung finden dürfen, und Vorschriften über die Verwendung zu erlassen[1]).

§ 18. Trinkbranntwein, dessen Alkohol nicht ausschließlich aus Wein gewonnen ist, darf im geschäftlichen Verkehre nicht als Kognak bezeichnet werden.

Trinkbranntwein, der neben Kognak Alkohol anderer Art enthält, darf als Kognakverschnitt bezeichnet werden, wenn mindestens $^1/_{10}$ des Alkohols aus Wein gewonnen ist.

---

anderen Ungarweins unter der Bezeichnung Tokaier stellt nach einem Urteil des RG. vom 1. Oktober 1907 (Ph.Ztg. 1907 Nr. 80 und 89) auch einen Verstoß gegen das Warenzeichengesetz dar. Mit anderen Bezeichnungen von Weinen befaßt sich nachstehender Erlaß:

Min.-Erl. betr. die Bezeichnung von Weinen als Medizinalwein, Blutwein u. dgl. Vom 24. September 1912.

Ein Begriff „Medizinalwein", „Medizinalsüßwein" u. dgl. wird von seiten der Wissenschaft nicht anerkannt. so daß sich also eine wissenschaftliche Begriffsbestimmung für derartige Weine nicht geben läßt. Nachdem sich die Bezeichnungen aber seit einer Reihe von Jahren eingebürgert haben, können sie als zulässig angesehen werden bei konzentrierten, ungezuckerten Süßweinen von besonderer Güte und Reinheit, die nach Herstellung und Beschaffenheit dem deutschen Weingesetz und den im Ursprungslande geltenden gesetzlichen Vorschriften entsprechen....

Der Name „Blutwein", mag er auch ursprünglich von der Farbe des Weines herrühren, erweckt im Verkehr die Annahme, daß der Wein besondere blutbildende oder blutverbessernde Eigenschaften besitzt. Da solche Eigenschaften keinem Weine mit Sicherheit beigelegt werden können, muß die Bezeichnung als auf Täuschung berechnet und zur Irreführung der Käufer geeignet angesehen werden. Im Interesse der Verbraucher und des einwandfreien Weinhandels ist demnach dem Gebrauche von Bezeichnungen wie „Blutwein" und ähnlichen („Kraftwein" u. dgl.) entgegenzutreten. Sollte gezuckerter Wein unter einem solchen Namen in den Verkehr gebracht werden, so kann auf Grund der §§ 5, 28 Ziff. 1 des Weingesetzes vorgegangen werden. Im übrigen wird sich in den meisten Fällen die Möglichkeit bieten, auf Grund der §§ 3, 4 des Gesetzes gegen den unlauteren Wettbewerb unter Umständen auch des § 263 Strafgesetzbuchs einzuschreiten....

[1]) Vgl. die Ausführungsbestimmungen vom 9. Juli 1909 (S. 140).

Kognak und Kognakverschnitte müssen in 100 Raumteilen mindestens 38 Raumteile Alkohol enthalten.

Trinkbranntwein, der in Flaschen oder ähnlichen Gefäßen unter der Bezeichnung Kognak gewerbsmäßig verkauft oder feilgehalten wird, muß zugleich eine Bezeichnung tragen, welche das Land erkennbar macht, wo er für den Verbrauch fertiggestellt worden ist. Die näheren Vorschriften trifft der Bundesrat[1]).

Die vom Bundesrate vorgeschriebenen Bezeichnungen sind auch in die Preislisten und Weinkarten sowie in die sonstigen im geschäftlichen Verkehr üblichen Angebote mit aufzunehmen.

§ 19. Wer Trauben zur Weinbereitung, Traubenmaische, Traubenmost oder Wein gewerbsmäßig in Verkehr bringt oder gewerbsmäßig Wein zu Getränken weiter verarbeitet, ist verpflichtet, Bücher zu führen[2])...

Die Zeit des Geschäftsabschlusses, die Namen der Lieferanten und, soweit es sich um Abgabe im Fasse oder in Mengen von mehr als einem Hektoliter im einzelnen Falle handelt, auch der Abnehmer, sind in den Büchern einzutragen.

Die Bücher sind nebst den auf die einzutragenden Geschäfte bezüglichen Geschäftspapieren bis zum Ablaufe von 5 Jahren nach der letzten Eintragung aufzubewahren.

Die näheren Bestimmungen über die Einrichtung und die Führung der Bücher trifft der Bundesrat ...

§ 21. Die Beobachtung der Vorschriften dieses Gesetzes ist durch die mit der Handhabung der Nahrungsmittelpolizei betrauten Behörden und Sachverständigen zu überwachen[3]).

Zur Unterstützung dieser Behörden sind für alle Teile des Reichs Sachverständige im Hauptberufe zu bestellen.

§ 34. Dieses Gesetz tritt am 1. September 1909 in Kraft.

Mit diesem Zeitpunkte tritt das Gesetz, betreffend den Verkehr mit Wein, weinhaltigen und weinähnlichen Getränken, vom 24. Mai 1901 außer Kraft.

---

[1]) Vgl. die Ausführungsbestimmungen vom 9. Juli 1909 (S. 140).

[2]) Jede Drogenhandlung, in der, wenn auch in geringem Umfange, Wein (z. B. Medizinal-Ungarwein) verkauft wird, ist zur Buchführung verpflichtet. Über die Art der Buchführung s. S. 141.

[3]) Über die Frage, inwieweit Drogenhandlungen und ähnliche Geschäfte der Weinkontrolle unterliegen, wurde in einem Min.-Erl. vom 11. November 1904 gesagt,

daß die Ausdehnung der Kontrolle auf Flaschenlager in Krämereien, Drogenhandlungen und ähnlichen Geschäften nicht erforderlich ist, falls kein Bezug von Wein in Fässern stattfindet. Für die gebrauchsfertigen Flaschen genügt alsdann der glaubwürdige Nachweis, daß dieselben in einem der regelmäßigen polizeilichen Kontrolle unterstellten Betriebe abgefüllt worden sind.

Ein weiterer Min.-Erl. vom 19. Juli 1905 betonte dann noch, daß die Beibringung eines Nachweises über die Herkunft der Flaschenweine nicht durch polizeiliche Anordnung erzwungen werden kann, sondern den Händlern nur anheimgestellt ist, um dadurch Befreiung von der eingehenden Weinkontrolle zu erzielen.

Der Verkehr mit Getränken, die bei der Verkündung dieses Gesetzes nachweislich bereits hergestellt waren, ist jedoch nach den bisherigen Bestimmungen zu beurteilen[1]).

Bestimmungen zur Ausführung des Weingesetzes.

Bk. des Reichskanzlers vom 9. Juli 1909 (RGBl. S. 549).

Zu §§ 10, 16.

Die nachbezeichneten Stoffe:

lösliche Aluminiumsalze (Alaun u. dgl.), Ameisensäure, Baryumverbindungen, Benzoesäure, Borsäure, Eisenzyanverbindungen (Blutlaugensalze), Farbstoffe mit Ausnahme von kleinen Mengen gebrannten Zuckers (Zuckercouleur), Fluorverbindungen, Formaldehyd und solche Stoffe, die bei ihrer Verwendung Formaldehyd abgeben, Glyzerin[2]), Kermesbeeren, Magnesiumverbindungen, Oxalsäure, Salizylsäure, unreiner (freien Amylalkohol enthaltender Sprit, unreiner Stärkezucker, Stärkesirup, Strontiumverbindungen, Wismutverbindungen, Zimtsäure, Zinksalze, Salze und Verbindungen der vorbezeichneten Säuren sowie der schwefligen Säure (Sulfite, Metasulfite u. dgl.).

dürfen bei der Herstellung der im § 10 des Gesetzes bezeichneten dem Weine ähnlichen Getränke, von weinhaltigen Getränken, deren Bezeichnung die Verwendung von Wein andeutet, von Schaumwein oder von Kognak nicht verwendet werden[3]).

Zu § 18.

Kognak, der in Flaschen gewerbsmäßig verkauft oder feilgehalten wird, ist nach dem Lande, in dem er fertiggestellt ist, als

Deutscher, Französischer usw. Kognak (Cognac)

zu bezeichnen.

Hat im Auslande hergestellter Kognak in Deutschland lediglich einen Zusatz von destilliertem Wasser erhalten, um unbeschadet der Vorschrift des § 18 Abs. 3 des Gesetzes den Alkoholgehalt auf die übliche Trinkstärke herabzusetzen, so ist er als

---

[1]) Auf Grund dieser Bestimmung, sowie des ungarischen Weingesetzes dürfen, wie ein Min.-Erl. vom 16. Dezember 1909 besagt, die vor dem 1. Januar 1909 hergestellten und vor dem 1. Januar 1910 eingeführten Vorräte gespriteter ungarischer Weine, soweit sie den bisherigen Bestimmmungen entsprechen, auch weiterhin bis zum völligen Verbrauch in den Verkehr gebracht werden.

[2]) Ein Glyzerinzusatz zu Pepsinwein ist jedoch unbedenklich, da der Pepsinwein, soweit er als Arzneimittel dienen soll, den Bestimmungen des Weingesetzes nicht unterliegt.

[3]) Nach § 26, 3 des Weingesetzes wird mit Gefängnis bis zu 6 Monaten und mit Geldstrafe bis zu 3000 Mark oder mit einer dieser Strafen bestraft: „wer Stoffe, deren Verwendung bei der Herstellung, Behandlung oder Verarbeitung von Wein, Schaumwein, weinhaltigen oder weinähnlichen Getränken unzulässig ist, zu diesen Zwecken ankündigt, feilhält, verkauft oder an sich bringt, desgleichen wer einen diesen Zwecken dienenden Verkauf solcher Stoffe vermittelt."

Französischer usw. Kognak (Cognac) in Deutschland fertiggestellt zu bezeichnen.

Die Bezeichnung muß in schwarzer Farbe auf weißem Grunde deutlich und nicht verwischbar auf einem bandförmigen Streifen in lateinischer Schrift aufgedruckt sein. Die Schriftzeichen müssen bei Flaschen, welche einen Raumgehalt von 350 ccm oder mehr haben, mindestens 0,5 cm hoch und so breit sein, daß im Durchschnitte je 10 Buchstaben eine Fläche von mindestens 3,5 cm Länge einnehmen. Die Inschrift darf, falls sie einen Streifen von mehr als 10 cm Länge beanspruchen würde, auf zwei Zeilen verteilt werden. Der Streifen, der eine weitere Inschrift nicht tragen darf, ist an einer in die Augen fallenden Stelle der Flasche, und zwar gegebenenfalls zwischen dem den Flaschenkopf bedeckenden Überzug und der die Bezeichnung der Firma enthaltenden Inschrift dauerhaft zu befestigen. Wird der Streifen im Zusammenhange mit dieser oder einer anderen Inschrift hergestellt, so ist er gegen diese mindestens durch einen 1 mm breiten Strich deutlich abzugrenzen.

Zu § 19.

Wer durch § 19 des Gesetzes verpflichtet ist, Bücher zu führen, hat sich hierbei sowie bei allen mit der Buchführung zusammenhängenden Aufzeichnungen der deutschen Sprache zu bedienen. Die Landeszentralbehörde kann die Verwendung einer anderen Sprache gestatten.

Die Bücher müssen gebunden und Blatt für Blatt oder Seite für Seite mit fortlaufenden Zahlen versehen sein. Die Zahl der Blätter oder Seiten ist vor Beginn des Gebrauchs auf der ersten Seite des Buches anzugeben. Ein Blatt aus dem Buche zu entfernen, ist verboten.

An Stellen, die der Regel nach zu beschreiben sind, dürfen keine leeren Zwischenräume gelassen werden. Der ursprüngliche Inhalt einer Eintragung darf nicht mittels Durchstreichens oder auf andere Weise unleserlich gemacht, es darf nichts radiert, auch dürfen solche Veränderungen nicht vorgenommen werden, deren Beschaffenheit es ungewiß läßt, ob sie bei der ursprünglichen Eintragung oder erst später gemacht worden sind.

Die Bücher und Belege sind sorgfältig aufzubewahren und auf Verlangen jederzeit den nach § 21 des Gesetzes zur Kontrolle berechtigten Beamten oder Sachverständigen vorzulegen. Sind die Geschäftsräume von den Kellereien oder sonstigen Lagerräumen getrennt, so sind die Bücher auf Verlangen auch in den zu kontrollierenden Räumen vorzulegen.

Im einzelnen ist den Vorschriften des Gesetzes nach der den Mustern A bis G beigefügten Anweisungen mit folgender Maßgabe zu genügen:

Es haben Buch zu führen:

c. Schankwirte, Lebensmittelhändler, Krämer und sonstige Kleinverkäufer, die Traubenmost oder Wein nur in fertigem Zustande beziehen und unverändert wieder abgeben, nach Muster F[1]).

Die bei dem Inkrafttreten des Gesetzes vorhandenen Bestände sind längstens bis zum 1. Oktober 1909 in den Büchern vorzutragen. Mit Rücksicht auf die Vorschrift des § 34 Abs. 3 des Gesetzes ist bei Getränken, soweit sich dies nicht aus dem Eintrag ohne weiteres ergibt, in der Spalte für Bemerkungen anzugeben, wann sie hergestellt sind.

Den zur Buchführung Verpflichteten ist gestattet, nach Bedarf ihrer Betriebe die Bücher auch zu anderen, in dem Vordrucke der Muster nicht vorgesehenen geschäftlichen Aufzeichnungen zu benutzen und den Vordruck entsprechend zu ergänzen, soweit es unbeschadet der Übersichtlichkeit geschehen kann.

Die Verwendung der Muster A—G darf außerdem unterbleiben, wenn die vorgeschriebenen Angaben in Bücher anderer Form eingetragen werden, die nach den Grundsätzen ordnungsmäßiger Buchführung geführt werden, doch sind die Muster zu verwenden, wenn die von der Landeszentralbehörde hierfür bestimmte Behörde festgestellt hat, daß die geführten Bücher keine genügende Übersicht gewähren. Die Behörde entscheidet hierüber auf Anrufen des Betriebsinhabers oder des nach § 21 Abs. 2 des Gesetzes zur Kontrolle bestellten Sachverständigen endgültig.

Gesetz betr. Beseitigung des Branntweinkontingents.

Vom 14. Juni 1912 (RGBl. S. 378).

§ 21. Nahrungs- und Genußmittel — insbesondere Trinkbranntwein und sonstige alkoholische Getränke — Heil-, Vorbeugungs- und Kräftigungsmittel, Riechmittel und Mittel zur Reinigung, Pflege oder Färbung der Haut, des Haares, der Nägel oder der Mundhöhle[2]) dürfen nicht so hergestellt werden, daß sie Methylalkohol enthalten[3]). Zubereitungen dieser Art, die Methylalkohol enthalten, dürfen nicht in den Verkehr gebracht oder aus dem Auslande eingeführt werden.

---

[1]) Das hier angeführte Muster eines Weinbuchs ist für alle Kleinverkäufer von Wein, mithin auch für die Drogisten, maßgebend. Ein auf Grund dieses Musters bearbeitetes „Weinbuch für Apotheker und sonstige Kleinverkäufer von Wein" ist im Verlage von Julius Springer in Berlin erschienen. Von dem Abdruck des Musters F ist deshalb hier abgesehen. Die Buchführung erstreckt sich auf alle stillen Weine (Weißwein, Rotwein, Ungarwein, Sherry, Südweine usw.), sowie auf dem Weine ähnliche Getränke aus Fruchtsäften (Johannisbeerwein, Erdbeerwein usw.), Pflanzensäften (Wermutwein, Birkenwein) oder Malzauszügen (Maltonwein). Auf Arzneiweine, wie Pepsinwein, ist die Verpflichtung zur Buchführung nicht ausgedehnt, ebensowenig auf Kognak und Schaumwein.

[2]) Bezüglich kosmetischer Mittel vgl. Fußnote 2 auf S. 135.

[3]) Da auch vollständig vergällter Branntwein Methylalkohol enthält, schließt obiges Verbot auch die Verwendung von denaturiertem Spiritus in sich. Vgl. auch die auf S. 67 u. 68 angeführten Erlasse.

Die Vorschriften des Abs. 1 finden keine Anwendung:

1. Auf Formaldehydlösungen und auf Formaldehydzubereitungen, deren Gehalt an Methylalkohol auf die Verwendung von Formaldehydlösungen zurückzuführen ist,
2. auf Zubereitungen, in denen technisch nicht vermeidbare geringe Mengen von Methylalkohol sich aus darin enthaltenen Methylverbindungen gebildet haben oder durch andere mit der Herstellung verbundene natürliche Vorgänge entstanden sind.

§ 24. Wer der Vorschrift des § 21 Abs. 1 vorsätzlich zuwiderhandelt, wird mit Gefängnis bis zu 6 Monaten und mit Geldstrafe bis zu 10 000 Mark oder mit einer dieser Strafen bestraft. Ist die Zuwiderhandlung aus Fahrlässigkeit begangen, so ist auf Geldstrafe bis zu 1000 Mark oder auf Gefängnis bis zu 2 Monaten zu erkennen.

§ 27. Neben der Strafe kann auf Einziehung der Gegenstände erkannt werden, die den in den §§ 24—26 bezeichneten Vorschriften zuwider hergestellt, in den Verkehr gebracht oder eingeführt worden sind, ohne Unterschied, ob sie dem Verurteilten gehören oder nicht; auch kann die Vernichtung ausgesprochen werden. Ist die Verfolgung oder Verurteilung einer bestimmten Person nicht ausführbar, so kann auf die Einziehung selbständig erkannt werden.

Die Vorschriften des §§ 16, 17 des Gesetzes, betreffend den Verkehr mit Nahrungsmitteln, Genußmitteln und Gebrauchsgegenständen, vom 14. Mai 1879 finden auch bei Strafverfolgungen auf Grund dieses Gesetzes Anwendung.

Außer vorstehenden Gesetzen beanspruchen noch die Vorschriften über die Herstellung und den Vertrieb kohlensaurer Getränke (künstlicher Mineralwässer) Beachtung. Darüber sind auf Grund eines Bundesratsbeschlusses vom 9. November 1911 in den preußischen Provinzen gleichlautende Polizeiverordnungen ergangen[1]). Die wichtigsten Bestimmungen dieser Verordnungen lauten:

Polizeiverordnung betr. die Herstellung kohlensaurer Getränke und den Verkehr mit solchen Getränken.

§ 1. Die nachstehenden Vorschriften erstrecken sich auf alle Anlagen, in denen Getränke — mit Ausnahme von Schaumwein und Fruchtschaumwein — unter Zusatz von Kohlensäure gewerbsmäßig hergestellt werden, sowie auf den gewerbsmäßigen Verkehr mit solchen Getränken[2]).

---

[1]) Polizeiverordnungen auf Grund dieses Normalentwurfs sind in folgenden Provinzen bzw. Bezirken ergangen: Ostpreußen 6. November 1912, Westpreußen 23. Oktober 1912, LPB. Berlin 10. Februar 1913, übrige Provinz Brandenburg 31. Oktober 1912, Pommern 8. März 1913, Posen 5. März 1913, Schlesien 27. Mai 1913, Sachsen 17. Dezember 1912, Schleswig-Holstein 30. Januar 1913, Hannover 21. November 1912, Westfalen 20. November 1912, Hessen-Nassau 15. Mai 1913, Rheinprovinz 7. Mai 1913, Sigmaringen 27. Dezember 1912.

[2]) Der Geltungsbereich der Verordnung erstreckt sich nach einer in einem Min.-Erl. vom 26. August 1912 gegebenen Erläuterung nicht nur auf die Her-

§ 2. Zur Herstellung solcher Getränke muß destilliertes Wasser oder Wasser aus öffentlichen Wasserleitungen verwendet werden, das bis zur Verwendung in sauberen, festverschlossenen Gefäßen aufzubewahren ist. Der zuständige Regierungspräsident (im Landespolizeibezirk Berlin: der Polizeipräsident in Berlin) kann undestilliertes Wasser anderer Herkunft zur Verwendung zulassen, wenn der Unternehmer auf Grund einer örtlichen Besichtigung der Entnahmestelle und einer chemischen und bakteriologischen Untersuchung des Wassers durch geeignete Sachverständige nachweist, daß das Wasser einwandfrei ist. Die Wiederholung dieses Nachweises kann in bestimmten, von dem zuständigen Regierungspräsidenten (im Landespolizeibezirk Berlin: von dem Polizeipräsidenten in Berlin) festzusetzenden Zeitabschnitten und außerdem dann gefordert werden, wenn der Verdacht einer Verunreinigung vorliegt.

§ 3. Die zu verwendende Kohlensäure muß frei von gesundheitsschädigenden Beimengen sein; die als Zusätze zu den Getränken benutzten Salze, Säuren usw. müssen rein sein und, soweit sie im Deutschen Arzneibuche vorkommen, die dort vorgeschriebene chemische Reinheit besitzen[1]). Zur Herstellung von Getränken, die als Frucht- oder Brauselimonaden in den Verkehr gebracht werden, dürfen neben Wasser, Kohlensäure und Rohr- oder Rübenzucker nur natürliche Fruchtsäfte oder reine Fruchtsirupe (Zubereitungen aus natürlichen Fruchtsäften und Zucker) benutzt werden. Bei der Herstellung von Getränken aus dem Safte von Zitronen, Orangen und anderen Früchten der Gattung Citrus ist ein Zusatz des entsprechenden natürlichen Schalenaromas zulässig. Enthalten die Getränke andere als die genannten Stoffe, so müssen sie als Kunsterzeugnisse gekennzeichnet werden.

Wird die Kohlensäure von den Mineralwasseranstalten in Entwicklungsapparaten aus kohlensauren Mineralien und Mineralsäuren hergestellt, so ist sie vor ihrer Verwendung in geeigneter Weise zu reinigen. Die verwendeten Säuren müssen arsenfrei sein.

§ 15. Zuwiderhandlungen gegen die Vorschriften dieser Polizeiverordnung werden, sofern nicht andere Strafvorschriften Platz greifen, mit Geldstrafe bis zu 60 Mark bestraft, an deren Stelle im Unvermögensfalle entsprechende Haft tritt.

§ 16. Diese Vorschriften treten unter Aufhebung aller früheren, die gleichen Gegenstände regelnden Vorschriften für Neuanlagen sofort, im übrigen am 1. Mai 1913 in Kraft.

---

stellung und den gewerbsmäßigen Verkehr künstlicher Mineralwässer von Brause- und Fruchtlimonaden, sondern auch auf den in Schankstätten stattfindenden Verkehr mit Erfrischungsgetränken, die aus kohlensaurem Wasser und Fruchtsaft durch Mischung hergestellt werden, sowie auf die Herstellung und den Verkehr von natürlich vorkommenden Mineral- und Heilbrunnen, soweit bei deren Abfüllung Kohlensäure, ohne Unterschied wo sie gewonnen ist, zugesetzt wird.

[1]) Es kommen vornehmlich folgende im Arzneibuch angeführte Stoffe in Betracht: Natrium chloratum, Natrium carbonicum, Natrium bicarbonicum, Natrium sulfuricum, Natrium phosphoricum, Kalium carbonicum, Kalium bicarbonicum, Magnesium sulfuricum, Acidum citricum, Acidum tartaricum.

V. Überwachung des Gewerbebetriebes.

1. Besichtigung der Drogen- und Gifthandlungen.

Die Beaufsichtigung des Verkehrs mit Arzneimitteln und Giften außerhalb der Apotheken ist eine Angelegenheit, die gemäß Teil II Titel 17 § 10 des Allgemeinen Landrechts, wonach die Erhaltung der öffentlichen Sicherheit und Ordnung zu den Aufgaben der Polizei gehört, der Polizeibehörde obliegt. Wirksam unterstützt wird hierbei die Polizei von den Organen der Medizinalverwaltung. Ausgeführt wird die Überwachung der einzelnen Drogen- und Gifthandlungen nach den von der Zentralbehörde aufgestellten Grundsätzen. Danach findet in Preußen eine doppelte Besichtigung der Drogenhandlungen statt, einmal und zwar alljährlich durch Kommissare der Ortspolizeibehörde, und zweitens in der Regel alle drei Jahre durch die staatlichen Apothekenrevisionskommissionen.

Für die besonderen Revisionen der Drogengeschäfte ist in erster Reihe maßgebend die in den Erlassen des Ministers der Medizinalangelegenheiten vom 22. Dezember 1902 und 13. Januar 1910 (s. S. 60 u. 61) aufgestellte Anweisung. Dieselbe hat folgenden Wortlaut:

Anweisung für die Besichtigung der Drogen- und Gifthandlungen.

Min.-Erl. vom 22. Dezember 1902 und 13. Januar 1910.

1. Verkaufsstellen, in denen Arzneimittel, Drogen, Gifte oder giftige Farben[1]) feilgehalten werden, sind nebst den zuge-

[1]) Ein Min.-Erl. vom 3. Januar 1911 dehnt die Revisionen auf die sog. Dental-Depots aus. In dem Erlaß heißt es:

Euere pp. ersuche ich ergebenst, der Geschäftspraxis der sogenannten Dental-Depots und ähnlichen Handlungen erhöhte Aufmerksamkeit zu widmen. Sofern nicht feststeht, daß sie ausschließlich Großhandel (Verkauf an Wiederverkäufer) betreiben, sind sie gemäß Ziffer 1 des Erlasses vom 22. Dezember 1902 in Verbindung mit dem Erlasse vom 13. Januar 1910 alljährlich in gleicher Weise, wie die Drogenhandlungen, einer Besichtigung zu unterziehen.

Ein weiterer Min.-Erl. vom 15. Juni 1912 weist die Kreisärzte an, von jeder Feststellung eines Verkaufes dem freien Verkehr entzogener Arzneimittel durch ein Dental-Depot „der für den Niederlassungsort des betreffenden Dental-Depots zuständigen Polizeiverwaltung zur Einleitung der strafrechtlichen Verfolgung Mitteilung zu machen."

hörigen Vorrats- und Arbeitsräumen, sowie dem Geschäftszimmer des Inhabers der Handlung unvermuteten Besichtigungen zu unterziehen.

Wenigstens einmal jährlich, nach Bedarf aber auch häufiger, sind zu besichtigen alle Handlungen, in denen die genannten Waren allein oder vorzugsweise feilgehalten werden, ferner solche Verkaufsstellen, deren letzte Besichtigungen gröbere Mängel ergeben haben, oder deren Geschäftsbetrieb das Vorhandensein von Vorschriftswidrigkeiten vermuten läßt, und endlich die Drogenschränke. Bei kleineren Handlungen, namentlich bei solchen, in denen die genannten Waren nur vereinzelt neben anderen feilgehalten werden, keine Drogenschränke vorhanden sind und der Verdacht von Ordnungswidrigkeiten nicht vorliegt, darf ein Zeitraum von zwei, ausnahmsweise auch von drei Jahren zwischen zwei Besichtigungen liegen.

2. Zu Beginn jeden Jahres haben die Ortspolizeibehörden sich mit dem zuständigen Kreisarzt darüber ins Einvernehmen zu setzen, welche Verkaufsstellen im Laufe des Jahres besichtigt werden sollen. Der streng vertraulich zu behandelnde Besichtigungsplan darf bestimmte Termine, an denen die Besichtigungen im Laufe des Jahres stattfinden sollen, nicht festsetzen.

3. Die Besichtigungen erfolgen durch die Ortspolizeibehörde unter Mitwirkung des Kreisarztes, der die Besichtigung leitet. Auf dessen Erfordern ist zu der Besichtigung größerer Handlungen von der Ortspolizeibehörde ein approbierter, nicht im Drogenhandel tätiger oder tätig gewesener Apotheker zuzuziehen. In geeigneten Fällen kann seitens der Ortspolizeibehörde von der Beteiligung des Kreisarztes an der Besichtigung mit dessen Einverständnis abgesehen und statt seiner ein approbierter, nicht im Drogenhandel tätiger oder tätig gewesener Apotheker als Sachverständiger beteiligt werden[1]).

---

[1]) Die Bestimmungen über die Zuziehung von Apothekern als Sachverständige sind durch den schon auf S. 61 erwähnten Min.-Erl. vom 17. Oktober 1912 „ergänzt" worden. Danach soll bei den Besichtigungen der in Frage kommenden Verkaufsstellen künftig nach folgenden Gesichtspunkten verfahren werden:

Zu den Besichtigungen sind als Sachverständige außer dem Kreisarzt auch approbierte Apotheker hinzuziehen. Approbierte Apotheker, die eine Drogenhandlung besitzen oder besessen haben, können als Sachverständige zugelassen werden, wenn ihre Geschäftsführung bei wiederholten Besichtigungen zu keinerlei Tadel Anlaß gegeben hat.

Zur Auslegung dieses Erlasses erging dann noch ein weiterer Min.-Erl. vom 22. November 1912:

Nach einer in Nr. 21 der Zeitschrift für Medizinalbeamte enthaltenen Notiz ist in der Redaktion der genannten Zeitschrift die Auffassung entstanden, als ob durch meinen Erlaß vom 17. Oktober d. Js. unter anderem auch die Anordnung hätte getroffen werden sollen, daß in Zukunft zu allen Besichtigungen von Drogenhandlungen auch Apotheker als Sachverständige zugezogen werden müßten. Diese Auffassung ist nicht zutreffend. Wie vielmehr aus dem Wortlaut im zweiten Teil meines Erlasses vom 17. Oktober 1912 hervorgeht, st mit diesem nur eine Ergänzung der Bestimmungen, betreffend Hinzu-

Besichtigungen an Orten außerhalb seines Wohnsitzes hat der Kreisarzt tunlichst gelegentlich der Anwesenheit aus anderweiter Veranlassung vorzunehmen.

Ein Apotheker darf an dem Orte, in dem er eine Apotheke besitzt oder in einer solchen tätig ist, an der Besichtigung nur teilnehmen, wenn der Ort über 20 000 Seelen zählt, auch in solchen Orten ist von der Mitwirkung eines dort geschäftlich angesessenen oder in einer Apotheke tätigen Apothekers in den Fällen abzusehen, in denen die zu besichtigende Handlung als Konkurrenzgeschäft für dessen Apotheke zu betrachten ist.

4. Über die Besichtigung ist unter Zuziehung des Geschäftsinhabers oder seines Beauftragten an Ort und Stelle eine Niederschrift aufzunehmen, von welcher dem Geschäftsinhaber auf Antrag kostenpflichtig Abschrift zu erteilen ist.

---

ziehung von Sachverständigen (Kreisarzt oder Apotheker), beabsichtigt. Und zwar sind in dieser Hinsicht die bisherigen Bestimmungen insofern ergänzt worden, als bei der Wahl von Apothekern als Sachverständige für die Besichtigungen von Drogenhandlungen von jetzt ab auch solche, bisher ausgeschlossen gewesene approbierte Apotheker berücksichtigt werden können, die sich im Besitze einer Drogenhandlung befinden oder befunden haben. Hinsichtlich der im Einzelfalle zu treffenden Entscheidung der Frage, ob ein Kreisarzt oder ein Apotheker, oder ob beide als Sachverständige heranzuziehen sind, verbleibt es bei den Bestimmungen des Erlasses vom 13. Januar 1910.

Auf Grund der vier Min.-Erlasse vom 22. Dezember 1902, 13. Januar 1910, 17. Oktober 1912 und 22. November 1912 würde danach der Ziffer 3 der Revisionsanweisung die folgende Fassung zukommen, in der der Reg.-Präsident in Oppeln unter dem 17. Dezember 1912 die Anweisung veröffentlicht hat:

3. Die Besichtigungen erfolgen durch die Ortspolizeibehörde unter Mitwirkung des Kreisarztes, der die Besichtigung leitet. Auf dessen Erfordern ist zu der Besichtigung größerer Handlungen von der Ortspolizeibehörde ein approbierter Apotheker zuzuziehen. In geeigneten Fällen kann seitens der Ortspolizeibehörde von der Beteiligung des Kreisarztes an der Besichtigung mit dessen Einverständnis abgesehen und statt seiner ein approbierter Apotheker als Sachverständiger beteiligt werden. Approbierte Apotheker, die eine Drogenhandlung besitzen oder besessen haben, können als Sachverständige zugelassen werden, wenn ihre Geschäftsführung bei wiederholten Besichtigungen zu keinerlei Tadel Anlaß gegeben hat.

Besichtigungen an Orten außerhalb seines Wohnsitzes hat der Kreisarzt tunlichst gelegentlich der Anwesenheit aus anderweiter Veranlassung vorzunehmen.

Ein approbierter Apotheker darf an dem Orte, in dem er eine Apotheke besitzt oder in einer solchen tätig ist, oder in dem er eine Drogerie besitzt, an der Besichtigung nur teilnehmen, wenn der Ort über 20 000 Seelen zählt, auch in solchen Orten ist von der Mitwirkung eines dort geschäftlich angesessenen oder in einer Apotheke tätigen Apothekers in den Fällen abzusehen, in denen die zu besichtigende Handlung als Konkurrenzgeschäft für dessen Apotheke oder Drogerie zu betrachten ist.

Ein früherer Min.-Erl. vom 16. Oktober 1894 erklärte, „daß kein Apotheker dazu angehalten werden kann, bei solchen Besichtigungen mitzuwirken; die Zuziehung von entfernter wohnenden Apothekern hat zur Vermeidung von Kosten zu unterbleiben".

5. Die Entscheidung darüber, ob den zur Tragung einer Uniform verpflichteten Polizeibeamten für die Mitwirkung bei der Besichtigung die Anlegung von Zivilkleidern aufzuerlegen oder zu gestatten ist, wird Ew. Hochwohlgeboren Ermessen überlassen[1]). Die Polizeibehörde wird zweckmäßig durch Hilfsbeamte der Staatsanwaltschaft vertreten werden, um erforderlichenfalls sofort Beschlagnahmen ausführen zu können.

6. Bei der Besichtigung ist festzustellen:

a. Ob der Betrieb nur in den der Polizeibehörde angezeigten Räumen stattfindet. Die Durchsuchung anderer Räume darf nur unter Beobachtung der Vorschriften der §§ 102 u. f. der Reichsstrafprozeßordnung erfolgen[2]).

b. Ob die Bestimmungen der Kaiserlichen Verordnung, betreffend den Verkehr mit Arzneimitteln vom 22. Oktober 1901[3]) — RGBl. S. 380 — innegehalten sind, insbesondere, ob etwa in den Nebenräumen namentlich der Drogenhandlungen Arzneien auf ärztliche Verordnungen angefertigt werden.

c. Ob die Aufbewahrung der Gifte und der Verkehr mit denselben den Vorschriften der Polizeiverordnung über den Handel mit Giften vom 22. Februar 1906 entsprechen[4]). Auch die Konzession zum Gifthandel ist einzusehen und das Giftbuch nebst Giftscheinen auf ordnungsmäßige Führung zu prüfen.

---

[1]) Der Erl. ist an die Regierungspräsidenten gerichtet. Hierzu bestimmt der ergänzende Min.-Erl. vom 17. Oktober 1912:

Soweit angängig, ist darauf zu achten, daß die Polizeibeamten bei den Besichtigungen Zivilkleidung tragen.

Ein früherer Erl. vom 16. Oktober 1894 erklärte es für unbedenklich, „daß der Polizeiverwalter sich durch einen Sekretär oder Sergeanten vertreten läßt."

[2]) Diese Vorschriften sind abgedruckt auf S. 155.

[3]) S. S. 14. Nach einer Verfügung des Ministers der Medizinal-Angelegenheiten vom 1. Oktober 1907 können Geheimmittel, welche außerhalb der Apotheken verkauft werden, nur beanstandet werden, wenn sie nicht in Gemäßheit der kaiserlichen Verordnung, betreffend den Verkehr mit Arzneimitteln vom 22. Oktober 1901, dem freien Verkehr überlassen sind. „Zur Kenntnis der nach Praxis und Rechtsprechung hiervon betroffenen Arzneimittel müssen die Revisoren die Literatur und Rechtsprechung verfolgen, um über Bestandteile und Zusammensetzung der einzelnen Mittel sowie über deren Beurteilung seitens der Verwaltungsbehörden und Gerichte unterrichtet zu sein. In Zweifelfällen müssen Untersuchungen der betreffenden Mittel vorgenommen oder Nachfragen über ihre Zusammensetzung an solche Dienststellen gerichtet werden, bei denen öfter Untersuchungen von Geheimmitteln ausgeführt werden, wie z. B. an den Polizeipräsidenten von Berlin."

[4]) S. S. 87. Ein Min.-Erl. vom 27. Oktober 1906 betr. die Abgabe von Giften an Zahntechniker, der in seinem größeren Teil jetzt durch den auf S. 91 abgedruckten Erl. vom 3. April 1913 ersetzt ist, ersucht am Schluß die Regierungspräsidenten, „Sorge dafür zu tragen, daß bei den amtlichen Besichtigungen von Apotheken und Drogenhandlungen die Revisoren ihr Augenmerk auch besonders darauf richten, ob vorschriftswidrige Abgabe von starkwirkenden Arznei-

d. Die Besichtigung hat sich ferner auf die Aufstellung und Aufbewahrung sämtlicher Arzneimittel, der indirekten Gifte und der giftigen Farben und Trennung der arzneilichen Stoffe von den Nahrungs- und Genußmitteln zu erstrecken.

e. Auch ist festzustellen, ob die vorgeschriebenen Sondergeräte für die Gifte und differenten Mittel (Wagen, Löffel, Mörser) vorrätig, gehörig bezeichnet und sauber gehalten sind.

Präzisierte Wagen und Gewichte, sowie besondere Wagen für unschädliche Arzneimittel sind nicht erforderlich.

Die Vorschriften der Polizeiverordnungen über den Handel mit Giften vom 22. Februar 1906 bleiben für die Bezeichnung der Gefäße sowie auch im übrigen unberührt.

7. Bei der Beurteilung der Güte der Waren in denjenigen Handlungen, in welchen Arzneistoffe feilgehalten werden, sind nicht so strenge Anforderungen zu stellen, wie an die Beschaffenheit der Arzneistoffe in Apotheken.

8. Vorschriftswidrige Waren sind mit zu Protokoll gegebener Zustimmung des Geschäftsinhabers oder seines Vertreters zu vernichten; falls die Zustimmung versagt wird, sind sie in geeigneter Weise, z. B. durch amtliche Versiegelung, bis zur richterlichen Entscheidung aus dem Verkehr zu ziehen[1]).

In dem Strafverfahren ist für den Fall der Verurteilung die Einziehung[2]) der vorschriftswidrigen Ware nach Maßgabe der gesetzlichen Bestimmungen zu beantragen.

Für die Beseitigung kleiner, offenbar auf Unwissenheit oder Irrtum beruhender Mängel, geringer Unordnung und Unsauberkeit in den Verkaufs- und Nebenräumen hat die Polizeibehörde unter Hinweis auf den Befund der Besichtigung Sorge zu tragen[3]). Gröbere Verstöße, erhebliche Unordnung und Unsauberkeit sind ernstlich zu rügen und im Wiederholungsfalle zur Bestrafung zu bringen.

---

mitteln und Giften an Zahntechniker festzustellen ist." Vgl. auch die auf S. 145 abgedruckten Erlasse.

Mit dem Giftverkehr in Handlungen mit photographischen Artikeln befaßt sich folgender an die Regierungspräsidenten gerichteter Min.-Erl. vom 3. Oktober 1907:

In Handlungen mit photographischen Artikeln sollen vielfach Gifte zu Zwecken der Photographie an das Publikum verkauft werden, ohne daß der Geschäftsinhaber im Besitze einer Giftkonzession ist oder den Vorschriften der Polizeiverordnung vom 22. Februar 1906, betreffend den Handel mit Giften, genügt. Ew. Hochwohlgeboren ersuchen wir daher ergebenst, das hiernach im dortigen Bezirk etwa Erforderliche gefälligst anzuordnen.

[1]) Der Medizinalbeamte allein ist nicht berechtigt, vorschriftswidrig feilgehaltene Arzneimittel ohne Zuziehung der Ortspolizei mit Beschlag zu belegen (RG. 22. Februar 1900, KGA. III S. 370). Näheres über Beschlagnahme s. S. 154.

[2]) Über Einziehung s. S. 154.

[3]) Diese an die Polizeibehörde gerichtete Instruktion gewährt indessen dem Gewerbetreibenden keine Straffreiheit. Wenn einmal auch bei kleineren Mängeln Anklage erhoben ist, so muß das Strafverfahren seinen vorgeschriebenen Lauf nehmen (KG. 25. Oktober 1900, KGA. III S. 456).

Wegen der Übertretung der Vorschriften der Kaiserlichen Verordnung vom 22. Oktober 1901[1]) und der Polizeiverordnung betreffend den Verkehr mit Giften vom 22. Februar 1906[2]) hat die Polizeiverwaltung auf Grund des Gesetzes vom 23. April 1883 in Verbindung mit der Ausführungsanweisung vom 8. Juni desselben Jahres die Strafe festzusetzen, wenn nicht nach Beschaffenheit der Umstände eine die Zuständigkeit der Ortspolizei überschreitende Strafe angemessen erscheint, in welchem Falle die gerichtliche Verfolgung durch den Amtsanwalt zu veranlassen ist[3]). Mit besonderer Strenge sind Fälle der Anfertigung von Arzneien zu verfolgen[4]); auch ist gegebenenfalls auf Grund des § 35 Abs. 4 der Gewerbeordnung für das Deutsche Reich (in der Fassung der Bekanntmachung des Reichskanzlers vom 26. Juli 1900) zu verfahren[5]).

9. Der Kreisarzt hat eine Zusammenstellung der unter seiner Leitung stattgehabten Besichtigungen in Gemäßheit der Vorschrift des § 55 der Dienstanweisung für die Kreisärzte vom 1. September 1909[6]) Ew. Hochwohlgeboren mit dem Jahresberichte einzureichen.

---

[1]) S. S. 14.

[2]) S. S. 87.

[3]) Über die Auswahl der in Strafsachen wegen Übertretung der Verordnung vom 22. Oktober 1901 zuzuziehenden Sachverständigen ist nachstehender Erlaß des Justizministers vom 25. September 1905 ergangen:

Min.-Erl. betr. Sachverständige aus dem Drogistenstande.
Vom 25. September 1905.

Im Einverständnisse mit dem Herrn Minister der geistlichen, Unterrichts- und Medizinal-Angelegenheiten und dem Herrn Minister für Handel und Gewerbe vermag ich die Frage, ob in Strafsachen wegen Übertretung der Verordnung vom 22. Oktober 1901 als Sachverständige außer dem Kreisarzt und dem Apotheker auch ein Angehöriger des Drogenhandels hinzuzuziehen ist, nicht grundsätzlich zu bejahen und bin daher zu einem Erlaß einer bezüglichen Anweisung an die Beamten der Staatsanwaltschaft nicht in der Lage. Im allgemeinen wird es der Sachlage entsprechen und genügen, wenn diejenigen Personen, welche bei der Revision der Drogenhandlung die Übertretung festgestellt haben, also der Kreisarzt und der Apotheker, auch als Sachverständiger gehört werden. Dies schließt nicht aus, daß in besonderen Fällen die Zuziehung von Angehörigen des Drogenhandels und der Drogenindustrie als Sachverständige angezeigt sein kann, so namentlich, wenn der Beschuldigte die Erinnerungen der Revisoren nicht als begründet anerkennt und zur Entscheidung der Streitfrage technische Fragen des Drogenhandels oder der Drogenindustrie zu prüfen sind. Es wird aber den Beteiligten überlassen bleiben müssen, in den geeigneten Fällen unter Darlegung des behaupteten Irrtums der Revisoren sich auf das Gutachten eines Sachverständigen des Drogenhandels zu berufen. Von seiten der Staatsanwaltschaft wird Anträgen dieser Art nicht grundsätzlich entgegengetreten werden. Die Beamten der Staatsanwaltschaft sind entsprechend verständigt worden.

[4]) Zur Vorlegung der von ihm etwa angefertigten und noch in seinem Besitz befindlichen Rezepte kann indessen der Gewerbetreibende nicht gezwungen werden (OVG. 8. Januar 1903, KGA. IV S. 690).

[5]) S. S. 2.

[6]) S. S. 152.

Gelegentlich der Apothekenbesichtigungen haben die Bevollmächtigten auch die hier gedachten Verkaufsstellen einer Besichtigung nach vorstehenden Grundsätzen zu unterwerfen und die darüber aufgenommenen Verhandlungen Ihnen einzureichen[1]).

10. Die durch die Besichtigung der Verkaufsstellen usw. entstehenden Ausgaben sind als Kosten der örtlichen Polizeiverwaltung zu betrachten und fallen denjenigen zur Last, welche diese Kosten nach dem bestehenden Rechte zu tragen haben[2]).

11. Auf Geschäfte, welche ausschließlich Großhandel betreiben, finden die vorstehenden Vorschriften keine Anwendung.

Die frühere Revisionsanweisung vom 1. Februar 1894 ist durch vorstehenden Erlaß aufgehoben (s. S. 60).

Eine ständige Überwachung des Arznei- und Gifthandels außerhalb der Apotheken findet auch durch die Kreisärzte statt[3]). Hierüber enthält die Dienstanweisung für die Kreisärzte vom 1. September 1909 folgende Bestimmungen:

Dienstanweisung für die Kreisärzte.

Vom 1. September 1909.

§ 54. Der Kreisarzt hat darüber zu wachen, daß die Bestimmungen über den Verkehr mit Arzneimitteln und über den Handel mit Giften außerhalb der Apotheken beobachtet werden. Zuwiderhandlungen hat er zur Kenntnis der zuständigen Behörden

---

[1]) Eine gleichlautende Bestimmung ist in § 27 der Apothekenrevisionsanweisung enthalten (s. S. 153).

[2]) Die Kosten für die Besichtigung von Drogenhandlungen sind solche der örtlichen Polizeiverwaltung und dürfen den Inhabern der Geschäfte nicht zur Last gelegt werden. Die revidierte Apothekerordnung findet auf Drogenhändler keine Anwendung (OVG. 9. Dezember 1909, Ph.Ztg. 1909 Nr. 101).

[3]) Infolge Einführung dieser dauernden Kontrolle wurden die früher angeordneten besonderen Besichtigungen der Lagerräume und Verkaufsstätten für Gifte aufgehoben durch nachstehenden Erl. der beteiligten Minister vom 17. April 1903:

Der Erlaß vom 18. Juli 1896 bestimmt zur Sicherung des Vollzuges der Anordnungen der Polizeiverordnung vom 24. August 1895 über den Handel mit Giften, daß in Zwischenräumen von etwa zwei Jahren unvermutete Revisionen der Lagerräume und Verkaufsstätten für Gifte stattzufinden haben. Nach den §§ 54 und 55 der Dienstanweisung für die Kreisärzte vom 23. März 1901 liegt jetzt dem Kreisarzte die Überwachung des Handels mit Giften unter Beobachtung der vorbezeichneten Polizeiverordnung ob. Das Ergebnis der von dem Kreisarzte abgehaltenen Revisionen gelangt durch die alljährlich zu erstattenden Gesundheitsberichte zur Kenntnis der Zentralinstanz.

Die angeordneten anderweiten Besichtigungen der Lagerräume und Verkaufsstätten für Gifte erscheinen hiernach nicht mehr erforderlich, zumal für dieselben durch meinen, des unterzeichneten Ministers der Medizinal-Angelegenheiten, ergangenen Erlaß vom 22. Dezember 1902 entsprechend gesorgt ist. Die Bestimmungen des eingangs gedachten Erlasses vom 18. Juli 1896 werden daher hiermit aufgehoben.

zu bringen (vgl. § 367, Nr. 3, 5 StrGB., §§ 6 Abs. 2, 56 der RGewO., KaisV., betreffend den Verkehr mit Arzneimitteln vom 22. Oktober 1901, PV. über den Handel mit Giften vom 22. Februar 1906).

Wegen der Beteiligung des Kreisarztes an den Revisionen derjenigen Verkaufsstellen, in denen Arzneimittel, Gifte oder giftige Farben feilgehalten werden — Drogen-, Material-, Farben- und ähnlicher Handlungen — bewendet es bei den bestehenden Vorschriften (vgl. Min.-Erl. vom 22. Dezember 1902).

§ 55. Eine Zusammenstellung der besichtigten Drogen- usw. Handlungen, der festgestellten Übertretungen und der erfolgten Bestrafungen nach Formular IV ist dem Regierungspräsidenten mit dem Jahresberichte einzureichen.

Außer der regelmäßigen alljährlichen Revision durch Kommissare der Ortspolizeibehörde unterliegen die Drogengeschäfte, wie auch in Ziffer 9 der Revisionsanweisung vom 22. Dezember 1902 angeordnet ist, noch einer weiteren gelegentlichen Besichtigung durch die staatlichen Apotheken-Revisionskommissionen, die in der Regel entsprechend dem Revisionsturnus der Apotheken, nur alle drei Jahre erfolgt. Hierüber erging folgendes Rundschreiben an die Regierungspräsidenten:

Besichtigung der Drogenhandlungen.

Min.-Erl. vom 7. Juni 1893.

Zufolge Mitteilung der Pharmazeutischen Zeitung (Nr. 31, S. 241, Nr. 34, S. 269 und Nr. 37, S. 294) sollen die Revisionen der Drogenhandlungen durch die Regierungsmedizinalräte und deren pharmazeutische Begleiter nicht überall stattfinden, wie solches von hier aus bei Gelegenheit der Superrevision der Apotheken-Revisionsverhandlungen wiederholt in Anregung gebracht worden ist.

Euer Hochwohlgeboren ersuche ich ergebenst, die dortigen Apothekenrevisoren, sofern dies erforderlich sein sollte, gefälligst anzuweisen, gelegentlich der Apothekenbesichtigungen die an dem betreffenden Ort befindlichen Drogenhandlungen regelmäßig einer Revision nach den geltenden Bestimmungen zu unterwerfen und die darüber aufgenommene Verhandlung Euer Hochwohlgeboren zum weiteren Befinden vorzulegen.

Wo, wie in Berlin, Breslau und Köln, die örtlichen Verhältnisse eine solche Revision nicht angängig erscheinen lassen, ist für tunlichst strenge Beaufsichtigung durch die Physiker, womöglich unter Mitwirkung von Apothekern, wie dies in Berlin geschieht, zu sorgen.

Über die Zahl der stattgehabten Besichtigungen von Drogenhandlungen durch die gedachten Kommissarien und das Ergebnis derselben sehe ich einer entsprechenden Bemerkung in dem jedesmaligen Jahresbericht des Regierungsmedizinalrats über Apothekenbesichtigungen ergebenst entgegen.

In Übereinstimmung hiermit ist eine bestimmte Anordnung dieses Inhalts in die Apotheken-Revisionsanweisung aufgenommen.

Anweisung für die amtliche Besichtigung der Apotheken.

Vom 18. Februar 1902.

§ 27. Soweit möglich, haben die Bevollmächtigten auch Drogenhandlungen, welche an demselben Orte sich befinden wie die besichtigten Apotheken, nach den darüber bestehenden Vorschriften zu besichtigen.

Schließlich ist noch die Überwachung der sog. Drogenschränke durch einen besonderen Ministerialerlaß der Minister der Medizinalangelegenheiten, des Innern und für Handel und Gewerbe eingeführt und geregelt worden. Dieser Erl. wird in der Verf. vom 13. Januar 1910 „noch besonders in Erinnerung" gebracht.

Überwachung der Schrankdrogisten.

Min.-Erl. vom 5. Juli 1898.

Um den wirtschaftlichen und gesundheitlichen Gefahren, welche durch die neuerdings immer mehr aufkommenden sog. Schrankdrogisten herbeigeführt werden, wirksam zu begegnen, ersuchen wir ergebenst, die nachgeordneten Behörden, insbesondere auch die Medizinalbeamten zur strengsten Handhabung der folgenden Maßnahmen zu veranlassen:

Den Vorschriften über Besichtigung der Drogen- und ähnlicher Handlungen vom 1. Februar 1894[1]) unterliegen auch die Schrankdrogisten; dieselben sind nach § 35 Abs. 4 und 6 der Reichsgewerbeordnung (Novelle vom 6. August 1896) verpflichtet, den Handel mit Drogen und chemischen Präparaten, welche zu Heilzwecken dienen, der zuständigen Behörde anzumelden, widrigenfalls gemäß § 148 Ziffer 4 der Gewerbeordnung auf Geldstrafe bis zu 150 Mark und im Unvermögensfalle auf Haft bis zu 4 Wochen erkannt werden kann. Ergibt die Besichtigung, daß die Handhabung des Gewerbebetriebes Leben oder Gesundheit von Menschen gefährdet, so ist der Handel laut § 35 der Gewerbeordnung zu untersagen. In dieser Beziehung kommt namentlich die mittelbare Gefährdung in Frage, insofern die rechtzeitige Anrufung des Arztes verzögert oder verhindert wird. Jene Gefährdung wird nicht nur durch Schrankrevisionen, sondern auch durch die anderweitig bekannte Art und Weise des Arzneiverkaufs festzustellen sein. Die Polizeibehörde wird die Beantragung der Untersagung des Handels schon dann in Erwägung zu ziehen haben wenn nach ihren Ermittelungen der Schrankdrogist auch bei schweren, einen Arzt unbedingt erfordernden Krankheiten Arzneien verkauft.

Durch eine scharfe Kontrolle der Erfüllung der Anzeigepflicht, durch häufige und unerwartete eingehende Besichtigungen seitens der berufenen sachverständigen Personen, sowie durch Untersagung

[1]) Jetzt Min.-Erl. vom 22. Dezember 1902 und 13. Januar 1910 (s. S. 145).

des Gewerbebetriebes in jedem Falle, in dem Leben oder Gesundheit von Menschen durch die Art der Ausübung des Betriebes gefährdet werden, wird es voraussichtlich gelingen, die Ausschreitungen der Schrankdrogisten und ihrer Lieferanten zu verhüten.

Die in den vorstehend wiedergegebenen Min.-Erlassen niedergelegten Grundsätze sind dann vielfach in besonderen Revisionsanweisungen der Regierungspräsidenten zusammengefaßt und zum Teil näher ausgeführt worden. Diese Verfügungen geben bisweilen auch genaue Muster für das aufzunehmende Revisionsprotokoll an. Neue Rechtsnormen enthalten sie aber nicht, weshalb sich ihre Wiedergabe an dieser Stelle erübrigt.

Dagegen sind in der Nahrungsmittel- und Branntweinsteuergesetzgebung Bestimmungen enthalten, welche den die Nahrungsmittel-, Wein- und Branntweinsteuerkontrolle ausübenden Behörden das Recht zur Revisionen der mit diesen Artikeln handelnden Geschäfte geben. Diese Vorschriften sind auf S. 129, 132 und 139 abgedruckt.

---

2. Einziehung, Beschlagnahme, Durchsuchung.

Die Rechtsnormen, welche für die Einziehung und Beschlagnahme von Gegenständen, sowie für die Durchsuchung von Räumen und Papieren maßgebend sind, sind in folgenden Paragraphen des Strafgesetzbuches und der Strafprozeßordnung für das Deutsche Reich enthalten:

Strafgesetzbuch für das Deutsche Reich.

Vom 15. Mai 1871 (RGBl. 1876, S. 40).

§ 40. Gegenstände, welche durch ein vorsätzliches Verbrechen oder Vergehen hervorgebracht, oder welche zur Begehung eines vorsetzlichen Verbrechens oder Vergehens gebraucht oder bestimmt sind, können, sofern sie dem Täter oder einem Teilnehmer gehören, eingezogen werden[1]). Die Einziehung ist im Urteile auszusprechen.

Strafprozeßordnung.

Vom 1. Februar 1877 (RGBl. S. 253).

§ 94. Gegenstände, welche als Beweismittel für die Untersuchung von Bedeutung sein können oder der Einziehung unterliegen, sind in Verwahrung zu nehmen oder in anderer Weise sicher zu stellen.

Befinden sich die Gegenstände in dem Gewahrsam einer Person und werden dieselben nicht freiwillig herausgegeben, so bedarf es der Beschlagnahme.

---

[1]) Bei „Übertretungen" (also z. B. Verkauf nicht freigegebener Arzneimittel) ist die Einziehung somit nicht zulässig; in solchen Fällen kann daher auch nicht auf Vernichtung erkannt werden (RG. 7. April 1898, RGA. II S. 243).

§ 95. Wer einen Gegenstand der vorbezeichneten Art in seinem Gewahrsam hat, ist verpflichtet, denselben auf Erfordern vorzulegen und auszuliefern.

Er kann im Falle der Weigerung durch die im § 69 bestimmten Zwangsmittel[1]) hierzu angehalten werden. Gegen Personen, welche zur Verweigerung des Zeugnisses berechtigt sind, finden diese Zwangsmittel keine Anwendung.

§ 98 Abs. 1. Die Anordnung von Beschlagnahmen steht dem Richter, bei Gefahr im Verzug auch der Staatsanwaltschaft und denjenigen Polizei- und Sicherheitsbeamten zu, welche als Hilfsbeamte der Staatsanwaltschaft den Anordnungen derselben Folge zu leisten haben[2]).

§ 102. Bei demjenigen, welcher als Täter oder Teilnehmer einer strafbaren Handlung oder als Begünstiger oder Hehler verdächtig ist, kann eine Durchsuchung der Wohnung und anderer Räume, sowie seiner Person und der ihm gehörigen Sachen, sowohl zum Zwecke seiner Ergreifung, als auch dann vorgenommen werden, wenn zu vermuten ist, daß die Durchsuchung zur Auffindung von Beweismitteln führen werde.

§ 103 Abs. 1. Bei anderen Personen sind Durchsuchungen nur behufs der Ergreifung des Beschuldigten oder behufs der Verfolgung von Spuren einer strafbaren Handlung oder behufs der Beschlagnahme bestimmter Gegenstände und nur dann zulässig, wenn Tatsachen vorliegen, aus denen zu schließen ist, daß die gesuchte Person, Spur oder Sache sich in den zu durchsuchenden Räumen befinde.

§ 105 Abs. 1. Die Anordnung von Durchsuchungen steht dem Richter, bei Gefahr im Verzug auch der Staatsanwaltschaft und denjenigen Polizei- und Sicherheitsbeamten zu, welche als Hilfsbeamte der Staatsanwaltschaft den Anordnungen derselben Folge zu leisten haben[2]).

§ 106. Der Inhaber der zu durchsuchenden Räume oder Gegenstände darf der Durchsuchung beiwohnen. Ist er abwesend, so ist, wenn das möglich, sein Vertreter oder ein erwachsener Angehöriger, Hausgenosse oder Nachbar zuzuziehen.

Dem Inhaber oder der in dessen Abwesenheit zugezogenen Person ist in den Fällen des § 103 Abs. 1 der Zweck der Durchsuchung vor deren Beginn bekannt zu machen . . .

§ 107. Dem von der Durchsuchung Betroffenen ist nach deren Beendigung auf Verlangen eine schriftliche Mitteilung zu machen, welche den Grund der Durchsuchung (§§ 102, 103) sowie im Falle des § 102 die strafbare Handlung bezeichnen muß. Auch ist demselben auf Verlangen ein Verzeichnis der in Verwahrung

[1]) Bei Übertretungen Haft bis sechs Wochen.

[2]) Hierzu gehören u. a. die Kriminalkommissare, Polizeikommissare, Amtsvorsteher, nicht aber die Polizeisekretäre oder -Sergeanten, Schutzleute und Gendarmen, selbst dann nicht, wenn sie mit der Vertretung der Polizei bei den Besichtigungen beauftragt sind.

oder in Beschlag genommenen Gegenstände, falls aber nichts Verdächtiges gefunden wird, eine Bescheinigung hierüber zu geben.

§ 108. Werden bei Gelegenheit einer Durchsuchung Gegenstände gefunden, welche zwar in keiner Beziehung zu der Untersuchung stehen, aber auf die erfolgte Verübung einer anderen strafbaren Handlung hindeuten, so sind dieselben einstweilen in Beschlag zu nehmen. Der Staatsanwaltschaft ist hiervon Kenntnis zu geben.

§ 109. Die in Verwahrung oder in Beschlag genommenen Gegenstände sind genau zu verzeichnen und zur Verhütung von Verwechselungen durch amtliche Siegel oder in sonst geeigneter Weise kenntlich zu machen.

§ 110. Eine Durchsicht der Papiere des von der Durchsuchung Betroffenen steht nur dem Richter zu.

Andere Beamte sind zur Durchsicht der aufgefundenen Papiere nur dann befugt, wenn der Inhaber derselben die Durchsicht genehmigt. Anderenfalls haben sie die Papiere, deren Durchsicht sie für geboten erachten, in einem Umschlage, welcher in Gegenwart des Inhabers mit dem Amtssiegel zu verschließen ist, an den Richter abzuliefern.

Dem Inhaber der Papiere oder dessen Vertreter ist die Beidrückung seines Siegels gestattet; auch ist er, falls demnächst die Entsiegelung oder Durchsicht der Papiere angeordnet wird, wenn dies möglich, aufzufordern, derselben beizuwohnen.

Der Richter hat die zu einer strafbaren Handlung in Beziehung stehenden Papiere der Staatsanwaltschaft mitzuteilen.

VI. Strafbestimmungen.

Spezielle Strafbestimmungen für Zuwiderhandlungen gegen einzelne Vorschriften über den Betrieb der Drogen- und Gifthandlungen sind in den meisten der bisher angeführten Gesetze und Verordnungen bereits enthalten. Es steht jedoch in der Gewerbeordnung wie im Strafgesetzbuch noch eine Reihe mehr genereller Strafvorschriften, die sich allgemein gegen die Verletzung der über den Arznei- und Giftverkehr getroffenen Bestimmungen richten und noch andere hierher gehörige Fragen regeln. Diese Strafbestimmungen sind im folgenden zusammengestellt.

Gewerbeordnung für das Deutsche Reich.

In der Fassung der Bk. vom 26. Juli 1900 (RGBl. S. 871).

§ 144 Abs. 1. Inwiefern, abgesehen von den Vorschriften über die Entziehung des Gewerbebetriebs (§ 143)[1]) Zuwiderhandlungen der Gewerbetreibenden gegen ihre Berufspflichten außer den in diesem Gesetz erwähnten Fällen einer Strafe unterliegen, ist nach den darüber bestehenden Gesetzen zu beurteilen.

§ 147 Abs. 1. Mit Geldstrafe bis zu 300 Mark und im Unvermögensfalle mit Haft wird bestraft:

1. Wer den selbständigen Betrieb eines stehenden Gewerbes, zu dessen Beginn eine besondere polizeiliche Genehmigung (Konzession, Approbation, Bestallung) erforderlich ist, ohne die vorschriftsmäßige Genehmigung unternimmt oder fortsetzt, oder von den in der Genehmigung festgesetzten Bedingungen abweicht[2]).

---

[1]) S. S. 5.

[2]) Unter diese Strafbestimmung fällt der gewerbsmäßige Betrieb einer Gifthandlung ohne Konzession oder einer Apotheke ohne Approbation. Von einem unbefugten Apothekenbetrieb im Sinne des § 147 GewO. kann aber nicht ohne weiteres schon dann gesprochen werden, wenn jemand den Apotheken vorbehaltene Heilmittel verkauft. Ein unbefugter Apothekenbetrieb liegt vielmehr erst dann vor, wenn sich jemand Apotheker nennt und das Publikum in den Glauben versetzt, es handle sich bei seinem Geschäft um eine Apotheke (RG. 23. Oktober 1905, Ph.Ztg. 1905 Nr. 86), bzw. wenn gewerbsmäßig Medikamente nach ärztlicher Vorschrift durch Mischen, Kochen, Destillieren usw. hergestellt werden (OLG. Köln 27. Juni 1904, Ph.Ztg. 1904 Nr. 53). Ein Urteil des OLG. Ham-

§ 148. Mit Geldstrafe bis zu 150 Mark und im Unvermögensfalle mit Haft bis zu 4 Wochen wird bestraft:

1. Wer außer den im § 147 vorgesehenen Fällen ein stehendes Gewerbe beginnt, ohne dasselbe vorschriftsmäßig anzuzeigen;

4. wer der nach § 35[1]) gegen ihn ergangenen Untersagung eines Gewerbebetriebes zuwiderhandelt, oder die im § 35 vorgeschriebene Anzeige unterläßt;

5. wer dem ... § 42a[2]) zuwiderhandelt ...

7a. wer dem § 56 Abs. 1, Abs. 2 Ziffer ... 7 bis 11[3]) ... zuwiderhandelt.

14. wer den Vorschriften des § 15a[4]) zuwiderhandelt.

In allen diesen Fällen bleibt die Strafe ausgeschlossen, wenn die strafbare Handlung zugleich eine Zuwiderhandlung gegen die Steuergesetze enthält.

§ 151. Sind bei der Ausübung des Gewerbes polizeiliche Vorschriften von Personen übertreten worden, welche der Gewerbetreibende zur Leitung des Betriebes oder eines Teiles desselben oder zur Beaufsichtigung bestellt hatte, so trifft die Strafe diese letzteren. Der Gewerbetreibende ist neben denselben strafbar, wenn die Übertretung mit seinem Vorwissen begangen ist, oder wenn er bei der nach den Verhältnissen möglichen eigenen Beaufsichtigung des Betriebes, oder bei der Auswahl oder der Beaufsichtigung der Betriebsleiter oder Aufsichtspersonen es an der erforderlichen Sorgfalt hat fehlen lassen[5]).

Ist an eine solche Übertretung der Verlust der Konzession, Approbation oder Bestallung geknüpft, so findet derselbe auch als Folge der von dem Stellvertreter begangenen Übertretung statt, wenn diese mit Vorwissen des verfügungsfähigen Vertretenen begangen worden. Ist dies nicht der Fall, so ist der Vertretene bei Verlust der Konzession, Approbation usw. verpflichtet, den Stellvertreter zu entlassen.

---

burg vom 27. Februar 1911 (Ph.Ztg. 1911 Nr. 25) gelangt zu folgendem Ergebnis: „1. Zur Erfüllung des Tatbestandes des § 147, 1 der GewO. ist nur das Moment der Gewerbsmäßigkeit bei unerlaubtem Arzneiverkauf erforderlich; es ist nicht nötig, daß das betreffende Geschäft als Apotheke bezeichnet oder darin rezeptiert wird. 2. Ist die erstgenannte Voraussetzung gegeben, so kann gegen einen Drogisten gleichzeitig wegen Zuwiderhandlung gegen § 147, 1 GewO. und § 367, 3 StrGB. auf Strafe erkannt werden. 3. In solchen Fällen kann dann auch eine Einziehung der verbotswidrig feilgehaltenen Arzneimittel im Urteil ausgesprochen werden." Der einfache Verkauf von Arzneien, welche den Apothekern vorbehalten sind, ist nach § 367, 3 StrGB. zu bestrafen (s. S. 160).

[1]) S. S. 2.

[2]) S. S. 3.

[3]) S. S. 5.

[4]) S. S. 2.

[5]) Der Verwalter einer Drogenhandlung ist für Übertretungen der Betriebsvorschriften selbst haftbar, sofern er ohne Wissen und Willen des Inhabers gehandelt. Andernfalls ist der Geschäftsinhaber für die Handlungen des Verwalters verantwortlich. (RG. 13. Dezember 1909, Ph.Ztg. 1909 Nr. 102.)

Strafgesetzbuch für das Deutsche Reich.

Vom 15. Mai 1871 (RGBl. 1876 S. 40).

§ 47. Wenn mehrere eine strafbare Handlung gemeinschaftlich ausführen, so wird jeder als Täter bestraft.

§ 48. Als Anstifter wird bestraft, wer einen anderen zu der von demselben begangenen strafbaren Handlung durch Geschenke oder Versprechen, durch Drohung, durch Mißbrauch des Ansehens oder der Gewalt, durch absichtliche Herbeiführung oder Beförderung eines Irrtums oder durch andere Mittel vorsätzlich bestimmt hat[1]).

Die Strafe des Anstifters ist nach demjenigen Gesetze festzusetzen, welches auf die Handlung Anwendung findet, zu welcher er wissentlich angestiftet hat.

§ 49. Als Gehilfe wird bestraft, wer dem Täter zur Begehung des Verbrechens oder Vergehens durch Rat oder Tat wissentlich Hilfe geleistet hat[2]).

Die Strafe des Gehilfen ist nach demjenigen Gesetze festzusetzen, welches auf die Handlung Anwendung findet, zu welcher er wissentlich Hilfe geleistet hat, jedoch nach den über die Bestrafung des Versuches aufgestellten Grundsätzen zu ermäßigen.

§ 184[3]). Mit Gefängnis bis zu 1 Jahre und mit Geldstrafe bis zu 1000 Mark oder mit einer dieser Strafen wird bestraft, wer

3. Gegenstände, die zu unzüchtigem Gebrauche bestimmt sind, an Orten, welche dem Publikum zugänglich sind, ausstellt oder solche Gegenstände dem Publikum ankündigt oder anpreist.

Neben der Gefängnisstrafe kann auf Verlust der bürgerlichen Ehrenrechte sowie auf Zulässigkeit von Polizeiaufsicht erkannt werden.

§ 219. Mit Zuchthaus bis zu 10 Jahren wird bestraft, wer einer Schwangeren, welche ihre Frucht abgetrieben oder getötet hat, gegen Entgelt die Mittel hierzu verschafft, bei ihr angewendet oder ihr beigebracht hat[4]).

---

[1]) Der Ankauf dem freien Verkehr entzogener Arzneimittel in Drogenhandlungen zwecks Erstattung einer Strafanzeige ist keine „Anstiftung" im Sinne des § 48. (LG. Landsberg a. W. 21. Oktober 1881, LG. Gera 25. März 1899, LG. Hirschberg i. Schl. 1. März 1910, Ph.Ztg. 1910 Nr. 32, KGA. VI S. 552, LG. Zwickau 17. April 1912, Ph.Ztg. 1912 Nr. 37.)

[2]) Beihilfe ist somit nur bei Verbrechen und Vergehen, nicht aber bei Übertretungen strafbar. Zuwiderhandlungen gegen medizinalpolizeiliche Vorschriften sind fast stets Übertretungen.

[3]) § 184 in der Fassung des Gesetzes vom 25. Juni 1900 (RGBl. S. 301). Erläuterung dieser Bestimmung s. S. 52.

[4]) Die wissentliche Abgabe untauglicher Mittel zur Abtreibung der Leibesfrucht unter Vorspiegelung der Tauglichkeit ist Betrug. Ein Plenarbeschluß des RG. vom 14. Dezember 1910 (Ph.Ztg. 1911 Nr. 17) besagt hierüber: „Eine Vermögensbeschädigung im Sinne des Betrugsparagraphen ist auch dann anzunehmen, wenn jemand glaubte, ein wirksames Abtreibungsmittel zu kaufen, aber ein unwirksames erhalten hat, ebenso ist in einem solchen Falle Irrtumserregung im Sinne des § 263 anzunehmen."

§ 222. Wer durch Fahrlässigkeit den Tod eines Menschen verursacht, wird mit Gefängnis bis zu 3 Jahren bestraft.

Wenn der Täter zu der Aufmerksamkeit, welche er aus den Augen setzte, vermöge seines Amtes, Berufes oder Gewerbes besonders verpflichtet war, so kann die Strafe bis auf 5 Jahre Gefängnis erhöht werden[1]).

§ 229. Wer vorsätzlich einem anderen, um dessen Gesundheit zu beschädigen, Gift oder andere Stoffe beibringt, welche die Gesundheit zu zerstören geeignet sind, wird mit Zuchthaus bis zu 10 Jahren bestraft.

Ist durch die Handlung eine schwere Körperverletzung verursacht worden, so ist auf Zuchthaus nicht unter 5 Jahren und, wenn durch die Handlung der Tod verursacht worden, auf Zuchthaus nicht unter 10 Jahren oder auf lebenslängliches Zuchthaus zu erkennen.

§ 230. Wer durch Fahrlässigkeit die Körperverletzung eines anderen verursacht, wird mit Geldstrafe bis zu 900 Mark oder mit Gefängnis bis zu 2 Jahren bestraft.

War der Täter zu der Aufmerksamkeit, welche er aus den Augen setzte, vermöge seines Amtes, Berufes oder Gewerbes besonders verpflichtet, so kann die Strafe auf 3 Jahre Gefängnis erhöht werden[2]).

§ 324. Wer vorsätzlich . . . Gegenstände, welche zum öffentlichen Verkaufe oder Verbrauche bestimmt sind, vergiftet oder denselben Stoffe beimischt, von denen ihm bekannt ist, daß sie die menschliche Gesundheit zu zerstören geeignet sind, ingleichen wer solche vergiftete oder mit gefährlichen Stoffen vermischte Sachen wissentlich und mit Verschweigung dieser Eigenschaft verkauft, feilhält oder sonst in Verkehr bringt, wird mit Zuchthaus bis zu 10 Jahren und, wenn durch die Handlung der Tod eines Menschen verursacht worden ist, mit Zuchthaus nicht unter 10 Jahren oder mit lebenslänglichem Zuchthaus bestraft.

§ 360. Mit Geldstrafe bis zu 150 Mark oder mit Haft wird bestraft:

8. wer unbefugt . . . Titel[3]), Würden oder Adelsprädikate annimmt.

§ 367 Abs. 1. Mit Geldstrafe bis zu 150 Mark oder mit Haft wird bestraft:

3. wer ohne polizeiliche Erlaubnis Gift oder Arzneien, soweit der Handel mit denselben nicht freigegeben ist, zubereitet, feilhält, verkauft oder sonst an andere überläßt[4]);

---

[1]) Bei Drogisten liegt auch dann die Außerachtlassung einer Aufmerksamkeit, zu der sie durch ihr Gewerbe besonders verpflichtet sind, vor, wenn sie einen ihnen gesetzlich nicht gestatteten Handel betreiben (RG. 8. April 1895, RGA. I S. 113). In dem gleichen Urteil wird ausgesprochen, daß die Bestimmung in § 222 bzw. 230 Abs. 2 auch auf die Gehilfen des Geschäftsinhabers Anwendung findet.

[2]) Vgl. die Fußnote zu § 222.

[3]) Über die Führung des Apothekertitels s. S. 49 u. 50.

[4]) Unter die Strafbestimmung des § 367, 3 fallen insbesondere Zuwiderhandlungen gegen die Verordnung über den Verkehr mit Arzneimitteln vom

5. wer bei der Aufbewahrung oder bei der Beförderung von Giftwaren ... oder bei Ausübung der Befugnis zur Zubereitung oder Feilhaltung dieser Gegenstände sowie der Arzneien die deshalb ergangenen Verordnungen nicht befolgt[1]);

6. wer Waren, Materialien oder andere Vorräte, welche sich leicht von selbst entzünden oder leicht Feuer fangen, an Orten oder in Behältnissen aufbewahrt, wo ihre Entzündung gefährlich werden kann, oder wer Stoffe, die nicht ohne Gefahr einer Entzündung beieinander liegen können, ohne Absonderung aufbewahrt.

---

22. Oktober 1901 (S. 14), sowie das Feilhalten von Giften ohne Giftkonzession. Welche Gifte nur mit polizeilicher Erlaubnis feilgehalten werden dürfen, bestimmt die Giftpolizeiverordnung vom 22. Februar 1906 (S. 87). Von Interesse ist hierbei noch das folgende Urteil der RG. vom 28. September 1911 (Ph.Ztg. 1911 Nr. 103) über Zivilklagen gegen Drogisten: „Für eine Unterlassungsklage mit Strafandrohung gegen Drogisten wegen Verletzung der KaisV. vom 22. Oktober 1901 ist kein Raum, weil für eine unter öffentliche Strafe gestellte Handlung nur die öffentliche Strafe des Strafgesetzes in Betracht kommt. Der Apotheker, dem durch die Übertretungen eines Drogisten gegen die Kaiserl. Verordnung ein Schaden erwachsen ist, kann deshalb nur wider ihn Klage auf Schadenersatz erheben und daneben fortgesetzt gegen ihn Strafanzeige erstatten, um seine öffentliche Bestrafung herbeizuführen; eine zivilrechtliche Klage auf Unterlassung der unter öffentliche Strafe gestellten Handlungen ist ihm zu versagen."

[1]) § 367, 5 richtet sich in erster Reihe gegen Verletzungen der eigentlichen Betriebsvorschriften für Drogen- und Gifthandlungen (S. 60ff.).

Sachregister.

GPSR Compliance

The European Union's (EU) General Product Safety Regulation (GPSR) is a set of rules that requires consumer products to be safe and our obligations to ensure this.

If you have any concerns about our products, you can contact us on ProductSafety@springernature.com

In case Publisher is established outside the EU, the EU authorized representative is:

Springer Nature Customer Service Center GmbH
Europaplatz 3
69115 Heidelberg, Germany

Batch number: 10844627

Printed by Printforce, the Netherlands